空中交通管理系列教材

签派程序与方法

（第 2 版）

主　编　何光勤　罗凤娥　陈华群

副主编　黄　晋　孙立新

主　审　朱代武

西南交通大学出版社

·成　都·

图书在版编目（CIP）数据

签派程序与方法／何光勤，罗凤娥，陈华群主编.
—2 版. —成都：西南交通大学出版社，2016.8（2020.1
重印）

空中交通管理系列教材

ISBN 978-7-5643-4990-5

Ⅰ. ①签… Ⅱ. ①何… ②罗… ③陈… Ⅲ. ①民用航
空－机场－业务－高等学校－教材 Ⅳ. ①F560.81

中国版本图书馆 CIP 数据核字（2016）第 207440 号

空中交通管理系列教材

Qianpai Chengxu yu Fangfa

签派程序与方法

（第 2 版）

主编 何光勤 罗凤娥 陈华群

责 任 编 辑	牛　君	
封 面 设 计	何东琳设计工作室	

出 版 发 行	西南交通大学出版社	
	（四川省成都市金牛区二环路北一段 111 号	
	西南交通大学创新大厦 21 楼）	
发 行 部 电 话	028-87600564　028-87600533	
邮 政 编 码	610031	
网　　　　址	http://www.xnjdcbs.com	

印　　　　刷	成都中永印务有限责任公司	
成 品 尺 寸	185 mm×260 mm	
印　　　　张	13.75	
字　　　　数	340 千	
版　　　　次	2016 年 8 月第 2 版	
印　　　　次	2020 年 1 月第 9 次	
书　　　　号	ISBN 978-7-5643-4990-5	
定　　　　价	42.00 元	

总　序

　　民航是现代综合交通运输体系的有机组成部分，以其安全、快捷、通达、舒适等独特优势确立了独立的产业地位。同时，民航在国家参与经济全球化、推动老少边穷地区发展、维护国家统一和民族团结、保障国防和经济安全、加强与世界不同文明沟通、催生相关领域科技创新等方面都发挥着难以估量的作用。因此，民航业已成为国家经济社会发展的战略性先导性产业，其发达程度直接体现了国家的综合实力和现代化水平。

　　自改革开放以来，我国民航业快速发展，行业规模不断扩大，服务能力逐步提升，安全水平显著提高，为我国改革开放和社会主义现代化建设做出了突出贡献。可以说，我国已经成为名副其实的民航大国。站在新的历史起点上，在2008年的全国民航工作会议上，民航局提出了全面推进建设民航强国的战略构想，拉开了我国由民航大国迈向民航强国的序幕。

　　要实现民航大国向民航强国的转变，人才储备是最基本的先决条件。长期以来，我国民航业发展的基本矛盾是供给能力难以满足快速增长的市场需求。而其深层次的原因之一，便是人力资源的短缺，尤其是飞行、空管和机务等专业技术人员结构不合理，缺乏高级技术、管理和安全监管人才。有鉴于此，国务院在《关于促进民航业发展的若干意见》中明确指出，要强化科教和人才支撑，要实施重大人才工程，加大飞行、机务、空管等紧缺专业人才的培养力度。

　　正是在这样的大背景下，作为世界上最大的航空训练机构，作为中国民航培养飞行员和空中交通管理人员的主力院校，中国民航飞行学院以中国民航可持续发展为己任，勇挑历史重担，结合自身的办学特色，整合优势资源，组织编写了这套"空中交通管理系列教材"，以解当下民航专业人才培养的燃眉之急。在这套教材的规划、组织和编写过程中，教材建设团队全面贯彻落实《国家中长期教育改革和发展规划纲要（2010—2020年）》，以培养适应民航业岗位需要的、具有"工匠精神"的应用型高素质人才为目标，创新人才培养模式，突出民航院校办学特色，坚持"以飞为主，协调发展"的方针，深化"产教融合、校企合作"，强化学生实践能力培养。同时，教材建设团队积极推进课程内容改革，在优化专业课程内容的基础上，加强包括职业道德、民航文化在内的人文素养教育。

　　由中国民航飞行学院编写的这套教材，高度契合民航局颁布的空中交通管制员执照理论考试大纲及知识点要求，对相应的内容体系进行了完善，从而满足了民航专业人才培养的新要求。可以说，本系列教材的出版恰逢其时，是一场不折不扣的"及时雨"。

由于空中交通管理专业涉及的知识点多，知识更新速度快，因此教材的编写是一项极其艰巨的任务。但令人欣喜的是，中国民航飞行学院的教师们凭借严谨的工作作风、深厚的学术造诣以及坚韧的精神品质，出色地完成了这一任务。尽管这套教材在模式创新方面尚存在瑕疵，但仍不失为当前民航人才培养领域的优秀教材，值得大力推广。我们相信，这套教材的出版必将为我国民航人才的培养做出贡献，为我国民航事业的发展做出贡献！

是为序。

中国民航飞行学院

教材编写委员会

2016 年 7 月 1 日

第 2 版前言

飞行签派是航空公司组织和指挥飞行的中心，负责组织、安排、保障航空公司航空器的飞行与运行管理工作。"签派程序与方法"是空中交通运输专业的一门专业课。它的任务在于使学生系统地掌握签派程序的基本原则，了解飞行签派的基本方法，在不同情形下，有效地利用签派知识，为保障飞行安全、提高民航效益服务。

空中交通运输人员和民航其他非交通运输人员对签派程序知识的掌握要求：一是签派基本原则，即要掌握签派放行航空器所涉及的基本知识和民航规则；二是要了解签派的基本组成和职责；三是常规签派放行程序及特殊情形下的签派方法。在航空公司运营中，飞行签派是中心，飞行签派人员只有正确地掌握了各种签派规则，并熟练地运用各种方法按一定的签派程序来放行和监控飞行，才能做到胸中有数、避害趋利，保障飞行安全。

本教材遵循我国民用航空相关法律政策、规章手册、国内外相关飞行签派文件、译作，贯彻理论联系实际的原则，在取材上尽量反映国内外最新成果，所选资料采用民航最新实际资料，使之更加适合民航各类专业和非专业人员的需要。民航事业全球化的进程和科技水平的提高，为飞行活动提供了大量现代化的资料，对它们的分析和应用在实际签派工作中越来越重要。该教材结合飞行实际，对部分资料进行了详细的介绍和分析，并附了图片。

本教材于 2004 年 9 月由何光勤、罗凤娥和马志刚编写。2015 年 11 月根据有关规定的修订内容和教学需要，何光勤、罗凤娥和陈华群三位同志对教材进行了补充和修订，2015 年 12 月开始新版教材的编写工作。该教材由中国民航飞行学院空中交通管理学院《签派程序与方法》教材编写组何光勤、罗凤娥、陈华群、黄晋和孙立新 5 位教师合力完成，其中何光勤编写第三章和第六章，罗凤娥编写第一章和第九章，陈华群编写第四章、第六章和第八章，黄晋编写第二章和第八章，孙立新编写第五章和第七章，全书由陈华群负责统稿和初步校正，由何光勤和罗凤娥两位老师完成批阅和校准工作，最后由朱代武同志完成全书的审定。本书的编写参考了国际民航组织和中国民用航空局有关的法律规则，在编写过程中得到了民航局各大管理局、各航空公司同行、中国民航飞行学院高等教育教研室、空中交通管理学院和航空运行教研室全体同仁的热情支持和大力帮助，在此一并致以谢意。

由于本书涉及面较广，编者查阅的资料有限，加之民航局正在对部分规章、规则进行修订，航空公司的运行控制技术也是日新月异，书中难免存在不足及错误之处，敬请读者批评指正。

编　者

于中国民航飞行学院

2016 年 6 月

第 1 版前言

"签派程序与方法"是空中交通运输专业的一门专业课。它的任务在于使学生系统地掌握签派程序的基本原则，了解飞行签派的基本方法，在不同的情形下，有效地利用签派知识，为保障飞行安全、提高民航效益服务。

空中交通运输人员和民航其他非交通运输人员对签派程序知识的要求主要有：一是签派基本原则，即要掌握签派放行航空器所涉及的基本知识和民航规则；二是要了解签派的基本组成和职责；三是常规签派放行程序及特殊情形下的签派方法。在航空公司运营中，飞行签派是中心，飞行签派人员只有正确地掌握了各种签派规则并熟练地运用各种方法按一定的签派程序来放行和监控飞行，才能做到胸中有数、避害趋利、保障飞行安全。

本教材参考了国内外有关文件、规章手册和译文、译作，贯彻理论联系实际的原则，在取材上尽量反映国内外最新成果，所选资料的格式采用民航最新实际资料，使之更加适合民航各类专业和非专业人员的需要。改革开放和科技水平的提高，为飞行活动提供了大量现代化资料，对它们的分析和应用在实际签派工作中越来越重要。我们结合飞行实际，对部分资料做了详细的介绍，并附了图片。

本书由中国民航飞行学院空中交通管理学院《签派程序与方法》教材编写组何光勤、罗凤娥、马志刚三位教师编写。本书在编写过程中得到了签派教研室老师、空中交通管理分院领导、民航总局飞标司航务管理处领导、航空公司运营中心同仁们的热情指导和大力帮助，在此一并致以谢意。

由于本书涉及面较广，编者查阅的资料有限，加之民航总局正在对部分规章、规则进行修订，航空公司也在进行重组和机构改革，使得书中某些内容与实际情况可能存在着一定的差异。同时，由于我们水平有限，故书中的缺点、错误在所难免，欢迎读者批评指正。

编　者
于中国民航飞行学院
2004 年 9 月

目　录

第一章　绪　论

飞行签派是航空公司组织和飞行指挥的中心，负责组织、安排、保障航空公司航空器的飞行与运行管理工作。在航空器的飞行中，飞行员负责驾驶飞机，空中交通管制员负责提供飞机间隔，而飞行签派员则负责飞机的运行管理。他们之间构成了飞行安全的 P.A.D（ P—Pilot 机长，A—Air Traffic Controller 空中交通管制员，D—Dispatcher 签派员 ）。P.A.D 就是支撑航空安全的 3 根支柱，缺一不可，其关系如图 1.1 所示。

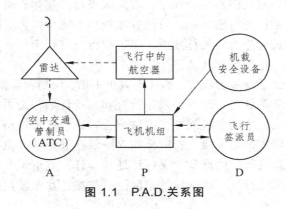

图 1.1　P.A.D.关系图

第一节　飞行签派的历史和发展

一、飞行签派的历史和任务

20 世纪 20 年代，航空公司只有飞机、飞行员、领航员和机械员。航空运输的主要任务是运送邮件（空邮），仅有少量的旅客运输任务。相对来讲，飞行没有什么规章制度，安全由飞行员负责。进行商业性飞行的飞行员只需要有飞行执照，训练只进行几次起落。由于空邮的先驱者、飞行表演员和飞播驾驶员的业绩，飞行员简直成了飞行英雄。

尽管早在航空公司成立之初，飞行签派员就被要求作为公司成立的基本条件之一而设立，但是由于缺少统一的法规，且当时航空业还未被人们完全了解，很难定义什么是运行管理。因此也就不可能对飞行签派赋予更多的责任和定义，航空公司的飞行签派只是众多配角之一。

20 世纪 20 年代，波音商业飞机公司制造出第一代现代飞机。随着航线的扩大和新型飞机的生产，运营上要求有一定的法规。于是，FAA 在 1938 年制定了《民用航空法》。该法规规定，州际航空公司运营一律由联邦政府管理，市场营销和盈利继续发挥着重要的作用。在该法规中，第一次明确规定了飞行签派的职责和地位。

在第二次世界大战期间，由于军队后勤支援的需要，新技术和新方法被广泛使用，于是生产了不少大型飞机。大型飞机执行任务要求优化管理，因此管理越来越复杂，技术难度大幅度提高。

航空运营管理逐渐成为航空公司保障飞行安全和效益的重要组成部分。航空运营不再只是装载货物和驾驶飞机，而且还涉及运送旅客和货物成本等各方面的问题。例如，飞行计划制定、经济的飞行高度、飞行速度控制、航班调配等。

因此，新时期的航空运输管理被赋予了全新的定义：①以高效的成本完成公布的航班飞行计划；②以合理的成本保障最大安全；③根据公司资产，保持全部地面服务和空中飞行设备运转，有效满足航班飞行计划；④监督执行政府颁布的各项法规；⑤有效管理和协调好各部门的工作。

各个航空公司全面开展了运行控制，飞行签派是运行控制的核心。运行控制是指合格证持有人使用用于飞机动态控制的系统和程序，对某次飞行的起始、持续和终止行使控制权的过程。运行控制主要包括：飞行前准备、航班签派放行、飞行监控。按精确度和复杂性自上而下排列，运行控制形式可分为：飞行签派、飞行放行及飞行定位。实施运行控制可以提高航空公司运营的安全性、正点率和效益。

飞行签派员也被赋予了众多的职责，如计算载重平衡，控制和监视商业运输飞行全过程，保证运行过程符合政府条例和公司政策，发布放行和飞行计划，提供对飞行安全有用的各种信息，协助驾驶员处理飞行中的各种问题，提供可选航路的气象资料和危险天气预报等。

飞行签派员的基本职责都是围绕飞行安全和提高效率展开的，主要包括：

（1）与机长共同负责飞行前的准备，飞行计划的制订，航班延误，航班的签派放行；

（2）单独负责对航班飞行过程的全程动态监控，掌握、发布涉及航班安全的信息、航班方向的取消和变更等。

二、我国民航飞行签派的发展

中国民航成立初期，只有不定期飞行，但航行调度工作的雏形从开始组织飞行起就有了。当时，尚未建立飞行签派机构，飞机能否起飞，由该机机长根据各方面情况自行掌握。1954年4月，民航总局在北京召开会议，制定了《飞行签派制度》（草案），其中规定飞行签派室的职责为：① 规定安全时限，拟定飞行高度，计算航程及航行时间；② 制订航线及备降机场；③ 签发航行许可，并备驾驶员咨询（驾驶员未取得航行许可，不得起飞。驾驶员得到航行许可后，须按照当时的实际情况，最后决定起飞与否。如不能准时起飞或要更改计划，须向飞行签派室申述理由。总签派员有检查其理由的权利）；④ 了解飞行动态；⑤ 与空中交通管制机构保持密切联系；⑥ 与空军及防空部队保持密切联系。

1950年8月1日，民航国内定期航班开航后，在天津张贵庄机场设立了飞行准备室，由机长轮流值班，担任签派工作。1951年4月，此项飞行签派工作改由民航总局签派股负责。

民航机场区域内的飞行，由机场管制塔台实施指挥。1952年5月以前，共有机场管制塔台7处，即天津、上海、广州、武昌、重庆、成都和太原。

1952 年 7 月，中国人民航空公司成立，民航的行政管理和企业经营分开。在航行调度业务方面，实行管制和签派分离制度，即民航总局负责空中交通管制业务，航空公司负责飞行签派业务。为明确分工，分清职责，民航总局为此颁发了《民航总局民航站人员与航空公司机航人员的分工与职责暂行办法》（草案），以后又对此暂行办法作了说明。其中规定："根据航路及到达站天气情况由航空公司签派员负责决定放行。"加入起飞站机场开放，而到达站机场关闭，如果签派员认可签放，那么起飞站站长应签发离场证。到达站在飞机离开起飞站时虽然处于关闭状态，但可将天气预测的情况提供给签派员，提醒其注意，且无需阻止其签派。但机场宣布关闭期间，不准飞机起飞，初晋级情况外，亦不准飞机降落。中国人民航空公司撤销后，飞行签派业务由民航总局航行调度部门办理。当时，北京、重庆两地仍由签派单位办理民航飞行签派业务。

十一届三中全会后，随着中国的改革开放和经济发展的需要，民航政企分开势在必行。从 1987 年开始，全国民航各大航空公司相继从原来的民航管理局脱离，成为自负盈亏的企业，如中国国际航空公司、东方航空公司、南方航空公司和西南航空公司等。在以后的几年里，又有许多由地方政府支持的地方航空公司相继成立，如厦门航空公司、四川航空公司、海南航空公司等。随着航空公司的成立，飞行签派机构也随之诞生。但这时的飞行签派人员基本上是从原航行调度室分离过来的，他们除了具备较强的航行业务知识外，对航空公司的签派运行管理较为陌生，对航空公司的运行管理主要依据原航行调度站的管理规定来执行。

如今，航空公司的运行管理机构有：飞行总签派室、地区签派室、机场签派室、分签派室及驻外代理等。飞行签派人员也增加很多，每年都有部分签派人员赴国外进行培训，有的大航空公司，如东方航空公司和南方航空公司，还与国外的大型航空公司合作，组建了新的运行管理系统，以提高公司的运行管理水平，从而更好地保证飞行安全，更大的获取经济效益。

第二节　我国航空公司运行控制现状

一、近十年我国航空公司运行控制发展

1999 年第一次颁布的 CCAR-121 部《大型飞机公共航空运输承运人运行合格审定规则》从规章上明确了运行控制的工作要求，航空公司逐步意识到建立有效的运行控制中心是理顺公司运行秩序、提高公司运行效率、节约成本的重要举措。以南方航空公司为例，最初的中国南方航空公司只设立了航务处，担负南航 30 余架飞机的航班放行和现场协调保障任务；1996 年，航务处拆分，成立南方航空公司现场运行处和总签派室；1998 年，现场运行处和总签派室合并，成立新的南方航空公司总签派室；1999 年，南方航空公司总签派室改制为南方航空公司航务部；2000 年 4 月 3 日，南方航空公司航务部改制，并在此基础上成立了南方航空公司运行控制中心，成为拥有世界上最先进的运行控制系统，具备"高素质的运行指挥队伍、安全风险识别控制、运行资源预测预警、运力调控匹配，运行快速恢复、恶性延误控制、过站时间控制、调控机组资源，应急反应处置"等综合能力，能够担负起公司超过 300 架飞机运行保障任务的高技术、高素质、高效能的多功能运行指挥中心。

2000 年，民航总局颁布了第一部《航空公司运行中心（AOC）政策与标准》，各航空公司据此积极推动或建立各自的运行控制系统。2011 年，中国民用航空局发布了新版《AOC政策与标准》，帮助各航空公司 AOC 提升到新的高度，我国各航空公司纷纷采用一系列复杂的新技术来提高飞行质量，满足合并运行后安全效益整合的需要。

运行控制作为航空公司实施航班运行控制的指挥中枢，是组织、实施、协调、控制公司航班运营的职能部门，也是集中、迅速处理不正常和紧急事件的决策、发布和控制机构；是整个航班运行保障系统中不可或缺的重要组成部分。随着航空公司 10 多年来的发展以及深化体制改革的需要，航空公司机队逐年增加，航班飞行与日俱增，在激烈的市场竞争中，航空公司除了关注飞行安全外，开始更加注重运行成本和效益。在保证飞行安全的同时最大限度地提高公司运行效益是运行管理机构的责任，各航空公司分别先后组建了以飞行签派为核心的航空运行控制中心，如中国国际航空股份有限公司运行控制中心 FOC（Flight Operational Control）、中国南方航空股份有限公司运行控制中心 SOC（System Operational Control）、中国东方航空股份有限公司 AOC（Airline Operational Control）、海南航空股份有限公司运行控制中心 AOC、四川航空运行控制中心 FOC、深圳航空运行控制中心、山东航空运行控制中心、成都航空运行控制中心、大新华航空运行控制中心和奥凯航空运行控制中心等。随着各地方航空公司的兴起，公司规模的不断扩大，各航空公司相继成立了各自相当规模的运行控制中心。下面对我国当前机队规模排名前四的航空公司运行控制中心进行概述。

1. 中国国际航空股份有限公司运行控制中心

2003 年民航业改革重组，国航、西南航、中浙航联合重组形成新国航，航空公司初步实现了业务职能与管理权限向总部运行控制中心集中的一体化运行控制新模式。不少新发展起来的民营或合资方式的中小型航空公司，在学习并充分吸收其他大公司运行控制经验的基础上，加快了运行控制体系建设与发展进程。

中国国际航空股份有限公司运行控制中心 FOC（Flight Operational Control），该 FOC 系统自 2005 年开始建设，于 2011 年全部上线，陆续投产四个模块：运行动态管理、签派放行、机组排班和配载管理，至今仍不断深化 SOC 应用，继续深度整合运行资源。国航根据其航空运输业务特点，设立了国航总部运行控制中心、国内分控中心和海外分控中心，具体结构如图 1.2 所示。

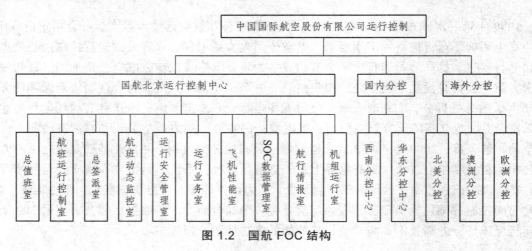

图 1.2　国航 FOC 结构

图 1.3　中国国际航空运行控制中心

2. 中国南方航空股份有限公司运行控制中心

中国南方航空公司在 1997、1998 年与美利坚航空公司联合开发核心系统，2002 年建成国内第一套最先进的运行控制系统 SOC（System Operational Control），标志着我国航空公司在运行管理尤其是安全管理上，用高科技代替了"人管人"的模式。SOC 担负着南方航空公司范围内航班计划、签派管理、签派放行、飞机计划制作、动态控制、载重平衡、机组运行管理、基地现场管理和地空通信等方面的所有业务。它将运行控制方面的业务按照一个标准有机地集成在统一的运行环境中，逐步开始对南方航空公司的航班、飞机、机组三大主要资源进行集中统一调配。在 SOC 内部，根据所进行的不同工作，划分为不同的工作席位，各席位工作和分公司签派人员相互配合，在保证航空器运行的安全、经济等方面发挥了积极的作用。

图 1.4　南方航空运行控制中心

SOC 的集中运行控制有利于合理地整合和利用公司资源，是对原有签派工作方式的改革，是一种全新的运行模式，这种新模式更有利于签派工作的放行监控和动态控制，将以往各分公司基地签派员负责放行监控本公司航班变为统一由 SOC 飞行计划席位的授权签派员（集中在 SOC 制作计算机飞行计划，并进行放行、跟踪和飞行监控的签派员）负责放行并承担主要放行责任，各基地签派室签派员辅助放行（对授权签派员制作的飞行计划等资料进行核对，向机组提供最新签派放行所需文件，转达 SOC 授权签派员的签派放行意见，记录机组意见并向授权签派员进行反馈）。

3. 中国东方航空股份有限公司运行控制中心

中国东方航空股份有限公司运行控制中心 AOC（Airline Operational Control）是东航与美国 Sabre 公司合作建设的世界先进水平的运行控制中心，2004 年 9 月 2 0 日正式启用。控制中心设有航班运行控制系统、飞行计划系统、配载平衡系统等，使原手工操作程序完全自动化。控制人员可通过语音、电报、二次雷达数据库等，实现对航班的实时监控，并能通过信息的即时传递，加强企业内部各环节的沟通和交流，使工作流程更合理，提高决策速度和质量，履行对全部航班运营的控制、调度、指挥功能，促进航班运营资源的优化配置和集中管理，维护航空公司的整体利益，并更好地为旅客及机组人员服务。

东航的运行控制中心，不仅是东航日常运行的控制中心，也是一个应急反应中心。在出现紧急事件时，通过运行控制中心多样化的信息采集和发布渠道，公司领导能迅速进行现场指挥，协调公司各职能部门，对外联络空中交通管制、机场及政府部门，对事件做出灵敏反应，最大限度确保飞行安全。

图 1.5　东方航空运行控制中心

4. 海南航空股份有限公司运行控制中心

海南航空股份有限公司运行控制中心 AOC（Airline Operational Control），海南航空 1993 年开航，1997 成立了运行中心，后来随着机队规模扩张、航线覆盖范围扩大，2005 年，具有现代化、国际化水平的海航新签派控制中心正式投入使用。该运行控制一直将安全作为运营首要要求，将高标准、严要求作为"立身"之本，形成了一套以"安全、服务、正点"为核心的运行管理体系和管理模式。海航运控部由签派、技术支援、运行管理、航站管理、标准培训及质量等业务部门组成。海航运行控制工作以国际先进航空公司为样板，高起点搭建运行管理模式，保障了运行效率和发展空间，以"集中运行控制"为手段，最大化发挥规模效益，降低运行成本。

2012 年海航独立研发出集风险量化、风险监控、风险抑制、智能辅助决策功能为一体的海航运行风险管控系统 HORCS（Hainan Operation Risk Control System）。该系统的后台数据库中包含了影响每一个航班安全的各种因素，包括天气、飞行员能力、搭配、机场条件等，在海航每一个航班起飞前，系统都会结合这些因素自动弹出预警，根据预警信息，海航运控部签派人员将采取有效的措施，降低航班运行的风险。这套系统贯穿航班运行的整个过程，通过对运行相关的超过 200 项要素进行研究和分析，模拟量化航班运行风险，实现航班风险的告警、监控，抑制、辅助决策等功能。通过系统化、数字化、集成化直观显示，为签派员及飞行员实时决策提供较为客观的依据，同时提高了人员工作效率，降低了人为差错的发生。另外，这套系统还可以提供后续的风险趋势分析，根据分析出的方向，为航空公司对安全政策的修订提供参考。实现从准备—放行—预警—监控—后续分析—持续改进的闭环管理。

图 1.6 海南航空运行控制中心

2013 年初，海南航空启动运行控制语音调度系统建设，6 月底开始投入应用，旗下多家航空公司和基地共享该系统。海南航空运行控制语音调度系统 A-TALK 是在全球广泛应用的 HiPath4000 西门子语音通信系统基础上，根据 CEBP（通信改进流程）理念进行了客户化开发，接入公司生产数据，在通信一键触摸式、空地通信一体化的基础上，增加实现了来电方信息可视化、通信资源全景化、协同决策即时化、通信流程配置化，通信能力得到质的进步，大幅提升了航班运行的效率和品质，树立了民航语音调度系统新标杆，极大地提升了运行控制中心的运行效率。

2014 年 10 月，首届飞行签派员技能大赛决赛在中国民航大学举行，业内 36 家航空公司参加了此次比赛。比赛主要考察签派员的专业知识和综合技能，涵盖签派员合格审定、航空公司运行控制等相关规章以及履行运行控制职责所需的各项知识和技能，对于提升航空公司运行风险管控水平有着十分重要的意义。

但是从总体上看，我国航空公司的运行控制能力相比国际先进水平的差距仍然很大，航空公司的机队、人力、设施等资源常常得不到充分的利用，运行保障潜力不能得到充分的发挥，单位运行成本远高于国际先进水平。虽然导致这种局面的原因还有空域管理体制等很多方面，但是现有的运行控制体系确实需要进一步提升。尤其随着我国民航开放程度的加深，国内民营低成本航空公司和国外大型航空公司大举进入市场，现有的航空公司都面临日益严峻的竞争和挑战，这都促使航空公司明确地把建设的着眼点放在大力提高运行控制的水平上。

二、民航规章对设置飞行签派要求

进入 21 世纪后，经过多年的发展，我国民航飞行签派业务通过学习美国、欧盟等民航发达国家和地区的航空运行体系，飞行签派工作逐步完善，达到了较为先进的国际水平；涉及航空公司运行的 CCAR-121、CCAR-135、CCAR-91、CCAR-65 等一系列法规逐步制定和完善；民航管理局和监管部门职权划分明确。以大型飞机公共航空运输为例，CCAR-121 对设立飞行签派中心做出以下规定：

第 121.103 条　飞行签派中心

合格证持有人应当证明，对于其所实施的运行拥有足够数量的飞行签派中心，并且这些飞行签派中心的位置和能力，能够确保对每次飞行进行恰当的运行控制。

课后参阅规章和手册

（1）CCAR-121《大型飞机公共航空运输承运人运行合格审定规则》。

（1）什么是飞行签派？
（2）飞行签派员的基本职责是什么？
（3）简述航空运行控制的定义及作用。
（4）简述民航规章对设立飞行签派中心的要求。

第二章　航空公司运行资格审定

航空公司是利用航空器从事运输生产的企业，航空承运人是航空公司的法人代表。国际民航组织要求承运人必须持有承运国家颁发的合格证或其他等效文件，按照规定的条件和限制从事运营。在对航空承运人审定合格之后，给其颁发航空承运人运行合格证和运行规范。

第一节　航空公司运行的基本法规

当前，我国民用航空器运行依据主要分为按照 CCAR-91、CCAR-121 和 CCAR-135 运行要求。

一、CCAR-91 适用范围

《一般运行和飞行规则》（CCAR-91）主要适用于在中华人民共和国境内（不含中国香港、澳门特别行政区）实施运行的所有民用航空器（不包括系留气球、风筝、无人火箭和无人自由气球），其应当遵守 CCAR-91 规则中相应的飞行和运行规定。对于公共航空运输运行，除应当遵守本规则适用的飞行和运行规定外，还应当遵守公共航空运输运行规章中的规定。

在中华人民共和国国籍登记的民用航空器在中华人民共和国境外实施运行时，应当遵守 CCAR-91 规则 G 章"外国民用航空器在中国境内运行和在中华人民共和国国籍登记的民用航空器在境外运行"的规定。

超轻型飞行器在中华人民共和国境内实施的飞行应当遵守 CCAR-91 规则 O 章"超轻型飞行器"的规定，但无需遵守其他章的规定。

乘坐按 CCAR-91 规则运行的民用航空器的人员，应当遵守 CCAR-91 规则相应条款的规定。

二、CCAR-121 适用范围

《大型航空器公共航空运输承运人运行合格审定规则》（CCAR-121）主要适用于大型飞

机公共航空运输承运人。它是指在中华人民共和国境内依法设立的航空运营人实施的下列公共航空运输运行：

（1）使用最大起飞全重超过5 700千克的多发飞机实施的定期载客运输飞行；

（2）使用旅客座位数超过30座或者最大商载超过3 400千克的多发飞机实施的不定期载客运输飞行；

（3）使用最大商载超过3 400千克的多发飞机实施的全货物运输飞行。

按照上述第（2）（3）项规定的运行属于补充运行。

国内定期载客运行是在中华人民共和国境内两点之间的运行，或者一个国内地点与另一个由局方专门指定、视为国内地点的国外地点之间的运行；国际定期载客运行是最大起飞全重超过5 700千克的多发飞机在一个国内地点和一个国外地点之间，两个国外地点之间，或者一个国内地点与另一个由局方专门指定、视为国外地点的国内地点之间的运行。

三、CCAR-135 适用范围

《小型航空器商业运输运营人运行合格审定规则》（CCAR-135）适用于在中华人民共和国境内依法设立的小型航空器商业运输运营人所实施的下列商业运输飞行：

（1）使用最大起飞全重不超过5700千克的多发飞机、单发飞机、旋翼机航空器实施的定期载客运输飞行；

（2）使用旅客座位数量（不包括机组座位）不超过30座，并且最大商载不超过3400千克的多发飞机、单发飞机、旋翼机实施的非定期载客运输飞行；

（3）使用最大商载不超过3400千克的多发飞机、单发飞机、旋翼机实施的全货物运输飞行；

（4）在同一机场起降且半径超过40千米的空中游览飞行。

对于按照CCAR-135规则审定合格的小型航空器商业运输运营人，可以按照审定情况在其运行合格证和运行规范中批准其实施定期载客运行、非定期载客运行及全货运行。

四、各类运行规则与所适用航空器汇总

根据我国民用航空器运行规则要求和审定标准，将各类运行规则与所适用的民航航空器汇总如表2.1所示。

表2.1　各类运行规则与所适用的民用航空器的汇总

运行规则	运行种类和适用的民用航空器	审定标准
CCAR-91	所有民用航空器的一般运行	CCAR-23/25/27/29/31 初级类航空器和飞艇适航标准（AC-21-05/06/07/09）

运行规则	运行种类和适用的民用航空器	审定标准
CCAR-135	（a）使用下列航空器实施的定期载客运输飞行： （i）最大起飞全重 5 700 千克以下的多发飞机 （ii）单发飞机 （iii）旋翼机	CCAR-23（通勤类）、CCAR-25 CCAR-23（正常类、实用类、特技类） CCAR-27/29
	（b）使用下列航空器实施的非定期载客运输飞行： （i）旅客座位数量（不包括机组座位）不超过30座，并且最大商载不超过 3 400 千克的多发飞机 （ii）单发飞机 （iii）旋翼机	CCAR-23（通勤类）、CCAR-25 CCAR-23（正常类、实用类、特技类） CCAR-27/29
	（c）使用下列航空器实施的全货机运输飞行： （i）最大商载不超过 3 400 千克的多发飞机 （ii）单发飞机 （iii）旋翼机	CCAR-23（通勤类）、CCAR-25 CCAR-23（正常类、实用类、特技类） CCAR-27/29
	（d）使用（a）和（b）规定的航空器，在同一机场起降且半径超过 40 千米的空中游览飞行	CCAR-23（通勤类）、CCAR-25 CCAR-23（正常类、实用类、特技类） CCAR-27/29
CCAR-121	（a）使用下列航空器实施的定期载客运输飞行：最大起飞全重超过 5 700 千克的多发飞机	CCAR-23（通勤类）、CCAR-25
	（b）使用下列航空器实施的不定期载客运输飞行：旅客座位数超过30座或者最大商载超过 3 400 千克的多发飞机	CCAR-25
	（c）使用下列航空器实施的全货物运输飞行：最大商载超过 3 400 千克的多发飞机	CCAR-25

第二节　航空公司运行资格的审定和运行依据

一、航空公司运行资格的审定申请

大型飞机公共航空运输承运人应向主运营基地所在地的民航地区管理局申请颁发运行合格证和运行规范。民航局对航空承运人审定合格之后，给其颁发运行合格证。运行合格证是对航空承运人审定合格、批准运行的证明，表示对航空公司运行合格的认可。在对航空承运人审定合格之后，给其颁发运行规范。运行规范是对航空承运人运行条件的授权和限制，是对航空公司批准经营许可的先决条件。

民航地区管理局按照预先申请、正式申请、文件审查、演示验证和发证五个步骤进行审查。运行合格证的申请人应当按照规定的格式和方法向其主运营基地所在地的民航地区管理局提交申请书，申请书应当至少附有下列材料：

（1）审查活动日程表；

（2）CCAR-121.133 条所要求的手册；

（3）训练大纲及课程；

（4）管理人员资历；

（5）飞机及运行设施、设备的购买或者租用合同复印件；

（6）说明申请人如何符合本规则所有适用条款的符合性声明。

初次申请运行合格证的申请人，应当在提交申请书的同时提交说明计划运行的性质和范围的文件，包括准许申请人从事经营活动的有关证明文件。民航地区管理局应当在收到申请书之后的 5 个工作日内书面通知申请人是否受理申请，预先申请阶段工作流程如图 2.1 所示。

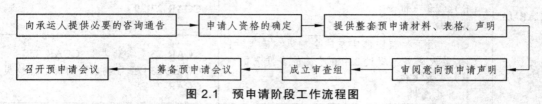

图 2.1　预申请阶段工作流程图

民航地区管理局受理申请后，便进入正式申请阶段，该阶段工作流程如图 2.2 所示。正式申请阶段的工作完成后才能进入文件符合性阶段，民航局地区管理局将对申请人的申请材料是否符合相关法规的要求进行审查，对申请人能否按照相关法规安全运行进行验证检查，文件符合性阶段工作流程如图 2.3 所示。对于申请材料的内容与相关法规要求不符或者申请人不能按照法规安全运行的，应当书面通知申请人对申请材料的相关内容做出修订或者对运行缺陷进行纠正，该阶段工作流程如图 2.4 所示。

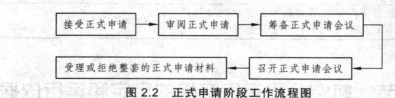

图 2.2　正式申请阶段工作流程图

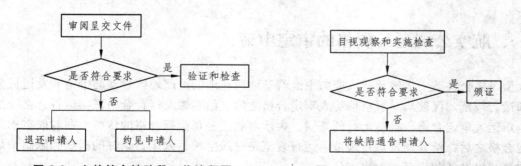

图 2.3　文件符合性阶段工作流程图　　**图 2.4　验证和检查阶段工作流程图**

民航地区管理局应当在 20 个工作日内做出是否颁发运行合格证和运行规范的决定。但由于申请人的原因延误的时间和民航地区管理局进行验证检查、组织专家评审的时间不计入前述期限。民航地区管理局做出颁发运行合格证和运行规范决定的，应当在自做出决定之日起 10 个工作日内向申请人颁发、送达运行合格证和运行规范。

二、航空公司运行合格证的颁发

航空公司经过民航局审查后，符合下列全部条件，可以取得大型飞机公共航空运输承运人运行合格证和相应的运行规范：

（1）满足 CCAR-121-R4 和中国民用航空规章所有适用条款的要求。

（2）按照中国民用航空规章的规定，配备了合格和足够的人员、设备、设施和资料，并且能够按照 CCAR-121-R4 的规定及其运行规范实施安全运行。

（3）符合安全保卫相关的中国民用航空规章的要求。

如果民航局发现申请人具有下列情形之一的，不予颁发运行合格证：

（1）申请人没有配备合格的或者足够的人员、设备、设施和资料，或者不能按照有关民用航空规章实施安全运行；

（2）申请人原先持有的大型飞机公共航空运输承运人运行合格证已被吊销；

（3）申请人安排或者计划安排担任主要管理职位的人员，曾经担任另一合格证持有人的具有运行控制权的职位并对该合格证持有人合格证的吊销或者拟予吊销负有主要责任；

（4）对本申请人或者对其经营管理有控制权的人员，曾对另一合格证持有人合格证的吊销或者拟予吊销负有主要责任。

三、航空公司运行合格证的主要内容

大型飞机公共航空运输承运人运行合格证包含下列内容：

（1）合格证持有人的名称；

（2）合格证持有人主运营基地的地址；

（3）合格证的编号；

（4）合格证的生效日期和有效期；

（5）负责监督该合格证持有人运行的局方机构名称和联系方式；

（6）被批准的运行种类，说明经审定，该合格证持有人符合本规则的相应要求，批准其按照所颁发的运行规范实施运行。

四、航空公司运行规范的主要内容

大型飞机公共航空运输承运人的运行规范包含下列内容：

（1）主运营基地的具体地址，作为合格证持有人与局方进行通信联系的不同于其主运营基地地址的地址，以及其文件收发机构的名称与通信地址。

（2）对每种运行的实施规定的权利、限制和主要程序。

（3）每个级别和型别的飞机在运行中需要遵守的其他程序。

（4）批准使用的每架飞机的型号、系列编号、国籍标志和登记标志，运行中需要使用的每个正常使用机场、备降机场、临时使用机场和加油机场。经批准，这些项目可以列在现行有效的清单中，作为运行规范的附件，并在运行规范的相应条款中注明该清单名称。合格证持有人不得使用未列在清单上的任何飞机或者机场。

（5）批准的运行种类。

（6）批准运行的航线和区域及其限制。

（7）机场的限制。

（8）机体、发动机、螺旋桨、设备（包括应急设备）的维修时限或者确定维修时限的标准。

（9）批准的控制飞机重量与平衡的方法。

（10）飞机互换的要求。

（11）湿租飞机的有关资料。

（12）按照规定颁发的豁免或者批准的偏离。

（13）局方认为必需的其他项目。

五、运行合格证和运行规范的有效性

航空承运人运行合格证在出现下列情形之前有效：

（1）合格证持有人自愿放弃，并将其交回局方；

（2）局方暂扣、吊销或者以其他方式终止该合格证。

运行规范在下列情况下全部失效或者部分条款失效：

（1）局方暂扣、吊销或者以其他方式终止运行合格证，则运行规范全部失效；

（2）局方暂停或者终止该运行规范中批准的全部运行，则运行规范全部失效；

（3）局方暂停或者终止该运行规范中批准的部分运行，则运行规范中关于该部分运行的条款失效；

（4）对于某一运行种类，合格证持有人没有满足 CCAR-121 中规定的近期经历要求，并且没有按照规定的程序恢复该种类运行时，运行规范中关于该种类运行的条款失效。

当运行合格证或者运行规范被暂扣、吊销或者因其他原因而失效时，合格证持有人应当将运行合格证或者运行规范交还局方。

六、运行合格证和运行规范的检查、修改

合格证持有人应当将其运行合格证和运行规范保存在主运营基地，并能随时接受局方的检查。进行国际运行时，合格证持有人的飞机上应携带运行合格证和运行规范要素清单的副本。

在下列情形下，局方可以修改按照 CCAR-121 颁发的运行合格证：

（1）局方认为为了安全和公众利益需要修改；

（2）合格证持有人申请修改，并且局方认为安全和公众利益允许进行这种修改。

在下列任一情形下，局方可以修改按照 CCAR-121 颁发的运行规范：

（1）局方认为为了安全和公众利益需要修改；

（2）合格证持有人申请修改，局方认为安全和公众利益允许此种修改。

七、航空公司运行手册的制定与保存

合格证持有人应当具有为实施其各种运行的全体飞行、维修和其他地面运行工作人员制定并供其使用和指导其操作的手册，并且有合适的手册管理系统，负责制定、分发、修订和补充手册，使其保持现行有效。

手册应当符合下列要求：

（1）包含必需的指令和信息，使有关人员能安全地完成所担负的工作职责；

（2）使用中文写成，如果合格证持有人在运行中使用了不熟悉中文的人员，则应当同时为其提供相应文字的手册，并且应当保证这些手册的一致性和同等有效性；

（3）采用易于修订的形式；

（4）在有关的每一页上，具有最后一次修订的日期；

（5）符合所有适用的中国民用航空规章、该合格证持有人的运行合格证与运行规范；

（6）对于实施国际运行的合格证持有人，还应当符合所适用的外国规章。

合格证持有人在其主运营基地至少要保存一套完整的手册。

八、手册内容的总体要求

合格证持有人的手册应可分为两个或者两个以上的单独分册，每一分册应当包括所有适用于该类人员的内容。手册应包括概述、飞机运行信息、航路和机场、训练等方面的信息，具体应包含下列所有内容：

（1）概述：实施飞行运行有关的人员及其职责的说明；飞行签派和运行控制，包括：适用的签派协调、飞行控制、飞行跟踪程序等；航路飞行、导航和通信程序，包括：当任何所需的特定设备不工作或无法提供服务时，签派或放行飞机继续飞行；关于限制飞行机组成员和客舱乘务员的飞行时间和值勤期以及为其提供足够休息期的规定；机载导航设备清单，其中包含与基于性能导航区域内的运行有关的任何规定；适用的远程导航程序、ETOPS 的发动机失效程序和备降机场的选择与使用；应持续保持无线电监听的情况；确定飞行最低高度的方法；确定机场运行最低标准的方法；乘客在机上时实施燃油加注的安全预防措施；地面操作的安排和程序；机长发现有事故发生后使用的搜寻和救援程序；不同类型运行中飞行机组指挥权接替次序的指定；对所要装载的燃油与滑油量计算的具体说明，其中应考虑到运行中的所有情况，包括在航路上释压和一台或多台动力装置失效的可能性；应当使用氧气的情况和按照规定确定氧气的携带量；重量与平衡控制方面的操作指示；地面除冰、防冰操作的实施和控制方面的操作指示；飞行计划的填写规范；飞行各阶段标准操作程序（SOP）；关于正常检查单的使用及其使用时机的操作指示；离场应急程序；保持高度意识和使用自动或飞行机组高度喊话的操作指示；在仪表气象条件下使用自动驾驶仪与自动油门的操作指示；关于空中交通管制许可的确认与接受的操作指示，特别是针对那些许可中包含超越障碍物许可的情况；离场与进近简令；用于熟悉空域、航路和机场的程序；稳定进近程序；接近机场道面时的大下降率限制；开始或继续仪表进近所需的条件；实施精密和非精密仪表进近程序的操作指示；夜间与仪表气象条件下，仪表进近与着陆运行中的飞行机组职责分配和机组成员工作负荷管理的程序；避免可控飞行撞地的操作指示与训练要求，以及近地警告系统的使用政策；避免空中相撞和使用空中交通防撞系统（ACAS）的政策、操作指示、程序和训练要求；

关于拦截民用飞机方面的信息和操作指示，包括：①被拦截飞机的机长应当采取的程序；②拦截和被拦截飞机使用的目视信号。

对准备在 15 000 米（49 000 英尺）以上运行的飞机，还需要以下资料：①在受到太阳宇宙射线辐射时，使驾驶员能够确定应采取的最佳行动方案的资料。②决定下降后的程序，其中包括向合适的空中交通服务单位发出预先情况警告以及获得临时下降许可所必需的程序；与空中交通服务单位之间的通信不能建立或被中断时应采取的措施。

安全管理体系的详细内容；载运危险物品的操作指示和资料，包括紧急情况下采取的措施；保安方面的操作指示及指南；根据保安部门相关规定制定的搜查程序检查单；航空人员健康管理、航空食品卫生、航空器消毒和卫生防疫的规定与程序。

（2）飞机运行信息应包括的内容：飞机型号审定数据和运行极限数据；飞行机组使用的正常、非正常和应急程序及有关检查单；所有发动机工作时爬升性能的操作指示和信息；供飞行前和飞行中制订计划使用的飞行计划数据，包含不同的推力、功率和速度设定情况下的数据；所用每个机型的最大侧风和顺风分量限制，以及在考虑了阵风、低能见、跑道道面状况、机组经历、自动驾驶使用、非正常或紧急情况或其他有关运行因素影响时，对这些限制数值进行的缩减；重量与平衡计算方面的操作指示和数据；飞机装载和载荷固定方面的操作指示；可供每一型号飞机运行人员和飞行机组使用的，包括与该型号飞机运行有关的正常、非正常和应急程序以及该飞机各系统和所用检查单的详细信息在内的飞机操作手册，手册的设计还需符合人的因素要求；供所用机型和经批准的特殊运行使用的最低设备清单和外形缺损清单，其中包含与基于性能导航区域内的运行有关的任何规定。

应急和安全设备的检查单和使用说明；应急撤离程序，包括与机型相关的程序、机组协调、紧急情况下机组成员的指定位置和紧急情况下每个机组成员的职责；客舱乘务员所使用的正常、非正常和应急程序，以及与此有关的检查单和必需的飞机系统信息，并且包括一个用于解释这些程序是供飞行机组成员和客舱乘务员之间协调使用的说明；用于不同航路的救生和应急设备清单，以及在起飞前验证其工作正常的必要程序，包括确定所需氧气量和可用量的程序；供幸存者使用的地空目视信号说明。

（3）航路和机场应包括的内容：航路信息指导，用于确保飞行机组每次飞行都能够获得适用于该运行的通信设施、助航设备、机场、仪表进近、仪表进场和仪表离场方面的信息，以及运营人认为正确实施飞行运行所必需的其他信息；每一所飞航路的最低飞行高度；可能用作目的地机场或备降机场的每个机场的运行最低标准；在进近或机场设施降级的情况下机场运行最低标准的提高；符合规章要求的所有飞行剖面的必需信息。

（4）训练应包括的内容：按照 CCAR-121 文件中 N 章规定的飞行机组成员、客舱乘务员和飞行签派员训练大纲的详细内容。

九、实例讲解

1. 旅客运输航空公司：中国国际航空股份有限公司

中国国际航空股份有限公司的前身为中国国际航空公司，成立于 1988 年。中国国际航空公司的前身——民航北京管理局飞行总队于 1955 年 1 月 1 日正式成立。1988 年，民航北京管理局分设，成立中国国际航空公司。根据国务院批准通过的《民航体制改革方案》，2002

年 10 月 28 日，中国国际航空公司联合中国航空总公司和中国西南航空公司，成立了中国航空集团公司，并以联合三方的航空运输资源为基础，组建新的中国国际航空公司。2004 年 9 月 30 日，经国务院国有资产监督管理委员会批准，作为中国航空集团公司控股的航空运输主业公司，中国国际航空股份有限公司（以下简称国航）在北京正式成立，继续保留原中国国际航空公司的名称，并使用中国国际航空公司的标志。2006 年 12 月，中国国际航空股份有限公司通过民航局审定，取得运行合格证（图 2.5），主运营基地：北京首都机场，运行规范按照：定期载客（国内/国际）补充运行要求。

中国民用航空总局
GENERAL ADMINISTRATION OF CIVIL AVIATION OF CHINA

航 空 承 运 人 运 行 合 格 证
AIR　　CARRIER　　CERTIFICATE

编 号 / CCA-A-003-HB

航空承运人名称

　　中国国际航空股份有限公司

主运营基地地址

　　中国北京首都国际机场

经中国民用航空总局授权审定，确认航空承运人满足适用的法律要求，符合中国民用航空规章第 121 部和其他相应法规、标准的规定，批准其按照相应的法规、标准和局方颁发的运行规范实施 **定期载客（国际/国内）/补充**运行。

　　This certifies that **Air China LTD** whose principal base of operation is in **Capital international Airport, Beijing, P.R.C.** has met the applicable legal requirements, CCAR121 and any other rules, regulations and standards required for the issuance of this certificate and is hereby authorized to operate as an air carrier and　conduct **Passenger schedule (International/Domestic) /Supplemental** operations in accordance with applicable laws, rules, regulations, standards and the approved operations specifications.

除被放弃、暂扣或吊销外，本合格证长期有效。

This certificate, unless waived, suspended, or revoked, shall continue in effect

生效日期：　2006 年 12 月 18 日　　　颁发日期：　2006 年 12 月 18 日
Effective date: Dec 18, 2006　　　Issue date: Dec 18, 2006
授权签字：　　　　　　　　　　　　颁证单位：中国民用航空华北地区管理局
Signature:　　　　　　　　　　　　Issued By: North-China Adm. CAAC
合格证主管办公室：　　　　民航华北地区管理局北京运行管理办公室
Certificate Holding Office: Beijing Operation Management Office, CAAC North Regional

图 2.5　中国国际航空股份有限公司运行合格证

2. 货运航空：中国国际货运航空有限公司

2001 年，中国国际航空公司货运分公司实行模拟独立法人经营核算，2003 年，组建中国国际货运航空有限公司。2006 年 6 月，中国国际货运航空有限公司通过民航局审定，取得运行合格证（图 2.6），主运营基地：北京首都机场，业务范围：货运运输，运行规范按照：补充运行要求。

中 国 民 用 航 空 总 局
GENERAL ADMINISTRATION OF CIVIL AVIATION OF CHINA

航 空 承 运 人 运 行 合 格 证
AIR   CARRIER   CERTIFICATE

编 号 / CAO-A-006-HB

航空承运人名称

　　中国国际货运航空有限公司

主运营基地地址

　　中国北京首都机场

经中国民用航空总局授权审定，确认航空承运人满足适用的法律要求，符合中国民用航空规章第 121 部和其他相应法规、标准的规定，批准其按照相应的法规、标准和局方颁发的运行规范实施 **补充** 运行。

　　This certifies that Air China Cargo Co.LTD whose principal base of operation is in Capital Airport, Beijing, P.R.C. has met the applicable legal requirements, CCAR121 and any other rules, regulations and standards required for the issuance of this certificate and is hereby authorized to operate as an air carrier and conduct Supplemental operations in accordance with applicable laws, rules, regulations, standards and the approved operations specifications.

除被放弃、暂扣或吊销外，本合格证长期有效。

This certificate, unless waived, suspended, or revoked, shall continue in effect

生效日期： 2006 年 06 月 30 日	颁发日期： 2006 年 06 月 30 日
Effective date: Jun 30, 2006	Issue date: Jun 30, 2006
授权签字：	颁证单位： 中国民用航空华北地区管理局
Signature:	Issued By: North-China Adm. CAAC

合格证主管办公室：　　民航华北地区管理局北京运行管理办公室
Certificate Holding Office: Beijing Operation Management Office, CAAC North Regional

图 2.6　中国国际货运航空有限公司运行合格证

3. 通航：云南瑞锋通用航空有限公司

2014 年 5 月 6 日，瑞锋航空获得 CAAC 颁发的航空运营人运行合格证（图 2.7）。瑞锋航空于 2011 年 12 月经民航局批准筹建，于 2012 年获得 CCAR-91 部商业非运输运营人资格并开始飞行，2013 年获得 CCAR-61 部飞行员培训资格，CCAR-145 部航空器维修单位资格，目前为国内获得全部运行资格资质的通用航空公司。

中 国 民 用 航 空 局
CIVIL AVIATION ADMINISTRATION OF CHINA

航 空 运 营 人 运 行 合 格 证
AIR　　　OPERATOR　　　CERTIFICATE

编号／No. C-068-NN

航空运输承运人名称

云南瑞锋通用航空有限公司

主运营基地地址

昆明长水国际机场

经中国民用航空局审定，确认该航空承运人满足适用的法律要求，符合中国民用航空规章第 135 部和其他相应法规、标准的规定，批准其按照相应的法规、标准和局方颁发的运行规范实施 **国内非定期载客**运行。

This certifies that *Yunnan Ruifeng General Aviation co. ltd* whose principal base of operations is located in *Kunming Changshui international Airport*, has met the applicable legal requirements, CCAR135 and any other rules, regulations, and standards required for the issuance of this certificate and is hereby authorized to operate as an air operator and conduct *Unscheduled Domestic Passenger-Carrying* operations in accordance with applicable laws, rules, regulations, standards and the approved operations specifications.

除被放弃、暂扣或吊销外，本合格证长期有效。

图 2.7 云南瑞锋通用航空有限公司运行合格证

第三节　航空公司的运营政策及组织结构

一、航空公司的运营政策

　　航空公司的政策及目标是航空公司总的指导思想，航空公司的各项工作都围绕其展开。一个公司的政策及目标将直接影响其生存与发展。民航局要求我国所有的航空公司都要以"保证安全第一、改善服务工作、争取飞行正常"作为总的指导方针，各个航空公司根据自身的运营理念、组织形式、运行业务要求等提出适合自己公司的政策和目标。制定的政策通常应包含：安全、舒适、高效等方面的内容。

二、航空公司的组织结构

　　当前我国航空公司的种类日益增多，有从事定期载客运输飞行的大型航空公司；专门从事货物运输的货运公司；从事公务机飞行服务的包机公司；从事旅游观光、管线巡护、农林作业的通用航空公司等。在规模上有数万雇员的大航空企业，也有几十人从事飞行培训的小型通用公司；从航线运行上，有能够进行跨国、跨洲飞行的大型航空，也有只能从事国内航空运输服务的中小型航空公司等。因此，各个航空公司的组织结构并不完全相同。

　　但是我国围绕航空载客运输服务的航空公司通常都会采用由市场部、飞行部、机场工程部、客舱服务部、运输部、运行控制中心（AOC）、计划财务部等部门组成结构，如图2.8所示。

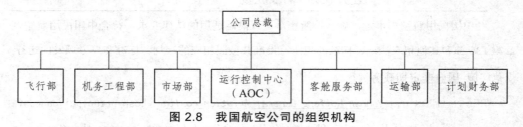

图 2.8　我国航空公司的组织机构

各部门的一般职责简述如下：

1. 市场部

市场部主要负责本公司的市场销售，了解市场规范，参与市场竞争，制订适应市场的计划和公司目标，对成本、利润进行预测。例如，制订公司的中长期航班计划，控制航班的座位投放；确定每个航班的仓位及票价等。

2. 飞行部

飞行部主要负责公司飞行和运行的全面管理及各单位之间的协调。例如，负责对飞行人员的日常训练、考核、管理，负责飞行机组的排班等。

3. 机务工程部

机务工程部主要负责公司维修与工程系统，确保公司飞机处于适航状态，保证飞机的运行安全，处理公司维修与工程系统、机务维修的日常行政业务工作，解决维修与工程系统的重大问题。例如，负责航空器的维护、排故，负责航线维护支持，签发 MEL/CDL 项目单，负责飞机排班等。

4. 运行控制中心（AOC）

运行控制中心是航空公司航班运输生产的控制中心、信息中心、协调中心，负责当日航班运输生产的组织管理、航班信息的发布、当日航班运输生产中的协调工作。

5. 运输部

运输部主要负责旅客候机服务和办理值机手续。

6. 客舱服务部

客舱服务部主要负责空乘人员的日常管理、空乘人员的排班和飞机在基地的客舱清洁服务。

7. 计划财务部

计划财务部主要负责制订本公司的发展计划和财务管理，负责保管准确的财务档案，支付各项开销，注重控制内部资金的流动和资金预算。制订财务计划，现金管理，取得长期与短期融资，提出资本投向的建议，估算未来现金流通以满足现金的需要，保证超额资金的投入，建立最可行的资本结构，最大限度地提高航空公司的价值，减少财务上的风险性，并允许航空公司在未来有一定的机动性。计划财务管理所形成的决策直接影响着航空公司未来的利益。

三、飞行签派部门与各部门工作联系

飞行签派工作与市场部的联系：接受次日航班计划，航班的取消、合并。

飞行签派工作与飞行部的联系：机组排班的确认，航班延误时同机组待命，调配航班时安排机组。

飞行签派工作与机务工程部的联系：确认飞机排班计划，有故障保留项目的航班放行，调配航班时的飞行计划。

飞行签派工作与客舱服务部的联系：确认空乘人员排班，调配航班时乘务组的安排，飞机过站时的客舱作业协调。

飞行签派工作与运输部的联系：航班不正常情况下的信息发布。

飞行签派工作与运行控制中心（AOC）的联系：飞行签派是运行控制的核心，负责航班飞行前的准备，航班签派放行，飞行跟踪与动态监控，非正常情况下航班的调配等。

以飞行签派为核心的运行控制工作如图 2.9 所示。

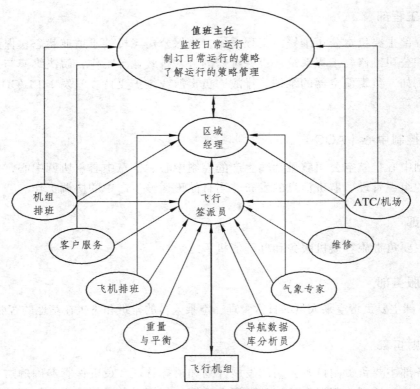

图 2.9　飞行签派与 AOC 部门的联络

四、航空运行管理职位

航空公司应当拥有能够有效控制和监督其整个航空运行的管理机构，配备足够必要的管理人员和技术人员，以保证在运行中保持最高的安全水平，各部门机构设置如图 2.10 所示。各主要管理岗位的职能简述如下：

1. 安全总监

安全总监主要负责独立地对航空公司的运行安全管理过程进行监督，并直接向总经理报告。安全总监应当掌握运行安全管理知识、质量管理知识、民航运行相关规章、标准及程序；理解合格证持有人的运行规范、运行手册及其他相关要求；具有较强的分析解决问题能力和良好的沟通技能；最近 6 年内在航空公司或局方的安全监督岗位工作 3 年以上，或持航线运输驾驶员执照、维修人员执照、飞行签派员执照等专业执照之一并在相应岗位上工作 3 年以上。

2. 运行副总经理

运行副总经理负责航空公司飞行运行的管理。运行副总经理应当持有航线运输驾驶员执照；在最近 6 年内，在该合格证持有人使用相同级别飞机按照本规则所实施的运行中具有运行控制权的职位上，至少有 3 年管理经历。

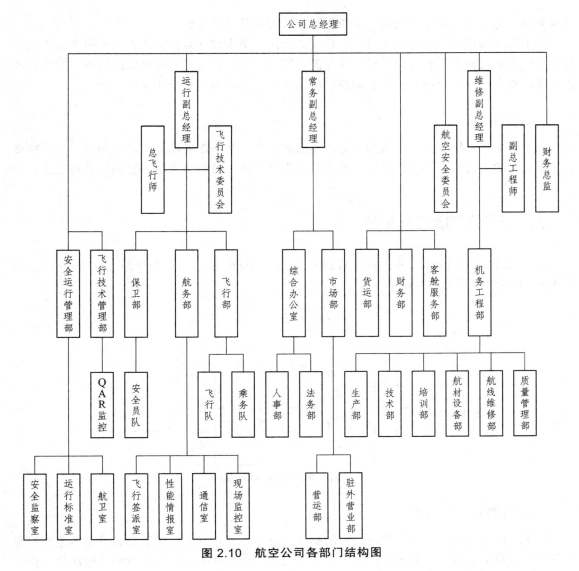

图 2.10 航空公司各部门结构图

对于初次担任运行副总经理的人员，在最近的 6 年内，至少在该合格证持有人按照本规则运行的相同级别的飞机上具有担任机长 3 年的经历；对于具有运行副总经理经历的人员，至少在该合格证持有人按照本规则运行的相同级别的飞机上具有担任机长 3 年的经历。

3. 维修副总经理

维修副总经理负责航空公司的飞机维修管理；持有按照《民用航空器维修人员执照管理规则》（CCAR-66）颁发的维修管理人员证书；在前 6 年内具有至少 3 年从事合格证持有人运行的至少一种类别和级别飞机的维修或者维修管理经历。

4. 总飞行师

总飞行师负责航空公司的飞行人员训练和技术管理；持有航线运输驾驶员执照，至少具有该合格证持有人按照本规则运行中所用的一种飞机的合适等级。

对于初次担任总飞行师的人员，在最近 6 年内，至少在该合格证持有人按照本规则运行的相同级别的飞机上，具有担任机长 3 年的经历；对于具有总飞行师经历的人员，至少在该合格证持有人按照本规则运行的相同级别的飞机上，具有担任机长 3 年的经历。

5. 总工程师

总工程师负责航空公司飞机的维修工程技术管理；具备维修副总经理的条件；具有维修本规则运行的飞机至少 5 年的经历，其中至少有 2 年作为维修工程技术管理人员的经历。

五、AOC 的运行结构

AOC 是航空公司运行、通信和决策的中心，任何 AOC 的核心工程都是飞行签派。图 2.11 是 AOC 运行结构的代表性例子。

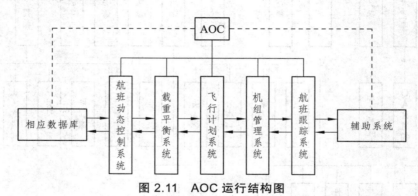

图 2.11　AOC 运行结构图

1. 航班动态控制系统

该子系统主要负责 3 日内航班计划的制作和发布，当日全公司航班动态的总体监控以及在不正常情况下航班运力的调整，紧急情况的处理。动态系统还包括商业和管理部分，负责成本的估算和对机组、飞机动态信息的实时掌控。

2. 载重平衡系统

该子系统直接与售票、离港、货运系统互联，每一航班的乘客量、货运量、邮件量数据一目了然，配载计算机按照各机型最大允许起飞重量、着陆重量、无油重量以及重心范围等条件，精确计算出每个航班飞机的载重量、重心、优化配载，打印出舱单，改变了过去人工计算不准确、易出错、速度慢等缺点。

3. 飞行计划系统

该子系统为公司各单位提供信息的实时上传和下达。计划位的签派员根据飞行计划系统提供的实时资料如气象信息、导航点信息、航行情报、业载信息等实时数据，计算出每个飞行航段全过程燃油消耗，确定合理的燃油加载，制作该航班的飞行计划，达到提高飞机的利用率、提高飞机载运能力、增加航班的经济效益等目的。

4. 机组管理系统

该子系统负责机组配对和机组排班。根据民航有关的飞行条例以及飞行员、乘务员的训练计划，可以自动生成覆盖所有航班的航线组，并且可以根据机组状况结合各种动态、静态因素，自动排出执行飞行任务的机组。

5. 航班跟踪系统

该子系统是基于地理信息系统，以地空数据通信为基础的综合信息管理系统。飞机安装有 ACARS（飞机通信寻址报告系统），空中的飞机可以通过 ACARS 系统将飞机飞行过程中的飞行动态信息、飞机位置报告、大气环境数据以及飞机和发动机工作状态转换为数据报告，通过地空无线电通信或卫星通信，发送到地面控制中心。

六、运行控制中心岗位设置及职责

AOC 内部由 AOC 值班经理、区域经理、飞行签派员、气象专家、导航数据库分析员、空中交通管制/机场运行协调员、维修经理/协调员、飞机排班员、客户服务经理/协调员、机组跟踪经理/协调员、性能工程师、载重平衡协调员等多个工作岗位组成，各个岗位的职责简述如下。

1. 值班经理

值班经理是航空公司日常运行管理的执行者，负责制订日常运行政策和监督运行管理，对正常和不正常运行进行监控与指挥。主要的职责包括：

实时监控 AOC 运行；对不正常运行的综合处理方案做出计划并组织实施；对 AOC 低层不能解决的所有运行问题做出最终决策；监视可能影响运行的天气报告和预报；保证所有 AOC 人员理解和遵守公司政策的变化；监视当前可能影响公司运行的全球事件；就全球范围存在的安全威胁，与有关政府机构联系，与当地、省政府、国家机构和公司各部门协调处理威胁安全的信息；处理运行中出现的紧急事件，如事故、事故征候和/或有新闻价值的事件，及时通知公司的决策层并做出反应。

2. 区域经理

区域经理在日常运行的管理方面向值班经理负责。运行管理包括通过决策和最佳方法使用所有资源来有效管理日常运行。管理一个以地理区域划分（如西部、中南、国际、国内等）或以机型划分（如 B747、A330 等）的分区。主要的职责包括：

监控正在实施中的所有飞行运行；保证飞行签派员的充足配备和工作量的合理分配；对重大取消或延误的不正常运行做出计划和处理；向有关部门发布运行信息通报（通知各种变化）；提出解决问题的建议和指导，协助值班经理，解决机组、航站和/或维修人员提出的问题；将任何存在的安全威胁通知值班经理；协助值班经理处理运行中出现的紧急情况；监视可能影响运行的天气；及时了解公司政策和程序的变化；监视当前世界范围内可能影响公司运行的事件。

3. 飞行签派员

飞行签派员持有局方颁发的执照，按照航空规章、航空承运人政策和程序履行签派放行权和运行控制职责。主要负责：

分析运行条件，制作飞行计划，签署签派放行单，监控飞行运行全过程；当签派放行单中所列机场天气条件不能满足运行标准时，出于安全和运行需要，延误、改航、重新安排航班、重新签派或取消飞行；确保每次飞行都符合航空规章和运行规范规定的标准；向飞行中的机组提供必需的安全信息，包括有关航路、目的地机场和备降机场的天气、机场运行状况、NOTAM以及其他任何影响安全飞行的条件变化情况；安排、协调机组和旅客所需的紧急医疗要求。

与其他飞行签派员、气象专家、机组跟踪、飞机排班、维修、机场运行、客户服务和其他有关部门的人员共享信息；保证每次计划的航班都使用了合适的机组和飞机；计算和通报不正常航班的预计到达时刻（ETA）；与其负责的所有飞机保持通信联系；向机组和航站运行人员提供有关飞机运行、公司政策、航空规章等信息；在所有影响飞行安全的事件上，与机长共同履行确保飞行安全的职责；向飞行机组和航站管理人员发布运行状态和相应要求的信息；持续监视和核实所负责运行区域内的天气、机场状况、导航设施情况和可能影响运行安全的 NOTAM，并采取必要的行动；与气象专家和机组进行协调，选择最佳高度和航路；使用 MEL/CDL 的性能修正和/或限制；保证每架飞机的业载不超过航路和机场的相关限制；交接班时，交班签派员应向接班签派员进行完整简介；接班后，获取天气简报并熟悉有关的天气及变化情况（如地面、高空等）；向 ATC 申报飞行计划（FPL）；根据航班计划选择安全、经济的航路（注：该项任务可授权导航数据库分析员实施）；完成年度运行熟悉和资格检查；完成定期复训；协调和监视飞机与公司有关部门人员之间的通信，根据需要采取适当的行动。

4. 气象专家

气象专家收集、分析、制作、发布和更新天气预报，向飞行签派员、飞行机组和其他运行人员提供综合气象服务和建议。主要职责包括：

评估飞行签派员在飞行计划中选定的备降机场天气；发布飞行签派员和飞行运行简介使用的天气资料；讨论和更新雷暴警报；监视和更新天气实况和预报；评估、解释获得的天气数据和计算机数值预报；发布主要航站终端区气象预报；发布风切变和机场警报；向飞行签派员提供天气对飞行运行的影响趋势信息；跟踪和标绘重要天气系统，向区域经理、飞行签派员、飞行机组、市场定座和客户服务人员通报重要天气可能对飞行运行造成的影响；向飞行签派员和运行基地分发天气信息和天气图以及结冰趋势等；回答飞行机组、飞行签派员和客户服务人员提出的天气问题。

5. 导航数据库分析员

导航数据库分析员维护精确和完整的导航数据库，就 FMS 导航数据库的有关问题与技术提供者联系，为航路规划和航路问题的解决提供支援，为建议的和改变的导航结构提供分析；

为包机和偏离航线运行提供必要的支持。主要职责：

确保数据库维护准确和完整（与导航有关的）；确保现行航路维护准确和完整，满足飞行计划使用数据要求；应飞行签派员和气象专家的要求，根据导航数据，为补充运行（如包机、调机飞行）建立新的航线（国内或国际），越洋航线中的太平洋编组航路（PACOTS）、北大西洋航线（NATS）和灵活航线除外；根据临时需要或作为总的计划和分析的一部分建立航线分析现行航线结构（以城市对为基础），确认首选航路和建立新航路以改进航路，系统的效率（这通常出现在计划航班与现有航班矛盾时）；搜集和汇总情报以更新数据库，资料来源包括杰普逊手册、AIP 和图表 NOTAMS；为包机飞行搜集数据，保证飞机、航路和设施与计划的运行相适应，并向有关部门分发情报资料；应训练部门的要求制作飞行计划和提供所需的书面材料，以用于模拟训练；应管理层的要求增加、删除和修改飞行计划备注，按常规方式保持备注（备注可以是机队、尾号、机场或机场对、特定航班、定位点或定位点对），以向飞行签派员和飞行机组提供准确的情报；制作和审核来自数据提供商的FMS 母盘。

6. 空中交通管制/机场运行协调员

空中交通管制/机场运行协调员在 AOC 内负责与空中交通管制单位和机场联系与协调。主要职责包括：

提供信息，缓解由于 ATC 更改航路、地面等待方案和其他 ATC 原因造成的对飞行的不利影响；在正常和不正常运行中，必要时协助飞行签派员与 ATC 协调；在运行需要时协助值班经理、区域经理和 AOC 的其他人员，负责与 ATC 和机场进行联系与协调；建立与 ATC 和机场经常性的协调关系；向 ATC 和机场提供航空公司的优先方案；管理航空公司与 ATC 的有关事务；减少和消除 ATC 所造成的延误；与飞行签派员协调最佳的航线；作为向 ATC 和机场反映意见和解决相关问题的联系人；向飞行签派员、飞行机组和其他运行人员提供有关机场和 ATC 信息；为避开航路不利天气，与有关 ATC 联系；为避开航路不利天气，必要时与军方联系。当出现不正常运行时，如需要可增加席位。

7. 维修经理

维修经理协调 AOC 和机务维修支持人员，支持故障飞机的修理工作，向 AOC 中心数据库和管理层提供最新的机队状态信息。主要职责：

保持有重大维修和/或性能问题的飞机的最新清单；按授权充当维修管理部门发言人；保证安排了足够的人员值班，包括满足人员的训练要求；评估和批准 AOC 维修协调员提出的飞机停场维修请求；汇总维修不正常事件、换发报告、事故征候报告和飞机损坏报告；向维修管理部门报告飞机最新状况，如故障飞机的维修准备清单；就人力资源、检验、航空电子设备、负责发动机装运的航材部门（飞机/发动机部件贮存）、支援航站运行等问题与相关部门联系，协调国际和国内更换发动机，批准和协助高级航材计划员（航材服务）为运送航材和人员到飞机维修地的包机申请；评估和批准适用 MEL 项目的时间延长和维修良好项目的寿命延长；记录飞机的所有损坏，保证所有文件和要求表格的完整性；保证修复重复出现故障的飞机；将事故/事故征候通知有关部门，并保存有关飞机记录。

维修协调员：协调 AOC 和航空公司维修支持人员，支持故障飞机的修理工作，向运行管理层和相关部门提供最新的机队状态信息；向 AOC 维修经理报告有关飞机、飞机部件以及其他维修情况。

8. 飞机排班员

飞机排班员保证为航空承运人的航班运行合理安排飞机，为减少延误调整飞机，向区域经理建议有利于运行的解决方案（更换或取消飞机）。主要职责包括：

对时间/周期控制维修项目的飞机进行跟踪；密切配合区域经理和维修协调员，为运行和维修的需要而调整飞机安排；检查和应对日常飞行运行的变化，保证所有的航班都安排了适当的飞机；检查维修计划并做必要的调整，以保证符合 CAAC 规章和航空承运人指导方针；管理计划和非计划停场维修的飞机；通知区域经理可用的飞机，并提出计划航班安排飞机的方案；根据运行要求、天气、机组限制、不正常运行（取消、替换、延误）来安排飞机；当维修协调员因维修项目的需要而提出要求时，安排飞机；根据公司运行需要为航班安排飞机；保存所有机队的飞机排班计划，向航站发布每个航班的飞机安排计划；按规定交接班，在交班时将有关机队情况和运行限制的最新信息移交接班者；当航班计划部门改变飞机计划时，根据其要求提供所需的飞机排班信息；必要时，在 AOC 讲评时说明飞机排班计划。

9. 客户服务经理

客户服务经理负责在 AOC 决策过程中提供有关客户和航站的信息，协调可用资源和人员积极处理不正常运行对客户、航站和经济效益造成的影响。主要职责包括：

了解整个航空公司运行中的客户问题；为 AOC 决策过程收集、提供客户和航站信息；将要求客户管理部门参与或反馈的重要运行状况通知该部门；通过调动客户服务快速反应小组支持应急行动；与航站协调决策的实施，与订票部门协调有关旅客重新定座和联系事宜。

客户服务协调员：在 AOC 决策过程中负责提供客户和航站信息，协调可利用的资源和人员，积极处理不正常运行对客户、航站和经济效益造成的影响。主要职责包括：

了解整个公司运行中的客户问题；保存航站管理部门要求的运行文件；在 AOC 决策过程中收集、提供客户和航站信息；将要求客户管理部门参与或反馈的重要运行状况通知该部门；为误机旅客或客户寻找可利用的备用运输方式，并将信息提供给航站；就特定航班问题与订票部门进行联系和协调；针对旅客需要或保护进行评估和联系，运行控制部门为平衡计划而取消的航班除外；在不正常运行情况下，根据航站要求调整座位清单；了解航班的旅客运载情况，以便在不正常运行情况下照顾旅客及其特殊需要；与 AOC 气象专家联系，了解天气形势可能对航站的影响；通过调动客户服务快速反应小组支持应急行动；与航站协调决策的实施；与订票部门协调有关客户的重新预订和联系事宜。

10. 机组跟踪经理

机组跟踪经理检查和修订机组的排班，建议不正常运行的解决办法。主要职责包括：

使机组遵守 CCAR 和航空承运人的规定；分析与机组有关的不正常运行；参与运行讲评会，提供与正点运行有关的机组跟踪状况；将潜在的不正常运行信息通知机组跟踪协调员；

保证在出现不正常运行时有适当的人员可用；保证机组跟踪协调员为每个航班安排可用的机组；保证机组跟踪协调员依照航空规章、设备限制和合同限制确定有资格的机组；在非正常运行时，监视飞行运行中的机组遵守规定的情况（如航空规章和公司政策等），支持机组跟踪协调员；协助机组跟踪协调员为当前或潜在的不恰当的机组寻找替代机组，并向区域经理和飞行签派员通报；向飞行签派员、机组、客户服务人员和机组跟踪协调员解释 CCAR 和公司政策；必要时，协调当地航站，保证适当的中途临时停留保障（如旅店、餐食、交通和安全）；确定机组的位置，安排机组轮班并考虑机组成员由于误班、生病、法律问题、个人紧急事件等情况的缺席；保持系统范围内飞行机组位置的准确信息；建立机组轮班制，以满足计划外飞行的要求（如设备替代、包机和额外区域运行）；向所有值勤中的机组和他们的家属提供由于个人紧急情况或生病等需要的帮助；在计划处理潜在和现存的问题时，快速准确地向区域经理提供机组信息。

机组跟踪协调员：审核和修订机组排班，建议不正常运行的解决办法，向机组跟踪经理报告有关机组的信息。

11. 性能工程师

负责制订和维护所有飞机的性能数据以及配载平衡数据，向飞行签派员、维修协调员和航站运行员提供有关跑道限制、湿跑道条件、超障要求、发动机故障程序、减噪程序和不同条件下的飞机性能设定等方面的协助与技术支持。主要职责包括：

维护飞机配载平衡数据库；制订和维护飞机飞行手册（AFM）、机场限制手册（ARM）和运行数据手册（ODM）；为飞行签派员和飞行机组提供起飞/着陆跑道限制的技术支持与协助；为航空承运人提供飞机性能衰减监控数据与分析报告；制作本公司运行规范以外机场的包机或调机飞行计划，并向机组提供性能分析文件；针对减噪方案，与飞行签派员和飞行机组协调要求的飞机性能剖面图，以保证飞机的安全运行；将飞机起飞和着陆性能数据的变化信息通知飞行签派员和飞行机组。

12. 配载平衡协调员

配载平衡协调员向飞行机组提供飞机配载和起飞重量的记录。主要职责包括：

制作航空承运人运行的所有航班的重量与数据记录，包括正班、包机、机组训练和调机；保证油料部门提供完整的燃油服务记录，并标明机上燃油的分配；证实燃油是按飞行签派员制作的飞行计划上的数量添加的；提供航班上装载的行李的准确数量、重量和位置（集装箱位置或货舱号）；提供航班上所有小件包装货物、主要货物、邮件或公司运输的航材的准确重量和位置（集装箱位置或货舱号）；提供航班客舱内准确旅客数；提供驾驶舱内加入机组人员和机上额外机组成员的准确数字；提供（打印出）给飞行机组航班的最后重量数据记录（提供给机组的记录不能修改）；提供给所有航班飞行机组的重量数据记录文件，应包含详细的业载、燃油、天气和性能数据；通过显示准确的旅客人数或重量与平衡数据加、减确切的旅客人数来通知飞行机组重量平衡是正确的，飞行机组将决定旅客人数变化的重量与平衡修改是否可以接受，或当需要新的重量数据记录时，如必要，与机组协商调整装载；在航班实际起飞之前，保证正确的货舱装载信息被记录在计算机或人工制作的重量数据记录中；在重量数据记录中出现错误时，应立即通知飞行签派员有关的错误及其性质，当飞行签派员要求时，提供修订过的重量数据记录信息；使用航空承运人的重量与平衡控制方案中的实际或批准的平均旅客和机组重量程序；使用航空承运人重量与平衡控制方案中的实际或批准的平均行李重量程序；对包机航班和其他有关特殊团体、特殊设备运输的特殊服务航班，要用实际的旅客和行李的重量计算重量和平衡。

AOC 各个岗位人员之间的关系如图 2.12 所示。

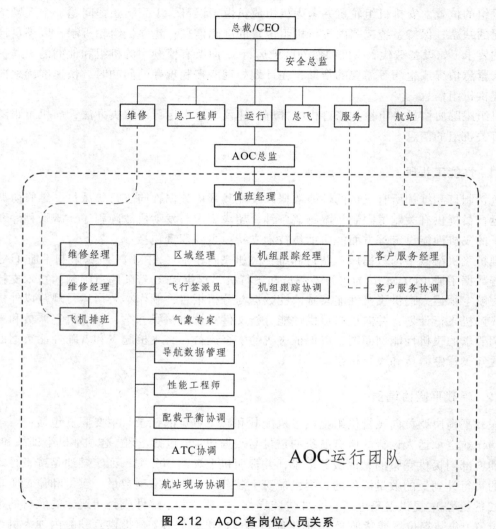

图 2.12　AOC 各岗位人员关系

课后参阅规章和手册

（1）CCAR-91《一般运行和飞行规则》；

（2）CCAR-121《大型飞机公共航空运输承运人运行合格审定规则》；

（3）CCAR-135《小型航空器商业运输运营人运行合格审定规则》;

（4）航空公司《运行规范》和《运行手册》。

复习思考题

（1）简述航空运行控制的定义及作用。

（2）航空承运人运行合格审定分为哪几个阶段?

（3）概述运行合格证和运行规范的定义及各自内容。

（4）简述我国民用航空公司的部门组成、各自职责及与飞行签派的工作联系。

（5）概述航空运行控制中心的结构和各岗位工作职能。

第三章 航班计划制订及管理

航线是制订航班计划的依据，是航空公司满足社会需要和实现企业自我发展的手段，是航空公司的立命之本。航空公司通过科学、严格、及时地编排航班计划来组织本企业内部生产，它对于保证飞行安全，改善服务工作，争取飞行正常，提高航空器的利用率、载运率及提高经济效益，完成运输生产任务有着重要的意义。航空公司对外公布的班期时刻表是旅客行动的依据，也是各旅游部门安排接待计划的根本。

航班计划是航空公司长远发展的战略决策，是航空公司经营规划的核心。航班计划的合理安排和申请是航空企业的自主行为，航班计划安排的好坏直接影响航空企业的经济效益和持续发展。

第一节 航班计划的制订

一、航班计划的作用

航班计划的申请离不开航班时刻的使用，为规范民航航班时刻管理工作，加强对航班时刻使用的监督和管理，建立航班时刻公平、公开分配的管理程序与有效使用机制，为加强航班的管理，维护航班的严肃性，保障航班按计划飞行，提高运输服务质量，中国民航局颁发了《民航航班时刻管理暂行办法》和《中国民用航空国内航线和航班经营管理规定》，从而使航空公司在制订航班计划、申请航班时刻和经营航班时有章可循。

航班计划在航空公司的经营管理中有以下三个方面的作用：

1. 航班计划是航空公司经营规划工作的核心

航空运输市场研究的结果是发现和提供了航空公司发展的机会。是否利用这些机会，在多大程度上利用，在什么时间内利用，是航班计划工作中最主要的问题。如果一个航空公司没有准确和完善的航班计划，该公司的经营管理就是一句空话，因此，航班计划是全部经营规划的核心。

2. 航班计划是航空公司的战略决策

航线是民航运输企业向社会提供的用于满足社会需要的产品，而这一产品的选择对于航空企业来说是至关重要的。如果选择不当，企业就会亏损，从而使企业处于不稳定状态，影响经济效益，也就丧失了盈利的机会。所以航班计划不是一个短期的战术性安排，而是事关企业长期发展的战略决策，必须慎重对待。

3. 航班计划是提高航空公司经济效益的关键

航班计划的编制，一方面要根据航空市场需求，另一方面要根据企业已有和将有的能力。编制航班计划的目的在于使企业的生产力得到充分发挥，并提高经济效益。对于民航运输企业来说效益实现于生产的过程，但却开始于计划的过程，如果没有把握准市场机会，企业经济效益的提高就会成为泡影。所以，抓经济效益，应该从编制航班计划抓起。

二、航线选择

航线是指使用规定机型，在指定地点间从事定期航空运输服务而形成的运输路线，其要素包括：起点、经停、终点、航路、机型、班次、班期、时刻等。

单一航线的选择，包括进入或退出某一航线，是航班计划编制的开始。航线选择的合理性和可行性是航班计划合理的基础。是否开辟一个新的航线市场，或进入一个新的航线市场，要看它是否具备如下的必要条件：

1. 经济、政治的稳定

稳定关系着长期经营的可能性，经济的增长刺激了航线市场的需求，政治上的稳定是航线稳定的依据。

2. 充足的客货运量，较好的发展前景

通过对该航线市场的调查和预测，如果对该航线市场的客货运量现状和发展趋势持乐观态度，便可以进入该市场。在考察运量时，要考虑以下三种情况。

（1）市场需求旺盛而供给不足，且需求有继续增长趋势。此时是进入市场的最佳时机，这样可以争取到较多市场份额。

（2）市场需求量大，供给也充足，市场显得相对狭小。此时要考虑本企业的竞争能力。谨慎进入或放弃这一市场。

（3）目前市场需求不大，但市场有很大的潜力，几年后可能成为一条"热线"。对于这样的市场，企业应根据自己的财务实力，适时果断进入该市场（适时就是在竞争中首先进入市场，并在进入该市场时企业有相对雄厚的财务实力）。

3. 适宜的机场和航路

机场和航路是航空公司进行运输生产的客观条件，机场和航路的状况直接影响航空运输生产的进行和航路的经济效益。选择航线应从三个方面考虑：

（1）从使用和安全的角度判读机场和航空是否符合一定的准备和要求，包括：机场所允许的最大起飞重量、最大着陆重量、跑道长度、气象条件、净空条件、导航条件、航路的最低安全高度和高度层配备。

（2）从经济角度判读机场和航路的条件对航班正常性和成本的影响程度。如机场和航路上恶劣天气出现频繁，使得航班不能正常起降，导致社会效益差，从而影响经济效益；或者由于备降、改航、绕航、延误等造成的成本增加。因此，对新开的机场、航路的气象、地理和运行条件等数据要充分了解，做出正确判断。

（3）从航线的长短和备降机场的分布上考虑。当航线较长时，由于飞机载重限制，将被迫选择合适的经停点。经停点选择的优劣，影响着飞机的性能能否充分发挥和业务载量；备降机场的分布和选择在很大程度上直接影响飞机的载油量。

4. 适宜的机型

飞机是航空公司进行运输生产的主观条件，是民航运输企业满足社会需求、实现企业目标的工具，运力的状况对航线的选择具有决定意义。由于飞机的技术性能是一定的，因而它的使用范围也是一定的，因此，既要使航线适应飞机即根据飞机选择适宜的航线，又要使飞机适应航线。在航线选择中，要根据已有的运力或将要增加的运力，确定所选择的航线是否合适。

5. 与已有航线的协同作用

新航线的开辟不仅要有利于该线本身，而且要有利于本公司整个航线网络的改善，使各航线间能相互输送运量，并使公司的总体收益有所提高。切忌新航线挤旧航线，除非旧航线准备撤销。

6. 国际航线的选择

国际航线的选择要更充分地准备，进行经济调查和可行性分析。如我国开辟新加坡航线，我方确定的航线为北京—广州—新加坡，对方确定航线为新加坡—上海—北京，相比之下新加坡航空公司的载运率比我方的高。

7. 航线的经营权

在我国，航线经营权属于国家。经营某条航线，企业必须向航空运输主管机关提出申请，经批准后方可有权经营。企业要开辟或进入某一航线市场，必须准备充足的资源和完备的方案，作为申请航线权的理由，接受管理部门的审查。

当有如下情况出现时，可做出退出航线市场的选择：航线市场的供应增加，竞争激烈，本企业在竞争中处于不利地位，市场占有率低；地面运输方式的改进和规模的扩大使航空运量锐减；航线运营收不抵支且有继续恶化的趋势。

退出某一航线市场，也要提前向航空运输主管机关提出申请，经批准后方可实施。

三、运力投入

如果确定了要开辟或进入某航线市场，需要研究运力投入问题，即研究为该航线提供多大运输能力，具体说是以何种机型、多少班次服务于该航线市场。

运力投入的确定，基本依据是该航线市场的调查和预测的数据，包括年、月、周、日平均运量，季节性客货流规律，峰值、时间分布等，在这些数据的基础上，确定以下问题。

（一）航线机型的选择

在机场和航路的一定使用范围内，如果企业只有一种机型，则选择问题就不存在了。如果企业有多种机型，就要根据该航线的特点，认真进行航线机型选择。它主要从两个方面考虑：

1. 使用角度

能在同一航线上进行飞行的若干机型，其使用上的差异主要表现在航速、客座和业载、舒适性上，在业载一定的情况下，根据机舱内空间结构的布置，将飞机分为以下三类：

◆ 客机型
◆ 货机型
◆ 客货组合机型

一般情况下，应根据航线平均运量和运量的时间分布选择业载适宜的机型。运量大而集中，用较大业载的机型；运量小而分散，用较小业载的机型。

在业载一定的情况下，应根据客货量的比例选择适宜的机型，以充分利用业载。在客运量很大而货运量很小的航线上如旅游城市，选择客机型；在工业较发达且人员流动量也很大的城市，则应考虑客货组合机型；另外还要根据旅客的身份、旅行的性质和要求，选择舒适的机型。

2. 经济角度

从经济角度选择机型，主要是根据航段的长短和标准飞行剖面，选择接近其经济航程和经济飞行剖面的机型。航段长，选择机型应充分考虑所选机型能否达到或接近标准飞行剖面和经济飞行剖面，这时如选择短程飞机，经停过站地点多，达不到理想的效益。过站多，费用多，航线成本增加。所以在选择机型时应科学地计算，反复推敲，得出经济效益最大的优化方案。

（二）航班次数选择

在机型一定的情况下，航班安排次数决定了该航线运力投入的总规模，而这个规模对市场需求和本企业的成本运价、收益水平都是至关重要的影响因素。所以航班次数确定要多方权衡，并主要考虑以下几个方面：

1. 航班次数和运量关系

航班安排多少，应根据运量的大小来决定，在有竞争的情况下，应考虑自己所能取得的市场份额，从这个意义上讲，运量是自变量，班次是因变量，班次是运量的函数。但是从供给创造需求水平、影响需求的角度看，班次的多少又是自变量，运量是因变量，运量是班次的函数，也就是说，在班次很少的前提下，实际运量和需求量都是很低的。但班次达到一定水平时，实际运量和需求量就会大幅度上升，达到峰值，使市场达到饱和状态，此时若再增加航班的班次，几乎不能再吸引额外的需求。由此可见，一定的数量、一定强度的稳定供给，将会培养出一定数量的稳定需求。因此航班安排要有一定的密度，以利于社会利用航班。用供给促进需求这点在新开辟的航线上尤其重要。如果只根据实际运量安排班次，就可能出现运量越小，班次越少，而班次越少，运量就越小的恶性循环。

另一方面，航班次数还和航线长度有关，长航线如国际航线，旅客对时间的要求，即对航班密度的要求较低，故而航班次数对运量影响不大。但对短航线来说，如国内干、支线，班次对运量影响较敏感。

2. 航班次数与载运率的关系

在运量需求规模一定的情况下，班次少，载运率就高，班次多，载运率就低。一般来说，载运率高对企业有利，因为生产效率较高，单位收益率高；但也有不利的方面，就是拒载旅客人数多，使收益总水平降低。高载运率对需求者不利，一部分需求者得不到满足，而且服务质量会下降。而低载运率对需求者来说是有利的，需求可及时得到满足，服务水平会提高；但对企业不利，导致生产效率低。因此，航班班次的安排应使载运率维持在一个适宜的范围，既满足消费者，又不使企业受损。一般情况下载运率在 60%～80%，但我国目前空运市场的情况可适当提高到 70%～85%。

3. 航班次数和收益水平的关系

班次对收益水平影响很大，所以说航班次数的确定要考虑收益水平。在一定范围内，班次的增加使航线的总成本上升；另一方面，运量也随之上升。由于收入是运量的函数，而运量又是班次的函数，所以收入也与班次存在函数关系，企业在取得一定收入的前提下要确定出一个对企业有利的最佳班次。

四、航线结构

航线选择和动力投入两个大问题，我们主要是从单个航线的角度来研究的，它是航班计划的起点，但一个航空公司不可能只有一架飞机，飞一条航线，而是有多架飞机，飞若干条航线。这就要求在编制航班计划时，在研究单个航线的基础上，对整个航线网络做全盘考虑，寻求总体最优化。在对航线网络与结构进行布局时，需从以下几个方面进行综合考虑：

（1）各航线间要有扩大运量的促进关系，而不是彼此削弱，造成自己航线间的竞争。

（2）各航线间要有利于对外竞争的支持关系。航线的多样化，不同航线间相互的服务和衔接是竞争的有力手段，所以彼此服务的航线、航班、时刻的安排会大大增加每个航班对旅客的吸引力。

（3）各航线间彼此的运力分配合理。根据不同的季节，合理调整各航线上的运力投入，使企业的经济效益最佳。在供大于求的情况下，充分提高飞机的利用率，降低航线成本；在供小于求时，合理调配，使飞机用于效益高的航线。

（4）航线结构要具有分散风险的功能。航线太少，航班过于集中在少数盈利大的航线上，虽然短期效益高，但有一定的风险，一旦由于政治、经济、军事原因造成需求下降或无法正常运营，企业将没有回旋余地。一家航空企业，应立足全局，从长远的角度考虑，腾出部分运力建立新航线，使企业有一定回旋余地。

（5）合理选择航线结构的形式。

航线结构有两种形式：

① 城市对（City to City）或城市串结构：是一对对的城市用直线连接起来的直接式结构，如图 3.1 所示。这种由各条基于城市对的点到点航线组成的航线结构，适用于小规模的航空公司，在局部区域内组织运营需要投入的资本少，运营方式灵活；但对集中运行控制要求不高，不利于发挥规模优势，载运不稳定。

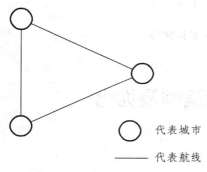
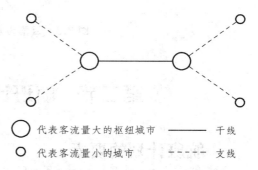

图 3.1　城市对航线结构示意图　　　　图 3.2　中枢轮辐式航线结构示意图

② 中枢轮辐式航线结构（HSS）：即将许多中、小城市的客货运到一个中心枢纽站，并在此衔接飞往最终目的地的航班，如图 3.2 所示。这种航线结构将客货流向几个中枢机场汇聚，在中枢机场间安排高密度航班垄断市场，适用于巨型航空公司在全国，甚至全球范围内组织运营。这种航线结构载运高，能够充分发挥规模优势并能垄断局部市场；对集中运行控制要求高，需要以强大的资金和技术实力为支撑。

比较这两种航线结构，轮辐式航线结构具有双重优点，它既可以降低飞机的投资和航线成本，又可以提高营运的灵活性和可靠性，因为由一个轮辐中心连接许多城市比一个扩大的直线式航线结构中连接每个城市所需的航班数目要少得多。这又要求航空公司在购买飞机时要充分考虑中远程飞机和短程飞机的比例。

五、实例讲解

云南省的航线网络形成了以昆明为中枢，与省内各支线机场及国内外主要枢纽机场连接的中枢轮辐式航线网络布局，如图 3.3 所示。

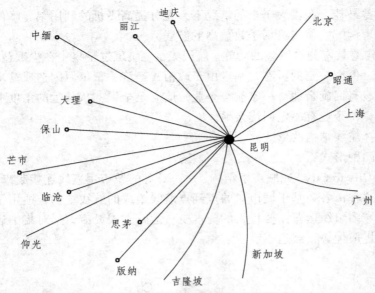

图 3.3　云南省轮辐式航线结构雏形

第二节　航班计划的编制及优化

一、航班计划的要素

航班计划是指航空公司根据市场及运力的变化，对所飞航线以及运力在航线上的投放所做出的系统安排，它是航空公司组织运输生产的依据。

航班计划的要素包括航线、班次、班期、航班号和航班时刻。

1. 班　次

班次是指航空公司在某条航线上每天飞几个航班。它表示航空公司在各条航线上的运力投放情况。

2. 班　期

班期是指该航班每周具体的执行日期。例如，东航执行成都—青海玉树的航班的班期为1，3，5，7，表示该航班每周一、周三、周五、周日执行。

3. 航班时刻

航班时刻是指每个航班的出发时刻和到达时刻，即每个航班的关舱门时刻和开舱门时刻。

4. 航班号

航班号航班的代号，是由公司代码和航班编号两部分组成的。例如，CA4115/6 表示国航西南分公司成都—北京的航班，其中 CA 为中国国际航空公司的两字代码，"4"代表公司所在地，4115 代表去程航班（成都至北京），4116 为回程航班（北京至成都）。

（1）航班号的组成

航班号是由公司代码和航班编号两部分组成。例如，MU5405/6 表示东方航空公司上海—成都—上海的航班，其中 MU 为东方航空公司的两字代码，5405 代表去程航班（上海—成都），5406 为回程航班（成都—上海）。

（2）航空公司代码

按照国际民航组织规定，航空公司设置了 ICAO 三字码和 SITA 两字码，我国主要航空公司及其代码如表 3.1 所示。

表 3.1　我国主要航空公司名称、代码及主运营基地

序号	航空公司名称	ICAO 代码	SITA 代码	主运营基地
1	中国国际航空 AIR CHINA	CCA	CA	北京
2	中国南方航空 CHINA SOUTHERN	CSN	CZ	广州
3	中国东方航空 CHINA EASTEN	CES	MU	上海
4	海南航空 HAINAN AIRLINES	CHH	HO	海口
5	厦门航空 XIAMEN AIRLINES	CXA	MF	厦门
6	四川航空 SICHUAN AIRLINES	CSC	3U	成都
7	山东航空 SHANDONG AIRLINES	CDG	SC	济南
8	首都航空 CAPITAL AIRLINES	DER	JD	北京
9	中国联合航空 CHINA UNITED AIRLINES	CUA	KN	北京
10	奥凯航空 OKAIR	OKA	BK	天津
11	天津航空 TIANJIN AIRLINES	GCR	GS	天津
12	河北航空 HEBEI AIRLINES	HBH	NS	石家庄
13	西藏航空 TIBET AIRLINES	TBA	TV	成都
14	成都航空 CHENGDU AIRLINES	UEA	EU	成都
15	西部航空 WEST AIRLINES	CHB	PN	重庆
16	祥鹏航空 LUCKY AIR	LKE	8L	昆明
17	昆明航空 KUNMING AIRLINES	KNA	KY	昆明
18	华夏航空 CHINA EXPRESS	HXA	G5	贵州
19	深圳航空 SHENZHEN AIRLINES	CSZ	ZH	深圳
20	春秋航空 SPRING AIRLINES	CQH	9C	上海
21	上海航空 SHANGHAI AIRLINES	CSH	FM	上海
22	吉祥航空 JUNEYO AIRLINES	DKH	HO	上海

（3）航班号的含义

① 正班航班号的含义

正班航班由三位或四位数字组成。国际/地区航班号用三位数字表示；国内航班号用四位数字表示，第一位数字表示航空公司基地所在地的地区代码，第二位数字表示航班目的地的地区代码，最后两位数字为顺序号，且去程航班为奇数，回程航班为偶数。对于正班航班，最后两位数字一般不超过50。地区对应代码如表3.2所示。

表 3.2 地区对应代码

序　号	地　区	代　码
1	中国大陆以外	0
2	华北地区	1
3	西北地区	2
4	中南地区	3
5	西南地区	4
6	华东地区	5
7	东北地区	6
8	新疆地区	7
9	福建地区	8

② 非正班航班号的含义

临时的补班航班采用"正班航班号+英文字母"的方式表示；长期的加班包机采用"航班号的后两位数大于90"的方式表示；国际及地区航线上的非正常航班采用"航班号4位数且第二位数为0"的方式表示。

二、航班计划的分类

根据 CCAR-121 部，可将航班运行分为以下两大类：

1. 定期载客运输

定期载客运输是指航空承运人或者航空运营人使用最大起飞全重超过 5 700 千克的多发飞机，以取酬或者出租为目的，通过本人或者其代理人以广告或者其他形式提前向公众公布的，包括起飞地点、起飞时间、到达地点和到达时间在内的任何载客运行。

2. 补充运行

（1）使用旅客座位数超过 30 座或者最大商载超过 3 400 千克的多发飞机实施的不定期载客运输飞行。

（2）使用最大商载超过 3 400 千克的多发飞机实施的全货物运输飞行。

三、航班计划的编制

1. 航班计划编制考虑的因素

航班计划由飞机所属航空公司编制，各航空公司在制订航班计划时应充分考虑航空市场的需求，它包括下列因素：

◆ 客货源流量流向；
◆ 机组配套；
◆ 航空器；
◆ 机场条件及地面保证设施；
◆ 空中交通管制；
◆ 通信导航；
◆ 气象条件；
◆ 油料供应。

以上诸要素，航空公司应对其进行科学的分析，使其在航班计划中发挥效应。在航班计划中航线的选择是最主要的环节。

2. 编制的依据和要求

拟定次日航班计划的依据主要有：

◆ 班期时刻表；
◆ 其他部门提供的加班、包机任务计划电报；
◆ 有关部门布置的专机，以及其他飞行任务计划电报；
◆ 航空器准备情况；
◆ 空地勤人员的安排情况；
◆ 气象情况、航行通告、航线和机场各种设备保障情况；
◆ 有关机场燃油供应情况；
◆ 机长提交的飞行任务申请。

3. 航班计划的编制流程

（1）在当日 15 时前完成编制第二天的航班计划，提供给运输、机务、乘务、食品、生产调度、货运等部门。之后如有更改，应记明更改原因、时间、航班号、机号，通知各部门，发更正报。

（2）编制好的航班计划，发飞行计划报。

（3）要客信息（航班号、要客身份、人数、舱位等级），通知各保障单位、值班经理。

（4）如当日航班取消，次日补班，与各单位协商，填入次日的动态表。

（5）不迟于 23：00 以前制作次日的飞行动态表。

四、航班计划的报送

各航空公司在确定了航班号、机型、班次、班期及各站起降时刻后，应于每次航班协调会前一个月将长期定期航班计划和季节定期航班计划报送民航局，报送内容见表3.3至表3.8。

1. 航班计划表

表 3.3　航班计划表

航班号	（新报）航班计划			航线	（去年同期）航班实际		
	机型	班次	班期		机型	班次	班期

从表3.3中可以看出航班的增加、航线的调整、机型的改变。

2. 航班班次座位数表

表 3.4　航班班次座位数表

航线	（新报）航班计划		（去年同期）航班实际	
	每周班次	座位数	每周班次	座位数

从表3.4中可以分析每条航线、班次和座位数的增减情况。

3. 飞机使用情况表

表 3.5　飞机使用情况表

航班号	航线	机型	班期							时刻		备注
			一	二	三	四	五	六	七	起飞	降落	

同一机型放在一起，衔接航班放在一起，从中可以分析出每种机型每一天的使用情况，同时也可以分析出一天需使用多少架飞机。

4. 主要航线航班班次、座位数表

表 3.6　主要航线航班班次、座位数表

航　　线	（新报）航班计划		（去年同期）航班实际	
	每周班次	座位数	每周班次	座位数

此表主要用来分析每条航线班次和座位数的增减情况。

5. 航班配餐计划表

表 3.7　航班配餐计划表

航班号	机型	班次	班期	航站	起飞	降落	航站	餐食	备注

此表主要用来确定航班的时刻和配餐情况。

6. 飞机日利用率情况表

表 3.8　飞机日利用率情况表

机型	飞机日利用率（小时）		
	（新报）航班计划	（现行）航班计划	（去年同期）航班实际

从此表可以看出每种机型每日利用多少小时。

以上六种表格均需按统一格式报送民航局。

五、实例讲解

通过航空器与航线匹配，形成航空器每日的航空飞行任务，运用 GANT 图，某公司 A319 机型的航班任务如图 3.4 所示。

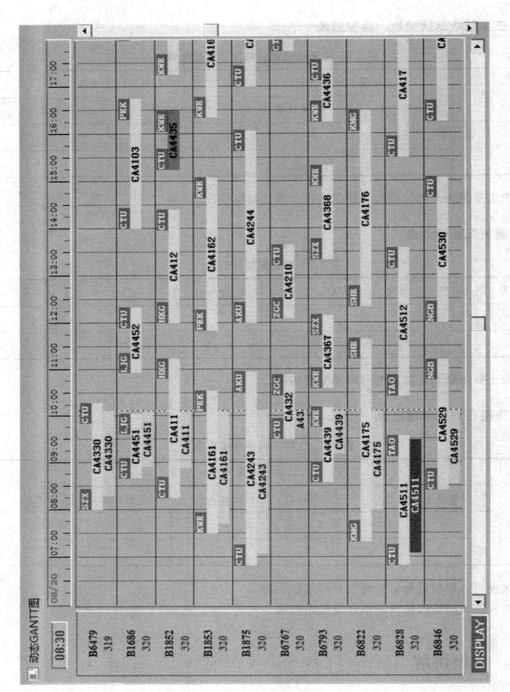

图 3.4 某公司部分空客机型航班任务（教学）用图

44

第三节　航班计划的申请与管理

一、相关定义

（1）航班时刻：是指向某一航班提供或分配的在某一机场某一特定日期的到达或起飞时刻。

（2）特殊航线航班时刻：是指协调机场协调时段中预留用于老少边穷航线、红色旅游航线、特殊政治和外交航线的航班时刻。

（3）时刻池：是指协调机场协调时段的所有可用时刻，由新增时刻、未分配时刻、收回时刻组成。

（4）协调机场：是指在某一特定的时间段里航班起降架次已经达到或接近机场的保障容量，需要进行时刻协调的机场。协调机场分为主协调机场和辅协调机场两类，主协调机场是指时刻需求超过容纳能力，调整余地很小的机场；辅助协调机场是指时刻需求已经接近其容纳能力，但尚有调整余地的机场。

（5）机场小时保障容量：是指单位小时内机场能够保障的航空器最大起降架次。机场小时保障容量标准应根据机场保障能力和空域容量的限制进行综合评定。

（6）新进入航空公司：是指在一个机场的航班时刻申请被接受并分配后，不会使其当日在该机场拥有的航班时刻数量超过4个的航空公司。

（7）航班时刻协调机构：是指民航局空管局或地区管理局内部承担航班时刻具体协调、分配与使用监督工作的部门。

二、航班时刻管理机构和职责

民航局统一负责全国民航航班时刻管理工作，地区管理局负责辖区内机场的航班时刻管理工作。民航局空管局和地区管理局承担航班时刻的具体协调、分配与使用监督工作。

1. 民航局职能

◆ 研究制订统一的全国民航航班时刻管理政策；

◆ 批准确定协调机场及其协调时段；

◆ 批准确定协调机场的机场小时保障容量；

◆ 批准协调机场航班时刻协调委员会的成立和航班时刻协调委员会书面工作规则；

◆ 基于行业发展与市场调控的需要，确定航班时刻协调优先顺序中在某些时间内应增加的特殊因素；

◆ 批准协调机场航班时刻协调委员会确定的机场时刻池中，在换季航班时刻协调中分别应分配给新进入航空公司和基地航空公司的比例；

◆ 确定预留用于特殊航线航班的时刻，批准这些时刻协调分配结果；

◆ 保留对全国航班时刻协调与分配结果的最终决定权，对航空公司、机场及其他有关利益方对时刻分配、处理结果的异议进行最终裁决；

◆ 研究决定全国航班时刻管理的其他重大问题；

◆ 监督和检查全国民航航班时刻管理工作。

民航局成立航班时刻管理领导小组，组长由民航局主管领导担任，小组成员由政策法规司、运输司、国际司、机场司、纪委（监察局）、民航局空管行业管理办公室、民航局空管局领导担任。民航局空管局为领导小组办事机构。

2. 民航局空管局职能

◆ 组织国内航班时刻协调会，组织参加国际航空运输协会（IATA）的航班时刻协调会；

◆ 审核确定协调机场的跨区航班时刻；

◆ 承担外国及我国台港澳地区航空公司在我国内地机场起降航班时刻的申请受理和协调分配工作；

◆ 承担专机、要客包机、急救飞行等紧急或特殊情况下航班时刻的申请受理和协调分配工作；

◆ 承担特殊航线航班时刻申请受理与协调分配工作，协调分配结果报民航局批准；

◆ 组织设计、开发和维护全国民航航班时刻管理网络系统；

◆ 监督和检查航空公司的航班时刻执行情况。

3. 地区管理局职能

◆ 协调解决辖区内航班时刻管理工作的重大问题；

◆ 组织成立协调机场的航班时刻协调委员会，指导航班时刻协调委员会开展工作；

◆ 组织对辖区内非协调机场的容量评估工作，需成为协调机场的，向民航局提出建议；

◆ 每航季结束后，组织征求有关利益各方对时刻管理机构的意见和建议；

◆ 协调和分配协调机场的区内航班时刻，协调结果向民航局空管局备案；

◆ 初步协调和分配协调机场的跨区航班时刻；

◆ 协助协调和分配外国及我国台港澳地区航空公司在我国内地机场的航班时刻；

◆ 监督和检查航空公司的航班时刻执行情况。

4. 协调机场航班时刻协调委员会职能

地区管理局应成立协调机场航班时刻协调委员会。航班时刻协调委员会由所属地区管理局、地区空中交通管理局、定期使用协调机场的航空公司、机场管理机构的代表共同组成。航班时刻协调委员会主席由地区管理局代表担任。

辖区内有多个协调机场的，航班时刻协调委员会会议应针对相应协调机场议题，由该机场管理机构、定期使用该机场的航空公司参加。

每年召开不少于对应航季两次例会，其中对应于冬春季的例会不应迟于当年 7 月底，对应于夏秋季的例会不应迟于前一年 12 月底召开。

航班时刻协调委员会在一次会议中投票数为 1000 票。航空公司总共拥有 600 票，机场管理机构拥有 150 票，地区空管局拥有 150 票，地区管理局拥有 100 票。

在每次会议开始前，由主席按各航空公司前 12 个月在该机场拥有的时刻比例确定 600

票在各航空公司间的分配。时刻比例计算结果可以含小数，票数分配计算结果取整数。当一个航空公司（包括其控股航空公司）在该机场拥有的时刻比例大于30%时，该航空公司（包括其控股航空公司）最多获得30%的航空公司选票。同时，剩余选票再按不包括该航空公司（包括其控股航空公司）后其他航空公司的时刻比例分配。

航班时刻协调委员会的重大决议应采用多数票决定机制，如果正反方票数相同，则协调委员会主席拥有决定性的一票。

三、航班时刻的申请和协调

国内航空公司在非协调机场和协调机场的非协调时段的航班时刻不需协调，按照"先到先得"原则申请获得。

任何航空公司未得到航班时刻协调机构协调分配的航班时刻，不得在协调机场的协调时段起降航班。航班时刻申请统一由持有运行合格审定证书的航空公司提交。

地区管理局需为每一协调机场的协调时段建立相应时刻池，时刻池中所有时刻应注明起止时间。时刻池中所有时刻应通过时刻管理网公布。

1. 航班时刻的协调应遵循的原则、标准和规定

（1）主辅机场协调原则：协调机场的时刻协调以主协调机场为主，辅协调机场的时刻协调要配合主协调机场的协调要求，同为主协调机场或同为辅协调机场则以起飞机场为主；

（2）有利于促进竞争的原则；

（3）有利于促进枢纽建设的原则；

（4）机场开放时限；

（5）标准航段运行时间和使用机型的最少过站时间；

（6）因机场改扩建或设施改造等方面影响的限制规定；

（7）空中交通管理及其他安全方面的相关规定。

2. 换季航班时刻的协调应当遵循的优先顺序

（1）历史航班时刻；

（2）历史航班时刻的调整；

（3）顺延上一航季的航班时刻；

（4）在该航季中执行时间较长的航班时刻；

（5）新开航线的航班时刻；

（6）民航局基于行业发展和市场调控需要的特殊规定；

（7）已执行航班时刻的使用率较高的航空公司。

3. 日常定期航班时刻的协调应当遵循的优先顺序

（1）在执行航班时刻的调整；

（2）新进入航空公司申请的航班时刻；

（3）基地航空公司优先于非基地航空公司；

（4）新开航线的航班时刻；

（5）民航局基于行业发展和市场调控需要的特殊规定；

（6）已执行航班时刻的使用率较高的航空公司。

4. 国内航空公司在申请航班时刻时应符合的条件

（1）换季航班时刻申请必须在全国民航航班时刻协调会（以下简称时刻协调会）前取得需要核准航线的航线经营许可；

（2）换季定期航班时刻申请至少保证 80% 的历史时刻不调整；

（3）申请应以航班计划形式上报；

（4）换季定期航班时刻申请按规定格式制成数据库文件，通过电子邮件或时刻管理网上报；日常航班时刻申请以传真形式上报，并需同时录入时刻管理网进行公布；

（5）航班计划应符合标准航段运行时间；

（6）航班计划应满足使用机型的最少过站时间。

5. 国内航空公司提交的航班时刻申请应包含的内容

（1）申请航班时刻所属航季；

（2）航班类型（国际、地区、国内）；

（3）航班性质（客班、货班）；

（4）航空公司二、三字代码；

（5）航班号；

（6）使用机型；

（7）执行班期；

（8）飞行航线及起降时刻（对调整、交换航班应注明原飞行航线及起降时刻）；

（9）执行起止日期；

（10）出入境点（国际航班）；

（11）收发电报 AFTN/SITA 地址；

（12）相应的时刻申请是否享有新进入航空公司、基地航空公司等身份；

（13）承办人的身份及联系方式。

航班时刻协调机构对不符合以上条件与内容的申请可不予受理。不予受理的，应书面告知申请人。

四、航班时刻的交换、调整和归还

航空公司内部和航空公司间可以根据自身需求一对一交换航班时刻。航空公司以新进入航空公司身份取得的时刻在运营两个相同航季以后，才可以进行交换。航班时刻交换需得到原航班时刻协调机构认可。

航班时刻协调机构不得拒绝这种交换，除非因机场、空管条件限制等充分、合理的原因。航班时刻协调机构拒绝航空公司交换时刻的，应说明理由。

航空公司在不改变航班时刻情况下调整飞行航线，应报原航班时刻协调机构认可。航班时刻协调机构不得拒绝这种调整，除非因机场、空管条件限制等充分、合理的原因。航班时刻协调机构拒绝航空公司调整时刻的，应说明理由。

五、航班时刻监督管理

航空公司不能达到全航季80%使用率的航班时刻，由航班时刻协调机构取消其历史时刻优先权。

当某一已分配时刻已不能达到全航季80%使用率时，航班时刻协调机构在听取相关航空公司的解释后，可决定在航季剩余时间将此时刻收回放入时刻池。

当时间已超过已分配时刻有效期的20%，而该时刻仍未被使用，航班时刻协调机构在听取相关航空公司的解释后，可决定在航季剩余时间将此时刻收回放入时刻池。

航空公司因不可抗拒的原因或者特殊情况下未执行的航班时刻，在计算使用率时应视为已执行。

航空公司违反航班时刻协调机构认可交换时刻、调整时刻、调整已分配时刻用途，航班时刻协调机构应责令其立即改正，不予改正的，航班时刻协调机构将航季剩余时间的该时刻收回并放入时刻池。

航空公司连续4周未使用已取得的时刻且不主动归还，航班时刻协调机构将航季剩余时间的该时刻收回并放入时刻池。

航空公司连续4周平均时刻使用率低于50%，航班时刻协调机构取消其后续4周该时刻总量的50%，并放入时刻池。

航空公司取得航班时刻后14个工作日之内没有取得航线经营许可，航班时刻协调机构应收回已经分配的这些时刻并放入时刻池。

定期航班换季前，航空公司应于该航季起始之日前14天办妥军民合用机场使用权和新辟航线的航路等手续。超过期限，航班时刻协调机构将这些已分配时刻收回放入时刻池。

六、航班计划的管理

（一）航班计划的申请

1. 正班计划的申请

正班计划分为夏秋季和冬春季两个航班计划，由市场部负责制订，分别在每年6月、12月的航班协调会上申请，列入航班时刻表对社会公布。

2. 长期加班包机计划的申请

由生产办以传真电报的形式向总调提出申请，包括：原因、班次、班期、航班号、机型、航线走向及高度；总调与沿途管理局、官职部门、机场当局、海空军协调，同意后以电报形式批复，由生产班编入中期航班计划。

3. 临时补班计划的申请

由签派室通过当地站调提出申请；签派室应主动与有关部门加强联系，通报情况，以加快批复；获准后签派加发 PLN 报和 FPL 报。

（二）航班计划的变更

1. 航班取消的规定

正班航班必须保持相对稳定，不得随意取消；不得以客人少为由取消航班；长期取消正班航班须报当局批准；非正班航班取消不受限制。

长期定期航班的时刻、班期、航班号在执行期内要固定不变，机型可以更换，但起飞时刻要相对不变。

长期定期航班不论客货多少，一律不准提前取消或变更班期、时刻，要确实保证其航班的正常性。节日期间对确无客货的航班需要调整变动，要及时与旅游部门通报情况，如有旅客，不论人数多少，均不得取消；已定取消的航班要恢复正常飞行。

2. 长期取消正班计划的审批

（1）计划取消管理局内的正班航班一个月以上，须提前 15 天报民航局批准；
（2）计划取消跨管理局的正班航班一个月以上，须提前 30 天报民航局批准；
（3）计划取消正班航班一个月以内，须报管理局批准，报民航局备案。

3. 罚　则

民航局根据需要指定空运企业恢复已取消或变更的航班的经营时，被指定的空运企业必须执行。

（1）有下列情形之一的，由民航局责令改正，并给予警告，情节严重的，处以五万元以下的罚款：
◆ 违反规定拒绝经营民航局指定的国内航线和航班的；
◆ 违反规定未经批准擅自暂停、终止航线经营的；
◆ 违反规定拒绝恢复民航局指定其恢复已取消或变更的航班经营的。
（2）有下列情形之一的，由民航局责令改正，视情节轻重给予没收违法所得、处以五万元以上十万元以下的罚款、暂停有关航线经营一至六个月的处罚：
◆ 违反规定增加航班班次的；
◆ 违反规定擅自安排加班经营的；
◆ 违反规定擅自取消或变更航班计划的；
◆ 违反规定不按规定交纳民航基础设施建设基金的。
（3）航班计划未经批准而执行的，由民航局给予没收违法所得、处以十万元以上二十万元以下的罚款、暂停有关航线经营六至十二个月直至收回有关航线经营许可的处罚。

七、实例讲解

（1）川航 3U8915/6 成都—青岛—成都取消 32 天：

该航班为跨西南管理局、中南管理局和华东管理局范围正班，且计划取消航班一个月以上，因此应提前 30 天报民航局批准。

（2）国航西南航某日航班计划信息如表 3.9 所示。

表 3.9　国航西南航一日航班计划信息表

序号	航班号	机号	机组	FROM	STD	STA	TO	航班性质	状态	航班类型
1	CA4479	B6004	西南	CTU	2015-10-11 06:45:00	2015-10-11 07:45:00	JZH	客加班	正常	国内
2	CA4513	B6004	西南	CTU	2015-10-11 10:45:00	2015-10-11 13:25:00	PVG	正班	正常	国内
3	CA403	B6004	西南	CTU	2015-10-11 20:00:00	2015-10-12 00:40:00	SIN	正班	正常	国际
4	CA4209	B6014	西南	CTU	2015-10-11 08:40:00	2015-10-11 10:10:00	ZGC	正班	正常	国内
5	CA4241	B6014	西南	CTU	2015-10-11 16:00:00	2015-10-11 20:50:00	KHG	正班	正常	国内
6	CA4493	B6035	西南	CTU	2015-10-11 07:30:00	2015-10-11 08:30:00	JZH	正班	正常	国内
7	CA4112*	B6035	西南	CTU	2015-10-11 12:50:00	2015-10-11 15:00:00	LXA	正班	正常	国内
8	CA4273*	B6035	西南	CTU	2015-10-11 18:50:00	2015-10-11 20:35:00	UYN	正班	正常	国内
9	CA4215*	B6036	西南	CTU	2015-10-11 06:50:00	2015-10-11 07:55:00	DCY	正班	正常	国内
10	CA4311*	B6036	西南	CTU	2015-10-11 15:25:00	2015-10-11 17:50:00	SZX	正班	正常	国内
11	CA4489*	B6037	西南	CTU	2015-10-11 06:50:00	2015-10-11 07:40:00	JZH	正班	正常	国内
12	CA4471*	B6037	西南	CTU	2015-10-11 09:50:00	2015-10-11 10:50:00	AHJ	正班	正常	国内
13	CA4487*	B6037	西南	CTU	2015-10-11 17:50:00	2015-10-11 18:45:00	JZH	正班	正常	国内
14	CA4181*	B6038	西南	CTU	2015-10-11 17:45:00	2015-10-11 19:50:00	TYN	正班	正常	国内
15	CA4431*	B6044	西南	CTU	2015-10-11 06:25:00	2015-10-11 08:25:00	LZY	正班	正常	国内
16	CA4191*	B6044	西南	CTU	2015-10-11 15:20:00	2015-10-11 18:50:00	URC	正班	正常	国内
17	CA4592*	B6046	西南	CTU	2015-10-11 14:25:00	2015-10-11 15:30:00	XIC	正班	正常	国内
18	CA4507*	B6046	西南	CTU	2015-10-11 19:05:00	2015-10-11 21:05:00	KHN	正班	正常	国内
19	CA4445*	B6047	西南	CTU	2015-10-11 13:10:00	2015-10-11 15:20:00	LXA	正班	正常	国内
20	CA4587*	B6047	西南	CTU	2015-10-11 19:10:00	2015-10-11 20:55:00	WUH	正班	正常	国内
21	CA4291*	B6223	西南	CTU	2015-10-11 07:25:00	2015-10-11 09:25:00	LZY	正班	正常	国内
22	CA4229*	B6223	西南	CTU	2015-10-11 17:30:00	2015-10-11 19:55:00	FOC	正班	正常	国内
23	CA4251*	B6225	西南	CTU	2015-10-11 06:30:00	2015-10-11 08:20:00	LZY	正班	正常	国内
24	CA4481*	B6226	西南	CTU	2015-10-11 06:20:00	2015-10-11 07:15:00	JZH	正班	正常	国内
25	CA437*	B6226	西南	CTU	2015-10-11 09:30:00	2015-10-11 12:55:00	KTM	正班	正常	国际
26	CA4531*	B6226	西南	CTU	2015-10-11 18:40:00	2015-10-11 21:20:00	YNT	正班	正常	国内

序号	航班号	机号	机组	FROM	STD	STA	TO	航班性质	状态	航班类型
27	CA4403*	B6227	西南	CTU	2015-10-11 06:55:00	2015-10-11 09:05:00	LXA	正班	正常	国内
28	CA4405*	B6228	西南	CTU	2015-10-11 06:25:00	2015-10-11 08:35:00	LXA	正班	正常	国内
29	CA4401*	B6237	西南	CTU	2015-10-11 06:50:00	2015-10-11 09:00:00	LXA	正班	正常	国内
30	CA4503*	B6237	西南	CTU	2015-10-11 13:15:00	2015-10-11 15:55:00	PVG	正班	正常	国内
31	CA429*	B6237	西南	CTU	2015-10-11 21:25:00	2015-10-12 02:40:00	BOM	正班	正常	国际
32	CA4407*	B6238	西南	CTU	2015-10-11 06:20:00	2015-10-11 07:55:00	BPX	正班	正常	国内
33	CA4329*	B6238	西南	CTU	2015-10-11 11:30:00	2015-10-11 13:50:00	SZX	正班	正常	国内
34	CA4415*	B6468	西南	CTU	2015-10-11 07:25:00	2015-10-11 08:45:00	DLU	正班	正常	国内
35	CA4461*	B6468	西南	CTU	2015-10-11 10:45:00	2015-10-11 12:05:00	PZI	正班	正常	国内
36	CA4391*	B6468	西南	CTU	2015-10-11 18:10:00	2015-10-11 20:20:00	ZUH	正班	正常	国内
37	CA415*	B6478	西南	CTU	2015-10-11 08:10:00	2015-10-11 09:40:00	KMG	正班	正常	国内段
38	CA4437*	B6478	西南	CTU	2015-10-11 19:55:00	2015-10-11 21:10:00	KWE	正班	正常	国内
39	CA4589*	B1852	西南	CTU	2015-10-11 06:40:00	2015-10-11 09:05:00	CZX	正班	正常	国内
40	CA4321*	B1852	浙江	CTU	2015-10-11 14:25:00	2015-10-11 16:20:00	CGO	正班	正常	国内
41	CA4459*	B1852	西南	CTU	2015-10-11 21:30:00	2015-10-11 23:05:00	KMG	正班	正常	国内
42	CA4519*	B1853	西南	CTU	2015-10-11 07:05:00	2015-10-11 09:40:00	HGH	正班	正常	国内
43	CA4435*	B1853	西南	CTU	2015-10-11 15:30:00	2015-10-11 16:40:00	KWE	正班	正常	国内
44	CA4377*	B1875	西南	CTU	2015-10-11 07:50:00	2015-10-11 09:05:00	DYG	正班	正常	国内
45	CA4231*	B1875	西南	CTU	2015-10-11 12:25:00	2015-10-11 14:15:00	INC	正班	正常	国内
46	CA4207*	B1875	西南	CTU	2015-10-11 18:35:00	2015-10-11 20:00:00	ZGC	正班	正常	国内
47	CA4183*	B6828	西南	CTU	2015-10-11 09:55:00	2015-10-11 11:30:00	YCU	正班	正常	国内
48	CA4333*	B6828	西南	CTU	2015-10-11 14:55:00	2015-10-11 17:10:00	CAN	正班	正常	国内
49	CA4115*	B6846	西南	CTU	2015-10-11 11:00:00	2015-10-11 13:40:00	PEK	正班	正常	国内
50	CA4591*	B6846	西南	CTU	2015-10-11 19:25:00	2015-10-11 22:05:00	PVG	正班	正常	国内
51	CA4373*	B6847	西南	CTU	2015-10-11 08:15:00	2015-10-11 10:50:00	SWA	正班	正常	国内
52	CA4119*	B6847	本部	CTU	2015-10-11 18:00:00	2015-10-11 20:45:00	PEK	正班	正常	国内
53	CA4187*	B6881	西南	CTU	2015-10-11 07:50:00	2015-10-11 10:35:00	TSN	正班	正常	国内
54	CA4153*	B6881	西南	CTU	2015-10-11 16:15:00	2015-10-11 19:55:00	URC	正班	正常	国内
55	CA4151*	B6915	西南	CTU	2015-10-11 07:15:00	2015-10-11 10:55:00	URC	正班	正常	国内
56	CA4383*	B6915	西南	CTU	2015-10-11 16:30:00	2015-10-11 18:55:00	SZX	正班	正常	国内
57	CA4451*	B6916	西南	CTU	2015-10-11 08:55:00	2015-10-11 10:25:00	LJG	正班	正常	国内
58	CA4243*	B6916	西南	CTU	2015-10-11 15:20:00	2015-10-11 19:35:00	AKU	正班	正常	国内
59	CA4301*	B6941	西南	CTU	2015-10-11 14:00:00	2015-10-11 16:25:00	CAN	正班	正常	国内
60	CA4413*	B9923	西南	CTU	2015-10-11 10:55:00	2015-10-11 12:25:00	KMG	正班	正常	国内
61	CA4535*	B9923	西南	CTU	2015-10-11 16:50:00	2015-10-11 19:45:00	PVG	正班	正常	国内
62	CA4517*	B9925	西南	CTU	2015-10-11 10:35:00	2015-10-11 12:55:00	TNA	正班	正常	国内
63	CA4111*	B9925	西南	CTU	2015-10-11 19:00:00	2015-10-11 21:40:00	PEK	正班	正常	国内

序号	航班号	机号	机组	FROM	STD	STA	TO	航班性质	状态	航班类型
64	CA4205*	B9926	西南	CTU	2015-10-11 08:15:00	2015-10-11 09:50:00	XNN	正班	正常	国内
65	CA4505*	B9926	西南	CTU	2015-10-11 12:55:00	2015-10-11 15:05:00	NKG	正班	正常	国内
66	CA4323*	B9926	西南	CTU	2015-10-11 20:05:00	2015-10-11 21:45:00	KWL	正班	正常	国内
67	CA4185*	B6361	浙江	CTU	2015-10-11 08:15:00	2015-10-11 11:25:00	SHE	正班	正常	国内
68	CA4117*	B6361	西南	CTU	2015-10-11 17:00:00	2015-10-11 19:40:00	PEK	正班	正常	国内
69	CA4521*	B6362	西南	CTU	2015-10-11 08:05:00	2015-10-11 10:05:00	HFE	正班	正常	国内
70	CA4327*	B6362	西南	CTU	2015-10-11 20:15:00	2015-10-11 22:05:00	NNG	正班	正常	国内
71	CA4189*	B6365	西南	CTU	2015-10-11 08:10:00	2015-10-11 11:40:00	CGQ	正班	正常	国内
72	CA4371*	B6365	西南	CTU	2015-10-11 17:50:00	2015-10-11 19:35:00	HHA	正班	正常	国内
73	CA4317*	B6382	西南	CTU	2015-10-11 12:00:00	2015-10-11 14:10:00	CAN	正班	正常	国内
74	CA4309*	B6382	西南	CTU	2015-10-11 19:00:00	2015-10-11 21:15:00	CAN	正班	正常	国内
75	CA4439*	B6386	西南	CTU	2015-10-11 08:40:00	2015-10-11 09:50:00	CTU	正班	返航	国内
76	CA4439*	B6386	西南	CTU	2015-10-11 12:00:00	2015-10-11 13:00:00	KWE	正班	返航	国内
77	CA421*	B6556	西南	CTU	2015-10-11 13:00:00	2015-10-11 15:35:00	PEK	正班	正常	国内段
78	CA4305*	B6599	西南	CTU	2015-10-11 07:55:00	2015-10-11 10:10:00	CAN	正班	正常	国内
79	CA4109*	B6599	西南	CTU	2015-10-11 15:00:00	2015-10-11 17:40:00	PEK	正班	正常	国内
80	CA411*	B6603	西南	CTU	2015-10-11 08:00:00	2015-10-11 10:10:00	HKG	正班	正常	地区
81	CA4249*	B6603	西南	CTU	2015-10-11 15:50:00	2015-10-11 18:40:00	SYX	正班	正常	国内
82	CA4271*	B6631	西南	CTU	2015-10-11 07:35:00	2015-10-11 09:30:00	CGO	正班	正常	国内
83	CA4313*	B6631	西南	CTU	2015-10-11 13:30:00	2015-10-11 15:35:00	SZX	正班	正常	国内
84	CA4375*	B6631	西南	CTU	2015-10-11 19:10:00	2015-10-11 21:40:00	SYX	正班	正常	国内
85	CA4177*	B6633	西南	CTU	2015-10-11 07:55:00	2015-10-11 11:35:00	HRB	正班	正常	国内
86	CA4539*	B6633	西南	CTU	2015-10-11 17:40:00	2015-10-11 20:20:00	XMN	正班	正常	国内
87	CA4337*	B6665	西南	CTU	2015-10-11 08:30:00	2015-10-11 10:40:00	SZX	正班	正常	国内
88	CA427*	B6665	西南	CTU	2015-10-11 16:20:00	2015-10-11 18:45:00	HKG	正班	正常	地区
89	CA4511*	B6675	西南	CTU	2015-10-11 07:00:00	2015-10-11 09:40:00	TAO	正班	正常	国内
90	CA4103*	B6675	西南	CTU	2015-10-11 14:00:00	2015-10-11 16:40:00	PEK	正班	正常	国内
91	CA401*	B6701	西南	CTU	2015-10-11 08:25:00	2015-10-11 11:40:00	ICN	正班	正常	国际
92	CA4527*	B6701	西南	CTU	2015-10-11 18:05:00	2015-10-11 20:20:00	TNA	正班	正常	国内
93	CA4389*	B6711	西南	CTU	2015-10-11 17:30:00	2015-10-11 19:55:00	SZX	正班	正常	国内
94	CA4307*	B6712	西南	CTU	2015-10-11 09:55:00	2015-10-11 12:15:00	CAN	正班	正常	国内
95	CA4303*	B6712	西南	CTU	2015-10-11 17:00:00	2015-10-11 19:10:00	CAN	正班	正常	国内
96	CA4107*	B6072	西南	CTU	2015-10-11 10:00:00	2015-10-11 12:40:00	PEK	正班	正常	国内
97	CA425*	B6072	西南	CTU	2015-10-11 19:00:00	2015-10-12 00:20:00	CMB	正班	正常	国际
98	CA411X*	B6081	西南	CTU	2015-10-11 06:40:00	2015-10-11 08:50:00	LXA	补班	正常	国内
99	CA417*	B6081	西南	CTU	2015-10-11 15:30:00	2015-10-11 18:35:00	TPE	正班	正常	地区
100	CA4101*	B6523	西南	CTU	2015-10-11 09:00:00	2015-10-11 11:25:00	PEK	正班	正常	国内
101	CA431*	B6530	西南	CTU	2015-10-11 01:30:00	2015-10-11 12:10:00	FRA	正班	正常	国际

第四节　航班正常统计

一、航班计划中的时间标准

航班时刻的确定是航班计划中重要的一环，它包括起飞站的起飞时刻、经停站的起飞时刻和过站时间及目的地机场的回程起飞时刻等。这些时刻制订得合理，将有利于提高航班飞行的正常率；否则，将造成大部分航班不正常，影响企业的服务质量，也招致不利的社会舆论。为提高服务质量，树立企业的良好形象，需要制订下列时间标准。

1. 撤轮挡时刻

撤轮挡时刻是指上完客，关机舱门后，飞机启动发动机之前，移去轮挡的瞬间。该时刻是航班计划中起飞时刻的依据，也是计算飞机使用寿命以及飞机利用率的重要标志。

2. 滑行时间

滑行时间是指从撤轮挡到进入起飞跑道，或从退出跑道到停机位就位挡轮挡止的时间。由于机场繁忙程度不同，飞机滑行时间也不相同。为了统一标准，航空公司通常将运行的机场分为繁忙机场、非繁忙机场，机场地面滑行时间分类如表 3.10 所示。

表 3.10　各机场滑行时间

机场名称	滑行时间
北京首都、上海虹桥、上海浦东、广州白云、深圳宝安、成都双流、昆明长水及境外机场	30 分钟
杭州萧山、重庆江北、西安咸阳机场	25 分钟
天津滨海机场	20 分钟
其他机场	15 分钟

3. 空中时间

空中时间是指飞机进入跑道松刹车起飞到落地前轮接地的时间。这一时间是根据航线实际距离和飞机平均速度算出的。

4. 飞行时间

飞行时间是指飞机从撤轮挡到挡轮挡止的时间，也称一次轮挡时间，它是空中时间和滑行时间之和。

5. 过站时间

过站时间是指飞机开舱门下客到上完客关舱门止的时间，中间接受地面保障服务（如加油、维修、配餐等）。因此这一时间是衡量地面服务质量好坏的重要标志之一，是保证航班飞行正常的重要组成部分。

机型最少过站时间按照座位数分类如下：

（1）60 座以下的航空器不少于 35 分钟，如 EMB145、ATR72、CRJ200、DORNIER328 等。

（2）61～150 座的航空器不少于 50 分钟，如 CRJ700、E190、B737（700 型含以下）、A319 等。

（3）151～250 座的航空器不少于 60 分钟，如 B737（700 型含以上）、B757、A310、A320、A321 等。

（4）251 座以上的航空器不少于 75 分钟，如 B747、B777、A300、A330、A340、A380 等。

北京、浦东广州机场航班过站时间在相应机型过站时间基础上增加 15 分钟，虹桥、深圳、成都和昆明机场航班过站时间在相应机型过站时间基础上增加 10 分钟。

国际航班在国外繁忙机场的经停站，可以比上述时间稍长一些。

由于作业方式和机型的不同，过站时间一般分为：

（1）经停站时间：是指飞机到达目的地之前，由于客货的需要而加降经停的航站时，飞机在经停站的过站时间。国际航班在国外繁忙机场的经停站时间稍长。

（2）终点过站时间：是指飞机在目的地机场的过站时间。这一时间可以参考经停站时间并比经停站时间稍长，各航空公司根据自身的需要来确定。

（3）技术经停时间：是指由于航线过长而且受飞机本身性能的限制而必须在中途加降时，飞机在加降航站的过站时间。这一过站没有客货变化，只是加油，各航空公司可根据自己的机型确定技术经停时间的长短。

上述时间标准是航班协调会上航班时刻的谈判依据，是制订班期时刻表，各站起飞、降落时刻的根据。航空公司应根据本公司航线、机型、机场的繁忙程度来确定自身的时间标准，国际航线飞行时还应根据国外机场移民局和海关工作时间的限制，及时调整国内的起飞时刻，这样既节省了费用，还可提高航班飞行正常率。

二、航班正常统计

航班正常率是反映航班运行效率的指标，航班正常率等于正常航段班次与计划航段班次之比，用百分比表示。航班每一次起降为一个航班班次，是航班正常率统计的计量单位。

1. 航班正常的含义

（1）符合下列条件之一的航班即判定为正常。

◆ 在计划关舱门时间后规定的机场地面滑行时间（参照第二节）之内起飞，且不发生返航、备降等不正常情况；

◆ 不晚于计划开舱门时间后 10 分钟落地。

（2）符合下列情况之一，则该航班判定为不正常。

◆ 不符合正常航班全部条件的航班；

◆ 当日取消的航班；

◆ 未经批准，航空公司自行变更航班计划的航班。

2. 航班延误

航班延误时间是反映航班延误程度的指标，航班延误时间等于实际起飞时间晚于计划关舱门时间与机场地面滑行时间之和的时间。常见造成航班延误的原因如表 3.11 所示。

表 3.11　造成航班延误的主要原因

1	2	3	4	5	6	7	8	9	10	11
天气	流量控制	禁航	空防	地面事故	飞行事故	工程机务	市场计划	机场设施	航行保障	场区秩序
12	13	14	15	16	17	18	19	20	21	22
旅客原因	运输服务	飞机清洁	油料保障	食品供应	安全检查	联检	飞行保障	乘务保障	人为原因	其他原因

3. 航班统计范围

（1）民航航班正常统计范围：国内外运输航空公司执行的客货运航班，包括正班、加班、包机。往返我国港澳台地区的航班及国际航班国内段，按照国际航班统计。

（2）统计时间：航班正常和机场放行正常月度统计以自然月为周期，即每月 1 日零时（北京时）起至当月最后一日 24 时止。每日统计从当日零时起至当日 24 时止。跨日航班按计划关舱门时间所在日期统计。

（3）机场放行正常统计范围：国内外运输航空公司在国内机场离港的客货运航班，包括正班、加班和包机。

机场放行正常率等于机场放行正常班次与机场放行总班次之比。符合下列条件之一的航班即判断为放行正常：

◆ 航班在计划关舱门时间之前完成各项地面服务保障工作，并在规定的地面滑行时间内起飞；

◆ 当前段航班实际开客舱门时间晚于计划开舱门时间，如在计划过站时间内完成地面服务保障工作，并在规定的机场地面滑行时间内起飞。

（4）取消航班规定：航空公司提前一日取消的次日航班或次日补班计划，不列入航班正常和机场放行正常统计范围。当日取消的航班按不正常航班统计，机场放行正常不做统计。

4. 统计部门和工作职责

（1）航空公司和机场负责记录航班和机场放行不正常原因，制作定期报表，如"生产运行简报""生产运行周（月）报"，不定期报表，如"工作简报""航班正常率预警"等。

（2）地区空管局本部、空管分局（站）或机场空管部门负责记录航班和机场放行不正常原因，汇总、上报统计数据。

（3）监管局负责监督、管理辖区内航班正常统计工作。当统计数据或原因界定存在分歧时，负责协调解决。

（4）地区空管局负责汇总、上报统计数据。

（5）地区管理局负责监督、管理本地区航班正常统计工作。当统计数据或原因界定存在分歧时，负责协调解决。

（6）民航局负责组织管理全国航班正常统计工作，汇总、审核、发布全国统计数据。

三、航班计划的优化

通过航班正常率和经济性统计分析，有助于找出航班运行存在的主要问题，提高航班运行的正点率、经济性。航班计划是一个组合优化问题，随着航线数量、飞机数量和机型的增加，是一个大规模的非线性问题，可以运用定性和定量的手段，对航班计划进行评估，有利于航空计划的优化。通常需考虑的问题主要有：

（1）航线网络的科学性。航线网络需要科学的规划，考虑到行业内外环境，结合公司市场定位和联盟策略，对新航线的开辟、航线的培养和航线的取消等进行科学规划，实现飞机、机组和航班公司三大资源的合理调配。

（2）班次的合理性。通过评估航班密度，判断班次设置的合理性。

（3）时刻的可竞争性。根据航空公司自身运力的影响、机场保障能力的影响、其他内外因素的影响，增强航班时刻的可竞争性。

（4）机型调节的灵活性。客流量的大小，一个时间段安排不同机型、城市差异、航线长短搭配等，使机型利用率平衡，实现机型调节的灵活性。

（5）飞机的利用率。飞机的利用率是指平均一架飞机在一定时间内生产飞行时数，是反映航空公司运输生产能力利用程度的一个重要指标。通过科学规划，实现飞机的利用率和载运率的平衡。

（6）其他。如利用重组优势，实现各联盟航空公司之间代码共享，部分实施不往返航线等宏观调控手段和方式。

课后参阅规章和手册

（1）民航发〔2007〕120 号《关于印发民航航班时刻管理暂行办法的通知》。
（2）参考民航局〔2012〕88 号《关于印发民航航班正常率统计办法的通知》。

复习思考题

（1）简述航班计划各要素。
（2）简述航班计划申请和管理相关规定。
（3）描述航班计划取消的相关规定。
（4）名词解释：航班计划，轮挡时刻，飞行时间，空中时间，过站时间
（5）如何实现航空公司的航班计划的整体优化？

第四章 航空器管理

航空器是指能在空中借助空气的反作用力进行飞行，用于航空用途并能成为航空器权利客体的一种装置。飞机是被航空公司用于从事航空运输最主要、应用范围最广的航空器。航空器在从事航空运输或其他飞行时，必须具有代表其特征、身份和性质的各种标志、证件，否则会被国家空域管理机关视为不明飞行物。

第一节 航空器注册管理

一、航空器的国籍管理和登记注册规定

国际民航公约规定：航空器必须在一国申请国籍登记，取得该国的国籍和登记标志，这是其开始航行的先决条件之一。

航空器的登记国有权利和义务对航空器进行管辖和保护，该国法律适用于该航空器及发生在其上的法律行为。

航空器禁止双重国籍登记。航空器在一个以上国家登记不得认为有效，但其登记可以由一国转移至另一国。

管理登记的国家法律：航空器在任何缔约国登记或转移登记，应按该国的法律和规章办理。

标志的展示：从事国际航行的每一航空器应载有适当的国籍标志和登记标志。

登记的报告：缔约各国承允，如经要求，应将关于在该国登记的某一航空器的登记及所有权情况提供给任何另一缔约国或国际民用航空组织。此外，缔约各国应按照国际民用航空组织制定的规章，向该组织报告有关在该国登记的经常从事国际航行的航空器所有权和控制权的可提供的有关资料。如经要求，国际民用航空组织应将所得到的资料提供给其他缔约国。

二、我国国籍注册登记办法

在中华人民共和国境内飞行的民用航空器必须具有国籍登记证。在中华人民共和国注册登记的民用航空器，具有中华人民共和国国籍，国籍登记证由民航局颁发。民用航空器取得国籍登记证后，必须按照规定在该民用航空器的外表标明国籍登记识别标志。

1. 申请国籍登记

民用航空器的所有人或者占有人（以下简称申请人）向民航局申请中华人民共和国民用航空器国籍登记，应当按照民航局规定的格式如实填写民用航空器国籍登记申请书，并提交下列文件：

◆ 证明申请人合法身份的文件；

◆ 作为取得民用航空器所有权证明的购买合同和交接文书，或者作为占有民用航空器证明的租赁合同和交接文书；

◆ 未在外国登记国籍或者已注销外国国籍的证明；

◆ 民航局要求提交的其他有关文件。

2. 国籍登记申请、审查和受理

民航局自收到民用航空器国籍登记申请之日起 7 个工作日内，对申请书及有关证明文件进行审查；经审查，符合规定的，即在中华人民共和国民用航空器国籍登记簿上登记该民用航空器，并向申请人颁发中华人民共和国民用航空器国籍登记证书。民用航空器国籍登记证书的有效期自颁发之日起至变更登记或注销登记之日止。

3. 国籍登记证内容

民航局在民用航空器国籍登记簿中载明下列事项：

◆ 民用航空器国籍标志和登记标志；

◆ 民用航空器制造人名称；

◆ 民用航空器型号；

◆ 民用航空器出厂序号；

◆ 民用航空器所有人名称及其地址；

◆ 民用航空器占有人名称及其地址；

◆ 民用航空器登记日期；

◆ 民用航空器国籍登记证书签发人姓名；

◆ 变更登记日期；

◆ 注销登记日期。

三、国籍标志和登记标志

1. 我国民用航空器国籍和登记标志

中华人民共和国民用航空器的国籍标志为罗马体大写字母 B，登记标志为阿拉伯数字、罗马体大写字母或者二者的组合，国籍标志置于登记标志之前，国籍标志和登记标志之间加一短横线。

取得国籍的民用航空器，应当将规定的国籍标志和登记标志用漆喷涂在该航空器上或者用其他能够保持同等耐久性的方法附着在该航空器上，并保持清晰可见。

任何单位或者个人不得在民用航空器上喷涂、粘贴易与国籍标志和登记标志相混淆的图案、标记或者符号。未经民航局批准，不得在民用航空器上喷涂中华人民共和国国旗、民航局局徽、"中国民航"字样或者广告。

民用航空器所有人或占有人的法定名称和标志，应当按规定在其每一航空器上标明：

（1）名称喷涂在航空器两侧，固定翼航空器还应当喷涂在右机翼下表面、左机翼上表面。民用航空器上喷涂民用航空器所有人或占有人法定名称简称，其简称应经过民航局核准。

（2）标志喷涂在航空器的垂尾上，航空器没有垂尾的喷涂在民航局同意的适当位置。

我国台湾地区飞机登记标志采用 5 位数字，其中前 2 位为航空公司代码，后 3 位为注册的流水号。

2. 国外民用航空器国籍和登记标志

美国民用航空器的国籍标志为罗马体大写字母 N，登记标志编码规则可以分为以下 3 种方式：

N123AZ，N 字头后为 3 位数字和 2 位大写字母，如 N356UA。

N1234A，N 字头后为 4 位数字和 1 位大写字母，如 N2925V。

N12345，N 字头后为 5 位数字。

目前，有些国家，如英国、新加坡等还有采用字母的方式命名飞机的国籍登记标志。英国、德国等的航空大国多采用 4 位字母的编排方式，如德国的 D-ABTH，英国 G-BOAO，加拿大 C-FYKW，法国 F-GSOF。而新加坡、荷兰等较小的国家多采用 3 位字母的编排方式，如 S-SFE 为 1 架曾经在新加坡注册的波音 747-400 货机，其中字母的先后顺序代表该架飞机注册的时间先后。

俄罗斯采用 5 位数字的编排方式命名登记标志，如 RA-86570。日本采用 4 位数字的编排规则命名登记标志，如 JA8970。

3. 国内外主要航空公司标志（图 4.1）

图 4.1　国内外航空公司主要标志

四、实例讲解

如图 4.2 所示。该架飞机的国籍登记标志为 B-2977，所属中国东方航空。

图 4.2 航空器注册和登记标志示意图

第二节 航空器适航的基本要求

一、民用航空器的适航管理

适航，是适航性的简称，英文是"Airworthiness"，是民用航空器一种属性的专用词。

民用航空器的适航性是指该航空器（包括其部件及子系统，整体性能和操纵特性）在预期运行环境和使用条件下的安全性和物理完整性的一种品质，这种品质要求航空器应始终处于保持符合其型号设计和始终处于安全运行的状态。

民用航空器的适航管理是以保障民用航空器的安全性为目标的技术管理，是政府适航部门在制定了各种最低安全标准的基础上，对民用航空器的设计、制造、使用和维修等环节进行科学统一的审查、鉴定、监督和管理。适航管理揭示和反映了民用航空器从设计、制造到使用、维修的客观规律，并施以符合其规律的一整套规范化的管理。

我国政府明确规定：民用航空器的适航管理由中国民用航空局负责。民用航空器适航的宗旨是：保障民用航空安全，维护公众利益，促进民用航空事业的发展。

适航管理的分类为：

1. 初始适航管理

初始适航管理是在航空器交付使用前，适航部门依据各类适航标准和规范，对民用航空器的设计和制造所进行的型号合格审定和生产许可审定，以确保航空器和航空器部件的设计、制造是按照适航部门的规定进行的。

2. 持续适航管理

持续适航管理，是在航空器满足初始适航标准和规范、满足型号设计要求、符合型号合格审定基础，获得适航证并投入运行后，为保持它在设计制造时的基本安全标准或适航水平，为保证航空器始终处于安全运行状态而进行的管理。

二、飞机的基本要求

1. 飞机的基本要求

（1）购买的飞机：我国公共航空运输合格证持有人购买的飞机，运行时应当符合下列要求：

① 是在中华人民共和国登记的民用飞机，并携带现行有效的适航证、国籍登记证和无线电电台执照；

② 处于适航状态并符合中国民用航空规章适用的适航要求，包括与标识和设备有关的要求。

（2）租用飞机：合格证持有人可以租用不含机组人员的国际民用航空公约缔约国所属的某一国家登记的民用飞机实施本规则运行，应当符合下列规定：

① 该飞机带有经民航局审查认可的原国籍登记国颁发的适航证和由我国民航局颁发的适航认可证书，以及无线电电台执照；

② 合格证持有人已将该飞机的租赁合同副本报局方。

2. 飞机的审定和设备要求

合格证持有人用于公共航空运输的飞机应当是型号合格审定为运输类或者通勤类的飞机，并符合 CCAR-121 部中对活塞式和涡轮式发动机驱动的重量和性能使用限制要求。

3. 飞机的运行验证试飞

（1）购买的新飞机：合格证持有人使用以前未在公共航空运输运行中使用过的飞机，应当完成局方认可的至少 100 小时的运行验证试飞，包括相当数量的进入航路机场的飞行。在运行验证试飞过程中，如果局方认为试飞已达到令人满意的熟练水平，则局方可以减少验证试飞时间。上述运行验证试飞至少应当有 10 小时在夜间完成。

（2）首次使用旧飞机或设计实现了更改：除经局方特殊批准外，合格证持有人首次使用曾在公共航空运输运行中使用过的某一型号飞机，或者使用在设计上作了实质性更改的某一型号飞机，在拟使用该飞机实施运行之前，应当完成经局方认可的至少 25 小时的运行验证试飞，包括相当数量的进入航路机场的飞行。

飞机在设计上进行了实质性更改是指下述情形之一：

◆ 整套动力装置的型号与飞机合格审定时所装动力装置的型号不相类似；

◆ 对飞机或者其部件进行了实质上影响其飞行特性的更改。

试飞携带客货要求：除了实施试飞所需的人员和局方指定的人员之外，合格证持有人不得在运行验证试飞的飞机上携带旅客。经局方批准，运行验证试飞的飞机可以携带邮件、快递或者其他货物。

三、飞机文件的要求

参考国际民航组织公约中"航空器应备文件"要求：

缔约国的每一航空器在从事国际航行时，应按照本公约规定的条件携带下列文件：

（1）航空器登记证。

（2）航空器适航证。

（3）每一机组成员的适当的执照。

从事国际航行的每一航空器驾驶员及飞行组其他成员，应备有该航空器登记国发给或核准的合格证书和执照；在本国领土上空飞行，缔约各国对其任何国民持有的由另一缔约国发给的合格证书和执照，保留拒绝承认的权利。

（4）航空器航行记录簿。

从事国际航行的每一航空器，应保持一份航行记录簿，以根据本公约规定的格式，随时记载航空器、机组及每次航行的详情。

（5）航空器无线电台许可证（如该航空器装有无线电设备）。

各缔约国航空器在其他缔约国领土内或在其领土上空时，只有在具备该航空器登记国主管当局发给的设置及使用无线电发射设备的许可证时，才可以携带此项设备。在该航空器飞经的缔约国领土内使用无线电发射设备，应遵守该国制定的规章。无线电发射设备只准许飞行组成员中持有航空器登记国主管当局为此发给的专门执照的人员使用。

（6）列有乘客姓名及其登机地与目的地的清单（如该航空器载有乘客）。

（7）货物舱单及详细的申报单（如该航空器载有货物）。

第三节　航空器的使用与维护

一、飞机的使用寿命

寿命指标有三类：一是飞行小时寿命，按照飞机的实际飞行时间来计算飞机的寿命。如今大部分飞机的飞行小时寿命都在6万小时左右，有些机型的飞机已经接近8万小时。二是飞行起落寿命，以飞行一起一落为一个单位来计算飞机的寿命，干线机的飞行起落寿命一般在4万个左右，而支线机的飞行起落寿命可以达到大约6万个。之所以有不同的标准，是因为干线客机一般是执行长距离的飞行任务，飞行时间长，起落次数少；而支线客机一般飞国内，飞行时间短，起落次数多。三是飞行年限寿命，目前各种机型的使用年限一般为25~30年。对于一架飞机，三个寿命指标中任何一个达到，则该飞机必须被淘汰。

上述各项记录可用《飞机使用情况简报》予以公布，此项记录由专人保管，并应保存到有关部件的使用寿命终止后90天。

二、飞机航程日志

飞机航程日志是每一次飞行的简报，一般飞机自出厂或投入使用时起应建立飞机的航程日志。飞机航程日志一般包括飞机国籍和登记、日期、空勤组成员名单、空勤组各成员担任的职务、起飞地点、到达地点、起飞时间、到达时间、飞行时间、飞行性质、意外事件观察情况、负责人签名。

飞机航程日志中的各项应用不易擦除的墨水当时填写，填完的航程日志应加以保存，应保存最近 6 个月的飞行连续记录。

三、飞机维护的类型

飞机的维护检查通常分为航前检查、航后维护、定期维护、分区维护、进厂大修等。

各型飞机的维护均有不同的规定和要求，应严格按照各机型维护手册，根据飞行时间的长短对各型飞机进行维护。

1. 航前检查

航前检查通常是指营运的飞机在完成航后检查工作后的第一个航班飞行前需要完成的检查工作。航前检查在始发站的停机坪上进行，按航前维护工作单绕机一周，对飞机进行目视检查，检查内部和外部是否有明显的缺陷，按需做勤务工作。如果执行完航前检查后飞机因为流控或排故等原因停留时间超过 12 个小时，则在起飞前需要再执行一次航前检查工作。

2. 航后维护

航后维护通常是飞机完成了全部计划航班任务后停留在停机坪上，立即进行的维修项目。航后维护工作按航后维护工作单进行，完成比航前、过站更全面的检查工作，并进行飞机内外清洁，排除空/地勤人员提出或发现的故障，完成规定的勤务工作。此工作可以在停机坪进行，也可以在其他符合要求的维修场所进行。航后维护适用于飞机停留时间超过 12 个小时的情况。

3. 定 检

A 检——主要工作有油滤更换，加注滑油、液压油，电气系统测试等，一般结合航后维护进行，飞机不需要停场；

B 检——注滑油，液压油的更换，所有备用/应急系统的测试，电子、电气线路、传动钢索、引气管路等的检查，飞机需要停场 1～2 天；

C 检——主要受力构件的探伤，金属材料的腐蚀性检查，飞机需要停场 10 天；

D 检——飞机被完全拆散，彻底检查，飞机需要停场 30 天以上。

飞机的维护手册一般包括：勤务及维护工作程序；各种检修、翻修或检验的周期；各级维护人员的职责；飞机所属公司事先批准的各种勤务及维护方法；填写维护放行单的程序，要求签发此维护放行单的情况和签证人资格。

4. 过站检查

过站检查是指对短停的飞机进行基本的围绕飞机检查，以确保飞机的连续可用性。即在中途短停时检查飞机的内部和外部是否有明显的损坏或故障，并按需进行勤务和清洁，排除影响飞机放行的故障。此工作在停机坪进行。过站检查适用于飞机停留时间不超过 12 个小时且没有过夜的情况。

第四节　最低设备放行清单

最低设备放行清单是在确保飞行安全的前提下，为了争取飞行正常，根据航空器的性能和设计余度，允许在特定条件下，某项设备不工作可以继续飞行而制定的。它是花了大量时间和精力对安全进行详尽分析的结果，只要符合最低设备放行清单的具体条款，并按其规定的要求进行操作，飞行安全是可以得到保证的。

一、最低设备清单制定依据

主最低设备清单（MMEL）：局方确定在特定运行条件下可以不工作并且仍能保持可接受的安全水平的设备清单。主最低设备清单包含这些设备不工作时航空器运行的条件、限制和程序，是营运人制订最低设备清单的依据。

建议主最低设备清单（PMMEL）："建议主最低设备清单"是由制造商制订的，提交给中国民用航空局，作为制订"主最低设备清单"的基础。

最低设备放行清单（MEL）：营运人依据主最低设备清单，并考虑到各航空器的构型、运行程序和条件，为其运行所编制的设备清单。最低设备放行清单经局方批准后，允许航空器在规定条件下，所列设备不工作时继续运行。最低设备放行清单应当遵守相应航空器型别的主最低设备清单，或比其更为严格。

外型缺件清单（CDL）：拟在 CCAR-121-FS 部下使用的经过合格审定的航空器，可以在机体结构和发动机次要部件缺少的情况下运行。这种航空器运行的原始文件是构型偏离清单。构型偏离清单的批准是根据对型号合格证修正得到的。例如，西南航、云航"外型缺件清单"编入"放行偏差指南"中。

二、最低设备放行清单（MEL）内容

最低设备放行清单的内容有：允许保留的故障设备名称、该设备在飞机上的正常安装数量、该设备的最低放行数量要求、故障保留期限、保留故障放行条件（实例见图 4.3）。

××航空公司				最低设备清单	
飞机 B737-700			修正次数 日期：		页： 21-1
修理周期			（2）安装数量		
系统号和项目序号	项目 （1）		（3）放行所需数量		
			（4）附注或例外		
21—1	空调组件	C	2	1	（O）如果不是增程飞行，飞行高度保持在等于或低于25 000英尺可以一组不工作。
		C	2	0	（M）（O）如果不是增程飞行，可以两组都不工作，只要满足以下条件： a）不增压飞行； b）循环风扇都工作正常； c）两个电子设备冷却排气风扇工作正常； d）货舱保持空舱，或空货舱里只有货物装卸设备、飞机压舱物、随机器材或货物限制部件。

图 4.3　MEL 表格实例

三、最低设备放行清单的使用

1. MEL 规定范围内故障设备

保留故障放行仅限于在 MEL 手册中明确列出的设备类型，凡是在 MEL 手册中没有列出的设备类型，都是保证飞机适航所必需的，如右发电机故障或磁罗盘故障。

2. 维修、预防性维修和检查工作

在保留故障放行飞行前，必须对故障设备和相关设备执行必要的预防性维修和检查程序。

3. 按一定限制和工作程序进行有限的飞行

保留故障飞行是有限制的，表现在：

（1）故障保留期限的限制。根据故障设备的重要性，故障的保留期限分为 4 类：A 类为 24 h，B 类为 72 h，C 类为 240 h，D 类为 2880 h。

（2）运行限制。例如，当一套空调增压组件故障时，一般限制飞行高度在 FL240 以下。

4. 保留故障放行条件

◆ M 项：需要由机务人员完成的检查、预防性维修工作；
◆ O 项：需要由签派检查的运行限制，或需要由飞行机组执行的特殊程序。

5. 保留故障放行飞机的原则

◆ 需要由机务、签派、机长共同做出决定；

◆ 不得超过故障保留期限；

◆ 保留故障放行飞机必须遵守规定的程序。

6. 飞机故障保留放行的基本程序

◆ 机务完成故障保留项目，签发 MEL 项目单；

◆ 签派检查运行限制，调整飞行计划；

◆ 征求机组对放行的意见。

7. MEL 适用范围

MEL 适用于飞机地面带故障放行。在飞行中发现或出现的飞机缺陷或故障，不适用"最低设备放行清单"。一旦飞机靠自身动力运动时，飞行机组必须按照批准的《飞机操作手册》（AFM）和《快速检查单》（QRH）处置任何设备故障。

四、案例分析

（一）案例 1

1. 基本信息

机型：B737-300　　　　机号：B-2518　　　　航班号：CA4123

飞行规则：IFR　　　　起飞时间：4 月 30 日 9：20

起飞机场：KMG　　　　目的地机场：PEK

备降机场：ZYTL　　　　ZBYN

飞行航线：KMG　H4　NSH　G212　TYN　B215　VYK　PEK

2. 飞机故障

（1）防滞刹车系统故障不工作；

（2）机翼照明灯左侧失效（航修厂暂无库存）；

（3）机翼防冰活门故障不工作。

3. 故障的 MEL 描述

（1）防滞刹车系统故障不工作。

参照 MEL 手册，防滞刹车系统，安装数量：1 个；放行需要的数量：0 个；说明或例外：（O）可以失效，只要参照 AFM4.13 防滞系统不工作时，着陆跑道长度和着陆速度的限制（图 4.4）。

（参照 MEL32-2——起落架）

修理周期		安装数量		
			放行所需数量	
项目				附注或例外
32-2　防滞系统	C	1	0	（M）（O）可以失效，只要： a）使相应防滞通道被解除工作； b）按飞行手册规定操作； c）机场标高小于 1600 米。

图 4.4　防滞系统 MEL 内容

说明：防滞系统有两个跳开关，一个内侧，一个外侧机轮刹车。如果两个防滞刹车通道中的一个失效，另一个通道可让其接通以提供内侧或外侧机轮的防滞刹车保护。失效的通道必须转到关位，以确保全人工刹车的能力。

（2）机翼照明灯左侧失效（航修厂暂无库存）。

MEL 手册相关项目叙述，安装数目：2 个；放行需要的数量：0 个；说明或例外：（O）夜间飞行时，机翼照明灯可以失效，只要地面除冰程序不使用该灯。白天飞行时，可以不使用机翼照明灯。

（参照 MEL33-7——灯光）

修理周期		安装数量		
			放行所需数量	
项目				附注或例外
33-7　机翼照明灯	C	2	0	（O）只要地面除冰程序不要求使用，在夜航时可以失效。
	C	2	0	昼间飞行时可以失效。

图 4.5　机翼照明灯 MEL 内容

（3）机翼防冰活门故障不工作。

MEL 手册相关内容和叙述如图 4.6 所示。

（参照 MEL30.3——防冰和排雨）

修理周期		安装数量		
			放行所需数量	
项目				附注或例外
30-1　机翼防冰活门	C	2	0	（M）（O）除非增程飞行超过 120 分钟，可以在关位不工作，只要飞机不在已知或预报结冰条件下飞行。
	C	2	1	（M）（O）一个可以在开位不工作，只要： a）除起动发动机外，当外界温度高于 50 °F（10 ℃）时，把相关管路释压。 b）当总管增压后，遵守相关发动机引气推力极限； c）当一个总管释压后，遵守空调和增压要求。

图 4.6　机翼防冰活门 MEL 内容

注：航路是否结冰以向气象台证实的气象预报为准。如需降低高度飞行，必须重新计算航线耗油量。

4. MEL 放行前各部门的相关叙述

（1）机务维护人员：B2518，MEL 项目（2）本次飞行属白天飞行，根据 MEL 手册，白天飞行可以不使用机翼照明灯；项目（3）一个可以在开位不工作，相关管路释压正常，增压系统正常。

（2）签派放行席位值班签派员：B2518，目的地北京，MEL 项目（1）目的地机场着陆跑道长度在限制要求之外，通报机组参照 AFM4.13 控制相应的着陆速度；项目（3）航路天气预报中无重要天气和结冰情况。

（3）云航 B2518 机组相关叙述：本次机组为双 1/1 教员机长机组，确认已收到云航航修厂及 FOCC 的 MEL 放行简报，注意参照 AFM4.13 调整在首都机场的进近着陆速度，有信心胜任本次飞行。

（4）最终的签派放行：通过以上机务、签派、飞行的三方联络协调，签派确认本次 B2518 带故障飞行符合相关手册规定，注意到 B2518 为云航 B737 机队中机龄最长的，考虑到执飞本次航班的为双 1/1 教员机长机组，经验丰富，最终当日放行席位值班签派员在向 FOCC 值班经理作例行简报后，决定签派放行本次航班。

（二）案例 2

1. 基本信息

机型：B737-300　　　飞行规则：IFR　　　起飞时间：2015-6-11 8:15
起飞机场：KMG　　　目的地机场：YBP
备降机场：ZUUU　　　ZUGY
飞行航线：KMG　　H4　　HX　　YBP

2. 航空器故障

（1）全温探头加温器不工作；
（2）两套大气数据计算机中有一套工作不稳定，视为不工作；
（3）风挡刮水系统低速功能失效。

3. 故障的 MEL 描述

（1）全温探头加温器不工作。

MEL 手册，安装项目：1 个；放行需要的数量：0 个；说明或例外：（O）可以失效，但要求 a）飞行不在已知或预报有结冰的条件下飞行，或 b）已装有备用温度显示系统，并工作正常（如冲压空气或静压空气温度）。

（参照 MEL30.4——防冰和排雨）

（2）两套大气数据计算机中有一套工作不稳定，视为不工作。

参照 MEL 手册相关叙述，大气数据系统安装数目：2 套；放行需要的数量：0 套；说明或例外：大气数据系统可以不工作，只要 a）符合下列有关设备的放行偏差要求：马赫/空速表、垂直速度表、高度表、全温/静温/真空速指示器备用高度/空速表，b）在两个飞行日内修复。

（参照 MEL34.4——导航）

（3）风挡刮水系统低速功能失效。

参照 MEL 手册，安装数目：1 个；放行需要的数量：0 个；说明或例外：允许失效，只要风挡刮水系统的高速功能正常即可。

（参照 MEL30.5——防冰和排雨）

4. MEL 放行前各部门的相关叙述

① 机务维护人员：MEL 项目（1）装有备用冲压空气温度显示系统并工作正常；项目（2）一套可用，已高于 MEL 规定的要求；项目（3）风挡刮水系统高速功能正常。

② FOCC 签派室动态协调席位：收到市场部票管中心的报告，本次航班能提供固定座位数 140 个，订票记录显示当前的确认座位数量仅为 32 个。

③ 放行席位值班签派员：项目（1）虽然备用的冲压空气温度显示系统工作正常，但最新的航路天气预报显示，怀疑有可能造成结冰的条件，目的地机场宜宾有小到中雨，加之项目（3）风挡刮水系统高速功能正常，低速功能不工作。

5. 本航班放行结论

值班签派员认为本次航班可以放行，但是综合客运公司的意见，为做到兼顾安全与效益，在报告并综合了当日 FOCC 值班经理的意见后，决定拒签本次航班，调机云航新购入的 CRJ-200 支线喷气式飞机（50 座位）执飞本次航机号 B-3013，相关单位的协调通报由 FOCC 情报室、签派室动态协调席完成。至此，原 B-2538 机的调机签派工作告一段落。

从以上案例分析可以总结出 MEL 签派放行流程，如图 4.7 所示。

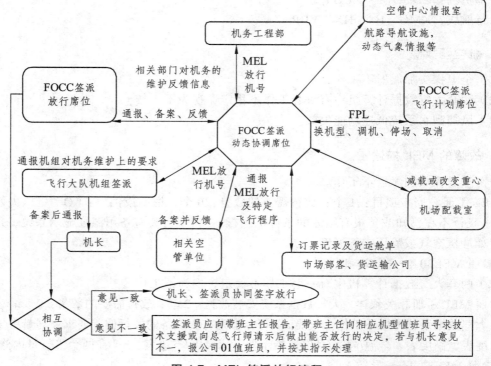

图 4.7　MEL 签派放行流程

（三）案例 3

1. 案例背景

2014 年 01 月 19 日早晨，放行签派员进行早班计算机飞行计划制作，当日 B5241 飞机执行 CZ6958（广州—乌鲁木齐航线），发现此飞机有 MEL 保留，根据章节号 27-07.1 自动减速板系统故障，放行签派员查询 MEL 手册对此航班进行放行评估。

2. 飞机故障

根据 B737MEL 章节号 27-07.1 自动减速板系统故障，放行签派员查询 MEL 手册，如图 4.8 所示。

（参照 27-07.1——自动减速板系统故障）

项目	修理周期	安装数量	放行所需数量	附注或例外
27-07.1　自动减速板系统故障	C	1	0	（M）允许失效，但要求： a. 解除系统工作； b. 根据 AFM 进行操作； 对于-700 飞机：当自动减速板系统失效时飞机准备： 1）确认手动减速板工作正常； 2）拔出并套住 P6 面板上的 FLIGHT CONTROL AUTO SPEED BRAKE（自动减速板）跳开关。 注：对于安装了翼稍小翼且安装了减速板减载系统（LAS）的飞机，必须将 LAS 视为失效，且在自动减速板系统工作之前必须先将 LAS 解除工作。参考 MEL 27-20 的（M）程序。

图 4.8　自动减速板系统 MEL 内容

3. MEL 放行评估过程

签派员不清楚此 B5241 飞机是否安装了 LAS 系统，对于是否还要参考 MEL 27-20 章节有疑义；经过与机务联系，确认 B5241 安装了 LAS 系统，还要参考 27-20 的（M）程序。一般对于 MEL 的（M）程序，都是由机务完成相应的工作，对签派放行的影响几乎没有。签派员在制作计算机飞行计划时，还是按照正常制作了计算机飞行计划。

但是签派员在后续查询 MEL 27-20 程序，却发现此程序对于签派放行影响很大，如果忽视了此项，航班放行，会造成严重后果。

（1）MEL 嵌套 MEL（MEL 27-20 程序）

MEL 27-20 程序允许失效，但要求：

a. 在全行程上，减速板手柄所受的阻力都在正常范围内；

b. 当飞行总重量超过 143000 磅（64863 千克）时，空速不超过 265 节；

c. 当飞行总重量大于 143000 磅（64863 千克）时，穿越强湍流的速度为 265 节或 0.76 马赫（低者为准）；

d. 自动减速板系统视为失效。

（M）解除减速板减载系统的工作，并将自动减速系统视为失效（AMM 27-00-00/901）

1）以下原因可能导致减速板减载系统失效：A. 机械故障；B. 电气故障（包括中控台上的系统作动器故障）；C. SMYD 在#2 位发出自动收起的错误指令。

2）在以上任意状况下，应拔出并套住减速板的 AUTOSTOW 跳开关（位于 P6-2 面板）。

3）对于自动减速板系统失效，参考 MEL 27-07（O）程序。

MEL 27-20 程序对于航班运行中一定重量下的速度有明确要求，在重量超过 143000 磅时（64863 千克），空速不超过 265 节。那么我们制作计算机飞行计划时，就不能按照系统设定的燃油成本指数来计算，否则计算的油量有可能会偏少，航班运行时会导致低燃油情况出现。在与性能人员沟通后，目前更改不了系统设定的燃油成本指数，放行签派员与广州配载部门核实 CZ6958 业载，签派员请示领导后，决定将航班的起飞全重限制到 64800 千克，这样飞行时就能够按照设定的燃油成本指数的速度来执行航班。

（2）MEL 嵌套 MEL[MEL 27-07（O）程序]

MEL 27-07（O）程序：

a. 起飞前，确认减速板操纵杆在完全下放位；

b. 着陆性能应基于人工减速操作；

c. 中断起飞或降落时，人工放出减速板：

对于中断起飞：1）同时关闭推力杆，脱开自动油门并采用最大人工刹车或确认 RTO 自动刹车工作正常；2）人工提起 SPEED BRAKE（减速板）操纵杆；3）根据实际情况，采用最大反推。

d. 当减速板操纵杆收起时，自动刹车无法解除预位。可以先将自动刹车选择电门置于 OFF 位，再人工踩刹车或者前推油门杆来解除自动刹车预位。

签派员与机务人员核实，机务人员准予放行。

但签派放行时需要考虑（O）项：

当日值班计划位签派员在计划中对重量进行了限制，并与机组进行了沟通，最后航班正常执行，避免了签派放行严重错误事件的出现。

4. 本航班放行分析和总结

（1）分析

该案例中存在 MEL 嵌套 MEL 限载，在签派放行过程中容易忽视：

◆ 对于相应飞机是否安装了减速板减载系统（LAS），签派员不清楚；

◆ 对于 MEL 中"在重量超过 143000 磅（64863 千克）时，空速不超过 265 节"的限制，由于签派员对于系统设定的性能参数不清楚，很可能忽视了它的重要性，导致严重后果出现；

◆ 对于 MEL 中着陆性能应基于人工减速操作；需要性能人员临时完成；

◆ 签派员对 MEL 的理解各有不同，容易出现偏差；

◆ 签派员对于性能知识的了解不够。

（2）放行总结

该案例属于 MEL 嵌套 MEL 限载，因此在带故障放行评估时签派员需要特别注意：

◆ 根据 MEL 限制，及时将 MEL 通知性能人员，对性能进行分析评估，并提供相应的性能图表；

◆ 对于 MEL 中模糊不清楚的地方，一定要追查到底，MEL 中对飞行速度和重量的限制数据要和性能人员充分沟通，避免出现造成了严重差错都不知道的情况；

◆ MEL 中对飞行速度和重量的限制需和机组沟通，尤其需要注意提醒机组一定重量下的速度限制，提醒颠簸区域运行时的速度限制；

◆ 机务部门在录入 MEL 信息时，对于相应飞机是否安装相关的设备需要说明；

◆ 需要加强和提高签派员的性能知识。

第五节　航空器的排班与调配

一、飞机排班的原则

飞机排班是指为每一个航班指定一架具体执行的飞机，又称为挂机号。一般来说，机务飞机调度负责第二天以后的航班飞机安排，而当天的飞机调配由签派负责。

飞机排班需要遵循以下原则：

1. 航站衔接

飞机所执行前一个航班的到达机场与后一个航班的出发机场应一致。例如，B2401 飞机执行 CZ3565（深圳 1615—1835 合肥）后继续执行 CZ3566（合肥 1915—2115 广州），航站是衔接的；但若执行 CZ3252（西安 1925—2140 深圳），航站则不衔接。

2. 过站时间衔接

飞机所执行的相邻两个航班之间应留有最小过站时间。不同机型飞机要求的过站时间一般为：

（1）B737、A320、MD80、MD90、BAE146 等机型——要求最低 40 分钟过站时间；

（2）B757、A300、A310 等机型——要求最低 50 ~ 60 分钟过站时间；

（3）B747、B777、A340 等机型——要求最低 90 分钟过站时间。

3. 满足适航限制

由于设备、性能、MEL 等方面的原因，飞机对该航班不适航时不能排班。

例如，B2595 飞机因右发性能衰退不能飞高原机场。

又如，B2957 未装救生衣，不能飞日韩航线。

4. 满足维护工作要求

航后已安排了维护工作内容的飞机不能安排外出值班飞行。例如，B2595 飞机次日晚安排了排故工作，且该故障已接近保留期限，不能再推后，则该飞机不能安排 SZ4575/6 航班（烟台—厦门—广州—厦门—烟台），因为该航班在烟台过夜值班。

5. 满足生产调度通告要求

生产调度依据市场需求对执行航班的飞机提出的特殊要求，在排班时必须满足。例如，CA3101/2（广州—北京—广州）有要客，要求安排一架刚清洗过的飞机执行。

二、飞机调配的原则

飞机调配需要遵循以下原则：

（1）国际航线—国内主干线—多段航线—长航线—短航线；

（2）有特殊要求的航班先安排。

三、飞机调配案例分析

1. 案例一

B2225（A319）　　CA1741 杭州—深圳—杭州—深圳—杭州—新加坡
　　　　　　　　　0735—————————0050

B2339（A319）　　CA1978 杭州—长沙　1140—1320

　　　　　　　　　CA1979 长沙—温州　1405—1520

　　　　　　　　　CA1540 温州—北京　1650—1905

　　　　　　　　　CA1710 北京—杭州　1710—2005

机务早上通知 B2225 APU 故障，预计到 0900 才能修好。

调整预案如下：由于 B2225 与 B2339 都是 A319，决定将 B2225 与 B2339 全天对换。

2. 案例二

B2376 北京—长春—北京—杭州—北京—杭州

　　CA1609　　CA1610　　CA1704　　CA1707　　CA1708

B2210 温州—长沙—成都—杭州—成都—杭州

　　CA 1977　　CA1977　　CA1742　　CA1743　　CA1744

CA1610 在长春由于一旅客取消旅行（已登机），导致航班延误 1 小时，而北京当时有短时流量控制。则后续航班 1707/8 肯定延误，而 B2210 这条线是正常的，调整如下：

（1）1743/4 改为 B2376，接在 CA1704 后面；

（2）1707/8 改为 B2210，接在 CA1742 后面。

3. 案例三

B2377　　CA1751　　　　　　　CA1752　　　　　　　CA1707/8　　　CA1951/2

　　杭州—贵阳（经停）—昆明—贵阳（经停）—杭州—贵阳—杭州—北京—温州

中午 1232，CA1751 机组报告在昆明右发关不了

签派通知机务，机务建议 B2377 直接从昆明飞杭州，不经停贵阳。

由于 B2377 到杭州后不能再继续执行任务，签派考虑各种因素后，决定（不能合并或取消其他航班）将 CA1707/8 CA1951/2 接在 CA1724（广州 – 杭州）后，由 B2376 执行，1707 延误至 2130，1952 延误至 2350。

次日调机至贵阳，执行 1752 补班任务。

第六节　特定飞行使用限制

一、活塞式发动机驱动的飞机的使用限制

1. 活塞式发动机驱动的飞机的重量限制

（1）活塞式发动机驱动的飞机不得从确定该飞机最大起飞重量所用的气压高度范围之外的机场起飞。

（2）活塞式发动机驱动的飞机不得飞向确定该飞机最大着陆重量所用的气压高度范围之外的目的地机场。

（3）活塞式发动机驱动的飞机不得使用确定最大着陆重量所用的气压高度范围之外的机场作为备降机场。

（4）活塞式发动机驱动的飞机不得以超过机场气压高度所确定的最大起飞重量起飞。

（5）活塞式发动机驱动的飞机起飞前，应当在考虑航路上正常的燃油和滑油消耗后，使到达目的地机场时的重量不超过该机场气压高度所确定的最大着陆重量。

2. 活塞式发动机驱动的飞机的起飞限制

活塞式发动机驱动的飞机，应当满足下列所有条件方可以起飞：

（1）在起飞过程中达到临界发动机失效决断速度 V_1 之前的任一时刻，按照加速停止距离数据所示，能使该飞机安全停止在跑道或者停止道上；

（2）如果在该临界发动机在飞机达到临界发动机失效决断速度 V_1 之后的任一时刻失效后继续起飞，在通过可用起飞距离末端上空之前，按照起飞轨迹数据所示高度能达到 15.2 米（50 英尺）；

（3）在达到 15.2 米（50 英尺）的高度（按照起飞轨迹数据所示）之前不带坡度，在此后坡度不超过 15 度的情况下，预定起飞飞行轨迹能以 15.2 米（50 英尺）+ 0.01D（其中 D 是指飞机离可用起飞距离末端的距离值）的余度垂直超越所有障碍物，或者能以一个特定距离侧向避开障碍物。该特定距离的值为下列两项中规定值的较小值：

（i）90 米（300 英尺）+ 0.125D。

（ii）对于 VFR 飞行，预定航迹的航向变化小于 15 度时，为 300 米；预定航迹的航向变化大于 15 度时，为 600 米。对于 IFR 飞行，预定航迹的航向变化小于 15 度时，为 600 米；预定航迹的航向变化大于 15 度时，为 900 米。

在使用本条时，应当对有效跑道坡度进行修正。考虑到风的影响，对于以静止大气为基础的起飞数据，可以按照不大于 50%的报告的逆风分量和不小于 150%的报告的顺风分量进行修正。

3. 活塞式发动机驱动的飞机的航路限制——所有发动机工作

活塞式发动机驱动的飞机起飞前的重量，应当在考虑正常的燃油和滑油消耗后，能使飞机在所有发动机工作的条件下，在预定航迹两侧各 25 公里（13.5 海里）以内最高地面或者障碍物之上至少 300 米（1000 英尺）的高度上，上升率至少达到 $0.0189V_{SO}$ 米/秒（V_{SO} 以公里/小时为单位，乘以 0.0189 得到上升率，单位米/秒）或者达到 $6.90V_{SO}$ 英尺/分（V_{SO} 以海里/小时为单位，乘以 6.90 得到上升率，单位英尺/分）。否则，该飞机不得起飞。

4. 活塞式发动机驱动的飞机的航路限制——1 台发动机不工作

（1）活塞式发动机驱动的飞机起飞前的重量，应当在考虑正常的燃油和滑油消耗后，能使飞机在一台发动机不工作的条件下，在预定航迹两侧各 25 公里（13.5 海里）以内最高地面或者障碍物之上至少 300 米（1000 英尺）的高度上，上升率至少达到 $0.00148（0.079 \sim 0.106/N）V_{SO}^2$ 米/秒（其中 N 为所装的发动机台数，V_{SO} 以公里/小时为单位）或者达到 $（0.079 \sim 0.106/N）V_{SO}^2$ 英尺/分（其中 N 为所装的发动机台数，V_{SO} 以海里/小时为单位）。否则，该飞机不得起飞。

（2）为代替本条（1）款的要求，活塞式发动机驱动的飞机可以按照经批准的程序，在所有发动机工作的某个高度上运行。在该高度上，当一台发动机停车后，考虑到正常的燃油和滑油消耗，飞机可以继续飞至符合本规则第 121.187 条规定能进行着陆的备降机场。在假定的故障发生之后，飞行轨迹应当高于预定航迹两侧各 25 公里（13.5 海里）范围内的地面和障碍物至少 600 米（2000 英尺）。

（3）如果按照本条（2）款使用经批准的程序，合格证持有人应当遵守下列各项规定：

① 对于按照中国民用航空规章型号合格审定标准审定合格的飞机，计算飞机飞行轨迹时所用的上升率（按照飞机飞行手册中对相应重量和高度所确定的数值），应当减去一个等于 $0.00148（0.079 \sim 0.106/N）V_{SO}^2$ 米/秒的量（其中 N 为所装的发动机台数，V_{SO} 以公里/小时为单位），或者减去一个等于 $（0.079 \sim 0.106/N）V_{SO}^2$ 英尺/分的量（其中 N 为所装的发动机台数，V_{SO} 以海里/小时表示）。

② 在航路上任何一点临界发动机停止工作时，通过使用经批准的程序，所有发动机工作时的高度应当能够足以使飞机继续飞行到某一预定的备降机场。在确定起飞重量时，假定飞

机是在某点发动机停车后越过临界障碍物的，而且这一点距临界障碍物的距离不小于距最近的经批准的无线电导航定位点的距离。但是，如果局方批准了依据不同的原则制定的程序，且该程序有足够的运行安全保证，对该点可以不作要求。

③ 在该程序中，飞机飞至备降机场上空 300 米（1000 英尺）处时，其上升率应当符合本条①款的规定。

④ 在该程序中，应当包括对飞行轨迹有不利影响的风和温度的经批准的计算方法。

⑤ 在使用这一程序时，允许应急放油。但合格证持有人应当有适当的训练大纲，对飞行机组人员进行了合适的应急放油训练，并且为保证程序的安全性采取了其他安全措施。

⑥ 合格证持有人应当在签派或者放行单中指定符合要求的备降机场。

5. 合格审定为 4 台或者 4 台以上活塞式发动机驱动的飞机的航路限制——2 台发动机不工作

（1）按照型号合格审定标准审定合格的装有 4 台或者 4 台以上发动机的飞机运行时，应当遵守下列规定之一：

① 预定航道上任何一点到符合要求的机场的飞行时间不超过所有发动机以巡航功率工作飞行 90 分钟；

② 飞机在某一重量下运行，在此重量下，飞机在预定航迹两侧各 25 公里（13.5 海里）范围内最高地面或者障碍物之上 300 米（1000 英尺）或者在 1500 米（5000 英尺）两者中较高的高度上，在 2 台临界发动机不工作情况下，能以 $0.000019V_{2so}$ 米/秒的上升率（V_{so} 以公里/小时为单位，由 V_{so} 的平方乘以 0.000019 而得到的上升率，单位米/秒）或者以 $0.013V_{2so}$ 英尺/分的上升率（V_{so} 以海里/小时为单位，由 V_{so} 的平方乘以 0.013 而得到的上升率，单位英尺/分）上升。

（2）就本条（1）款第②项而言，假定：

a. 这两台发动机在对于起飞重量最为临界的那一点上失效；

b. 燃油和滑油消耗，在两台发动机失效的那一点之前，以所有发动机均工作时的正常消耗计算，在那一点之后，以两台发动机工作时的正常消耗计算。

（3）假定发动机是在高于规定的最低高度上失效的，在由巡航高度下降到规定的最低高度期间，无需证明是否符合在规定的最低高度上达到规定的上升率，但是在到达此规定的最低高度时，应当能满足这些要求，并且假定飞机是沿着净飞行轨迹下降的，其下降率应当比经批准的性能数据中规定的速率大 $0.000019V_{2so}$ 米/秒（V_{so} 单位为公里/小时）或者大 $0.013V_{2so}$ 英尺/分（V_{so} 单位为海里/小时）。

（4）如果有应急放油设备，则认为飞机在两台发动机失效那一点上的重量不小于包括足够燃油的重量，这些燃油可以使飞机飞到符合本规则第 121.187 条要求的机场并到达该机场正上空至少 300 米（1000 英尺）的高度。

6. 活塞式发动机驱动的飞机的着陆限制——目的地机场

（1）活塞式发动机驱动的飞机在起飞前，应当在考虑到飞行中正常的燃油和滑油消耗后，使该飞机在到达目的地机场时的重量，允许该飞机在预定目的地的下述跑道上，自超障面与该跑道交点上方 15.2 米（50 英尺）处算起，在跑道有效长度的 60%以内完成全停着陆。为确定在目的地机场允许的着陆重量，假定：

    a. 飞机是在最理想的跑道上在静止大气中以最理想的方向着陆。

    b. 考虑到可能的风速和风向（预期到达时间的预报风）、该型别飞机的地面操纵特性以及诸如着陆助航设备和地形等其他条件，飞机在最适宜的跑道上着陆，允许考虑不大于 50%逆风分量或者不小于 150%顺风分量对着陆轨迹和着陆滑跑的影响。

（2）对于不符合本条（1）款第 b 项的要求而被禁止起飞的飞机，如果指定了备降机场，除允许该飞机在备降机场跑道有效长度 70%内完成全停着陆外，该备降机场符合本条的所有其他要求，则可以允许该飞机起飞。

7. 活塞式发动机驱动的飞机的着陆限制——备降机场

在签派或者放行单中所列的备降机场，应当能使飞机以到达该机场时预计的重量和按照"活塞式发动机驱动的飞机的着陆限制——目的地机场"假定的条件在该跑道有效长度的 70%以内完成全停着陆。

二、涡轮发动机驱动的飞机的使用限制

1. 涡轮发动机驱动的飞机的起飞限制

（1）涡轮发动机驱动的飞机不得以大于该飞机飞行手册中对应于该机场气压高度和起飞时环境温度所确定的重量起飞。

（2）涡轮发动机驱动的运输类飞机不得以大于该飞机飞行手册中规定的重量起飞，该重量应当保证飞机符合下列各项要求：

① 加速停止距离不得超过跑道长度加上停止道的长度。

② 起飞距离不得超过跑道长度加上净空道长度，但净空道长度不得大于跑道长度的一半。

③ 起飞滑跑距离不得大于跑道长度。

（3）涡轮发动机驱动的飞机不得以大于该飞机飞行手册中所确定的某个重量起飞，在该重量下，预定净起飞飞行轨迹以 10.7 米（35 英尺）的余度超越所有障碍物，或者能以一个特定距离侧向避开障碍物。该特定距离的值为下列两项中规定值的较小值：

（i）90 米（300 英尺）+ 0.125D，其中 D 是指飞机离可用起飞距离末端的距离值。

（ii）对于目视飞行规则飞行，预定航迹的航向变化小于 15 度时，为 300 米；预定航迹的航向变化大于 15 度时，为 600 米。对于仪表飞行规则飞行，预定航迹的航向变化小于 15°时，为 600 米；预定航迹的航向变化大于 15 度时，为 900 米。

（4）在依据本条（1）至（3）款确定最大重量、最小距离和飞行轨迹时，应当对拟用的跑道、机场的标高、有效跑道坡度和起飞时的环境温度、风的分量进行修正。

（5）就本条而言，假定飞机在到达 15.2 米（50 英尺）高度（按照飞机飞行手册中起飞轨迹或者净起飞飞行轨迹数据中的适用者）之前无坡度，并在此之后，最大坡度不超过 15°。

（6）就本条而言，"起飞距离""起飞滑跑距离""净起飞飞行轨迹"和"起飞轨迹"等术

语，与对该飞机进行型号合格审定的规章中所规定的术语具有相同的含义。

2. 涡轮发动机驱动的飞机的航路限制——1台发动机不工作

（1）涡轮发动机驱动的飞机不得超过某一重量起飞，在该重量下，考虑到正常的燃油、滑油消耗和航路上预计的环境温度，根据经批准的该飞机飞行手册确定的1台发动机不工作时的航路净飞行轨迹数据应当能够符合下列两项要求之一：

① 在预定航迹两侧各25公里（13.5海里）范围内的所有地形和障碍物上空至少300米（1000英尺）的高度上有正梯度，并且，在发动机失效后飞机要着陆的机场上空450米（1500英尺）的高度上有正梯度。

② 净飞行轨迹允许飞机由巡航高度继续飞到可以按照本规则第121.197条要求进行着陆的机场，能以至少600米（2000英尺）的余度垂直超越预定航迹两侧各25公里（13.5海里）范围内所有地形和障碍物，并且在发动机失效后飞机要着陆的机场上空450米（1500英尺）的高度上有正梯度。

（2）就本条（1）款第②项而言，假定：

① 发动机在航路上最临界的一点失效；

② 飞机在发动机失效点之后飞越临界障碍物，该点距临界障碍物的距离不小于距最近的经批准的无线电导航定位点的距离，除非局方为充分保障运行安全批准了一个不同的程序；

③ 使用经批准的方法考虑了不利的风的影响；

④ 如果合格证持有人证明，机组人员进行了恰当的训练，并且采取了其他安全措施，能保证程序的安全性，则允许应急放油；

⑤ 在签派或者放行单中指定了备降机场，且该备降机场符合规定的最低气象条件；

⑥ 发动机失效后燃油和滑油的消耗与飞机飞行手册中经批准的净飞行轨迹数据所给定的消耗相同。

3. 3台或者3台以上涡轮发动机驱动的飞机的航路限制——2台发动机不工作

3台或者3台以上涡轮发动机驱动的飞机沿预定航路运行时，应当符合下列两项要求之一：

（1）预定航迹上任何一点到符合本规则第121.197条要求的机场的飞行时间不超过所有发动机以巡航功率工作飞行90分钟。

（2）根据飞机飞行手册中航路上2台发动机不工作的净飞行轨迹数据，其重量允许该飞机从假定2台发动机同时失效的地点，飞到符合本规则第121.197条要求的某一机场。在这段飞行中，考虑到沿该航路的预计环境温度，其净飞行轨迹在垂直方向上至少高出预定航迹两侧各25公里（13.5海里）范围内所有地形和障碍物600米（2000英尺）。就本款而言，假定：

① 两台发动机在航路上最临界的地点失效；

② 这些发动机失效后在预定着陆的机场正上空450米（1500英尺）处，该净飞行轨迹具有正梯度；

③ 如果合格证持有人证明，机组人员进行了恰当的训练，并且采取了其他预防措施，能保证程序的安全性，则可以批准应急放油；

④ 在 2 台发动机失效的那一点，该飞机重量包含足够的燃油，使其能继续飞到该机场正上空至少 450 米（1500 英尺）的高度，此后还能以巡航功率或者推力飞行 15 分钟；

⑤ 发动机失效后，燃油和滑油的消耗与飞机飞行手册中净飞行轨迹数据所给定的消耗相同。

4. 涡轮发动机驱动的飞机的着陆限制——目的地机场

（1）涡轮发动机驱动的飞机起飞前，应当在考虑到至目的地机场或者备降机场飞行中正常的燃油和滑油消耗后，使飞机到达时的重量不超过该飞机飞行手册中对该目的地机场或者备降机场的气压高度以及着陆时预计的环境温度所确定的着陆重量。

（2）除本条（3）（4）（5）款规定外，涡轮发动机驱动的飞机起飞前，应当在考虑到飞行中正常的燃油和滑油消耗后，使该飞机到达目的地时的重量，根据飞机飞行手册中对该目的地机场的气压高度和预计在着陆时当地风的情况所规定的着陆距离，允许其在预定的目的地机场的下述跑道上，由超障面与该跑道交点上方 15.2 米（50 英尺）处算起，在跑道的有效长度 60% 以内完成全停着陆。为确定在目的地机场的允许着陆重量，假定：

① 飞机在最理想的跑道上在静止大气中以最理想的方向着陆。

② 考虑到可能的风速、风向和该飞机的地面操纵特性，以及考虑到诸如着陆助航设备和地形等其他条件，飞机在最适宜的跑道上着陆。

（3）对于不符合本条第（2）款第②项的要求而被禁止起飞的涡轮螺旋桨驱动的飞机，如果指定了备降机场，除允许飞机在跑道有效长度的 70% 以内完成全停着陆外，该备降机场符合本条所有其他要求，则可以允许该飞机起飞。

（4）对于涡轮喷气飞机，在有关的气象报告和预报表明目的地机场跑道在预计着陆时刻可能是湿的或者滑的时，该目的地机场的有效跑道长度应当至少为本条第（2）款所要求的跑道长度的 115%，否则，该飞机不得起飞。如果在湿跑道上的实际着陆技术证明，对特定型号的飞机，已经批准了某一较短但不小于本条第（2）款要求的着陆距离，并且已经载入飞机飞行手册，则可以按照手册的要求执行。

（5）由于不符合本条第（2）款第②项而被禁止起飞的涡轮喷气动力的飞机，如果指定了符合本条第（2）款所有要求的备降机场，则可以起飞。

5. 涡轮发动机驱动的飞机的着陆限制——备降机场

在涡轮发动机驱动的飞机的签派或者放行单中列为备降机场的机场，应当能使该飞机在到达该备降机场时以根据本规则"涡轮发动机驱动的飞机的着陆限制——目的地机场"第（2）款规定的假定条件预计的重量，由超障面与跑道交点上方 15.2 米（50 英尺）处算起，在跑道有效长度的 70%（涡轮螺旋桨动力飞机）或者 60%（涡轮喷气动力飞机）以内完成全停着陆。对于规定的起飞备降机场，在确定到达时的预计重量时，除正常的燃油和滑油消耗之外，可以考虑应急放油量。

课后参阅规章和手册

（1）《国际民航公约》；

（2）CCAR-45-R1《民用航空器国籍登记规定》；

（3）《中华人民共和国民用航空器适航管理条例》；

（4）CCAR-25《运输类飞机适航标准》；

（5）CCAR-121《大型飞机公共航空运输承运人运行合格审定规则》；

（6）咨询通告：《民用航空器主最低设备清单、最低设备清单的制定和批准》；

（7）航空公司运行手册之《维修管理》。

（1）简述航空器注册管理相关规定。

（2）描述航空器适航管理的基本要求。

（3）简述航空器带故障放行基本原则和步骤。

（4）描述航空器排班与调配基本原则。

第五章 机组管理

机组人员（在航空器上执行任务的人员，包括飞行人员、乘务人员、安全保卫员，有时还有其他专业人员）在执行飞行任务时编成组。飞行人员是指在飞行中直接操纵飞机和使用机上航行、通信设备的人员，包括正副驾驶员、领航员、飞行无线电通信员和飞行机械员（工程师）。

每次飞行，飞行人员编成机组，由机长领导，机长由正驾驶员担任，负责领导机组人员的一切活动，对航空器和航空器所载人员及财产的安全、航班的正常、服务质量和完成任务负责。副驾驶员是机长的助手，接受机长命令，在飞行的各个阶段监控航空器。领航员负责掌管、使用机上领航仪器、设备，掌握全航程的无线电导航资料，向驾驶员和地面提供各项经过计算的航行数据。通信员负责掌握、使用机上通信设备，保证陆空通信的畅通。随着机上领航和通信设备自动化程度的提高，一些机型领航员和通信员的工作逐渐由正、副驾驶员承担。机械员负责飞机的动力装置和各个系统在飞行中的工作状态的操作或监视，遇到异常情况，协助机长采取必要措施。按驾驶舱的设计安排飞行人员的多少，机组有二人制、三人制、四人制或五人制之分。机组中应包括的成员和人数，不应少于航空器适航证或航空器飞行手册及其他有关文件的规定。

乘务员的工作任务是为旅客服务，尽量使旅客的旅行舒适愉快；在出现紧急情况时，负责采取应急措施，帮助旅客安全撤离。乘务员的多少根据旅客座位数而定。执行任务的乘务员编成乘务组，乘务组由乘务长领导。

中国民航局规定，飞行人员只有在持有有效执照时方可执行飞行任务。执照在技术考核和体格检查合格核准后发给并生效。

第一节 对机组成员的要求

一、飞行机组的组成

（1）合格证持有人在运行飞机时，其飞行机组成员不得少于适航证或所批准的该型飞机飞行手册中的规定，以及对于所从事的该种运行所要求的最少飞行机组成员数量。

（2）在要求完成必须具有飞行人员执照才能完成的两种或两种以上职能的任何情况下，不得由1名飞行人员同时完成多重职能。

（3）合格证持有人在运行时，飞行机组至少应配备 2 名驾驶员，并且该合格证持有人必须指定 1 名驾驶员为机长。

（4）在必需飞行机组成员中要求有领航员、飞行机械员或飞行通信员的每次飞行中，在领航员、飞行机械员或飞行通信员生病或由于其他原因丧失工作能力时，必须由飞行机组成员代替领航员、飞行机械员或飞行通信员的工作，合格地完成相应的职能，以保证安全完成飞行任务。在这种情况下，飞行人员完成所代替的职能时，无须持有相应的执照。

（5）合格证持有人不得使用已满 60 周岁的人员在实施按 121 部规则运行的飞机上担任飞行机组必需成员。任何已满 60 周岁的人员，也不得在按 121 部规则运行的飞机上担任飞行机组必需成员。

二、对飞行机械员的要求

飞行机组必需成员的飞行机械员，必须满足飞机飞行手册中对机组成员的要求。

三、对领航员和特殊导航设备的要求

（1）当不能可靠地确定飞机位置的时间超过 1 小时时，只有符合下列条件之一，合格证持有人方可运行飞机。

① 增配持现行有效领航员执照的飞行机组成员；

② 加装依据批准的特殊导航设备，并且每一名值勤位置上的驾驶员都能可靠地用其确定飞机位置。

（2）尽管有本条款（1）的规定，但如果民航局认为在 1 小时或 1 小时之内必须使用特殊导航手段时，民航局仍可要求合格证持有人配备领航员或安装特殊导航设备，或这两者同时要求。民航局在做出这一决定时，主要考虑的因素是：①该飞机的速度；②航路上通常的气象条件；③空中交通管制的范围；④交通拥挤程度；⑤目的地导航设备的有效区域范围；⑥燃油要求；⑦返回出发地点或备降地点的可用燃油；⑧超过返航点后运行的飞行情况预测；⑨民航局认为与安全有关的任何其他因素。

（3）需要领航员或特殊导航设备，或这两者都需要的运行，在合格证持有人的运行规范中予以规定。

四、对飞行通信员的要求

（1）机组必需成员的飞行通信员的配备，必须满足飞机飞行手册中对机组成员的要求。

（2）执行国际、地区或特殊管理的国内航线运行任务的飞行机组中，应当至少配备 1 名胜任国际运行陆空通话工作的飞行通信员。但是，如果在驾驶舱值勤的 2 名驾驶员都具备英语通话单飞资格，则可以不配备飞行通信员。

五、对乘务员的要求

（1）为保证安全运行，合格证持有人在所用每架载运旅客的飞机上，至少按下列要求配备乘务员：

① 对于旅客座位数量为 20～50 的飞机，至少配备 1 名乘务员；

② 对于旅客座位数量为 51～100 的飞机，至少配备 2 名乘务员；

③ 旅客座位数量超过 100 后，在配备 2 名乘务员的基础上，按每增加 50 个旅客座位为一单元，增加 1 名乘务员的方法来配备，不足 50 的余数部分按 50 计算。

例如，A320 飞机需配备的乘务员最少为 4 人，B737-300 需配备的乘务员最少为 3 人。

（2）如果在按要求进行应急撤离演示过程中，合格证持有人使用的乘务员人数多于按上条所用飞机的最大旅客座位数量所要求的乘务员人数，则合格证持有人必须按下列条件配备乘务员：

① 飞机为最大旅客座位数量布局时，乘务员人数至少应等于应急撤离演示期间所用的人数；

② 飞机为任一减少了旅客座位数量的布局时，乘务员人数至少应等于本条款（1）对减少布局后旅客座位数量所要求的乘务员人数，加上在应急撤离演示期间所用乘务员人数与本条款（1）对原布局所要求人数的差额。

（3）按本条款（1）和（2）所批准的乘务员人数必须在该合格证持有人的运行规范中予以规定。

（4）在起飞和着陆过程中，本条款要求的乘务员必须尽可能地靠近所要求的地板高度出口，且应在整个客舱内均匀分布，以便在应急撤离时最有效地疏散旅客。在滑行期间，本条款要求的乘务员，除了在完成有关飞机和机上人员安全的任务外，必须坐在其值勤位置上，并系好安全带和肩带。

六、在旅客不下飞机的经停站对机组成员的要求

在中途过站停留时，如乘坐该机的旅客仍留在飞机上，合格证持有人必须符合下列要求：

（1）如果留在飞机上的乘务员数量少于要求的数量，则合格证持有人必须符合下列要求：

① 合格证持有人必须保证飞机发动机已停车，并且至少有一个地板高度出口保持打开，以供旅客下飞机；

② 在飞机上的乘务员数量必须至少是要求数量的一半，有小数时，取整数，但决不能少于 1 人；

③ 合格证持有人可以用其他人员代替要求的乘务员，代替乘务员的人员必须合格地完成要求的该飞机应急撤离程序，并且这些人员能够让旅客识别。

（2）如果在过站时飞机上只有 1 名乘务员或其他合格人员，则该乘务员或其他合格人员的所在位置必须符合经民航局批准的该合格证持有人运行程序的规定。如果在飞机上多于 1 名乘务员或其他合格人员，这些乘务员或其他合格人员均匀分布在飞机客舱内，以便在紧急情况下最有效地帮助旅客撤离。

第二节 机组成员资格审定

一、执照和证书要求

（1）只有持有航线运输驾驶员执照和该飞机相应型别等级的驾驶员，方可在飞机上担任机长，或在需要 3 名（含）以上驾驶员的飞机上担任第二机长；

（2）只有至少持有商用驾驶员执照和飞机类别、多发级别、仪表等级的驾驶员，方可在该飞机上担任职位。

（3）要求机长和副驾驶都持有 I 级健康证书，其有效期一般为 1 年。对于年满 40 岁者，有效期为 6 个月。

二、机组必须携带的文件

机组必须携带的文件包括：

（1）证明类文件：登记证、执照、体检合格表、健康证书、黄皮书护照及免疫注射证。

（2）放行文件：飞行任务书、领航计划报（FPL 报）、签派放行单、舱单与配载平衡图、天气资料、航行通告（NOTAM）、计算机飞行计划（CPL）。

（3）领航资料：航图、通信导航资料、快速检查单、飞行手册。

三、机组成员必需的训练

只有按照经批准的训练大纲,圆满完成了相应型别飞机和相应机组成员位置的下列训练，方可担任该型飞机的必需机组成员：

（1）新雇员训练。对于新雇员，必须圆满完成新雇员训练提纲中的地面基础教育内容，并根据不同雇员的原有经历和拟担任的职位，完成相应的训练内容。

（2）初始训练。对于未在相同组类其他飞机的相同职务上经审定合格并服务过的机组成员，必须圆满完成初始训练。

（3）转机型训练。对于已在相同组类其他型别飞机的相同职务上经审定合格并服务过的机组成员，在转入该机型的同一职务之前，必须圆满完成转机型训练。例如，从 B737 的机长到 B747 的机长。

（4）升级训练。对于在某一型别飞机上合格并担任副驾驶的机组成员，必须圆满完成升级训练才能担任机长。例如，从 B737-800 的副驾驶到 B737-800 的机长。

（5）差异训练。对于已在某一特定型别的飞机上经审定合格并服务过的机组成员，当使用的同型别的飞机与原飞机存在差异时，必须圆满完成差异训练。例如，从 B737-300 的机长到 B737-800 的机长。

（6）定期复训。对于每个飞行机组成员，在前 12 个月之内，必须至少完成规定的定期地面和飞行复训；对于机长，在前 12 个月内，必须在其担任机长的每一型别飞机上圆满完成一次定期复训飞行训练；对于乘务员，必须圆满完成定期复训地面训练和资格检查。

（7）重新获得资格训练。对于因为不符合新近经历要求、未按规定期限完成定期复训、未按规定期限完成飞行检查或飞行检查不合格等原因而失去资格的机组成员，必须进行相应的重新获得资格的训练。

（8）危险物品和磁性材料的处理和载运训练。对于完成处理载运危险物品和磁性材料任务与职责的人员，在前 12 个月内，必须圆满完成批准的训练大纲中的训练内容，其中包括讲授危险物品和磁性材料的正确包装、标记、标签和文件编制，讲授其相容性、装载、储存盒处置特性。

上述提到的飞机组类指的是根据飞机动力装置的区别对飞机划分的种类，121 部将飞机分为 2 个组类：组类 I，以螺旋桨驱动的飞机，包括活塞式和涡桨式发动机，如 SAAB340、MA-60 等；组类 II，以涡轮喷气发动机为动力的飞机，如 B737、A320 等。

四、对新机型和新职位上的运行经历要求

（1）在飞机上担任必需机组成员的人员，必须在该型飞机和该机组成员位置上，圆满完成本条要求的巩固知识与技术所需要的飞行经验、飞行次数和航线运作飞行经历时间，取得规定的运行经历。没有满足本条要求的人员，任何合格证持有人不得将其用作必需机组成员，驾驶员本人也不得承担这一职务。但是：

① 除机长之外的机组成员，可按本条规定，在担任本职工作中，获得符合本条要求的运行经历。

② 符合机长要求的驾驶员可担任第二机长。

③ 对于同一型别中的各个改型，不另外要求其运行经历。

（2）在获得运行经历时，机组成员必须符合下列规定：

① 对于飞行机组成员，必须持有适合于该机组成员职位和该飞机的执照和等级。正在获得机长运行经历要求的驾驶员必须持有适合于该飞机机长的相应执照和等级。

② 必须已经圆满完成有关该型飞机和该机组成员职位的相应地面和飞行训练。

③ 这些经历必须在实施的运行中获得。但是，当某一飞机先前未曾由合格证持有人在按 CCAR-121 规则实施的运行中使用过时，可以使用在该飞机验证飞行或调机飞行中所获得的运行经历，去满足本条的运行经历要求。

（3）驾驶员必须按下述要求获得运行经历：

① 待取得运行经历的机长，必须在飞行检查员的监视下履行机长职责。对于已圆满完成初始升级训练、待取得运行经历的机长，必须在民航局监察员的监视下完成规定的职责至少 1 个航段飞行（包括起飞和着陆）。在按本条规定取得运行经历的过程中，同时作为机长的飞行检查员必须坐在驾驶位置上。

② 副驾驶必须在飞行检查员监督下完成其职责。

③ 运行经历所要求的飞行经历时间和飞行次数为：组类 I，活塞式发动机为动力的飞机，

15 小时；组类 Ⅰ，涡轮螺旋桨发动机为动力的飞机，20 小时；组类 Ⅱ，涡轮喷气发动机为动力的飞机，25 小时。

　　本款要求的运行经历中，至少必须包括 4 个飞行次数，其中至少包括 3 次作为该飞机的操作驾驶员。

　　（4）飞行机械员必须在航空检查人员的监督下履行飞行机械员职责至少达到下列小时数：活塞式发动机为动力的飞机，8 小时；涡轮螺旋桨发动机为动力的飞机，10 小时；涡轮喷气发动机为动力的飞机，12 小时。

　　（5）乘务员必须在飞行乘务检查员的监督下履行规定的职责至少达到 5 小时，飞行乘务检查员应亲自观察这些职责的完成情况。正在获得飞行经验的乘务员不得担任必需机组成员。

　　（6）对于新机型、新职位的驾驶员，为巩固其知识与技术，合格证持有人必须保证其飞行连续性。

　　① 在完成新机型或新职位上的训练之后的 120 天之内，必须至少安排航线运作飞行 100 小时。

　　② 如果驾驶员在完成必需的 100 小时航线运作飞行经历时间前，到该合格证持有人运行的另一型别的飞机上担任驾驶员，则该驾驶员在重新回到新合格的飞机上担任驾驶员时，必须首先在模拟机或飞机上完成经批准的复习训练。

　　③ 对于在 120 天之内没有完成必需的 100 小时航线运作飞行经历时间的驾驶员，必须在模拟机或飞机上完成经批准的复习训练。

　　④ 机长在新机型上担任机长的前 100 小时内，对于正常使用机场、临时使用机场或加油机场，进行着陆的机场天气标准应当在该机场规定的最低下降高（MDH）（或决断高 DH）上增加不少于 30 米，在规定的着陆能见度最低标准值上增加不少于 800 米（或等效跑道视程）。对于用作备降机场的机场，最低下降高（MDH）或决断高（DH）和能见度最低标准无须在这些机场的数值上增加，但是，任何时候着陆最低标准不得小于 90 米（300 ft）和 1600 米（1 mile）。如果该驾驶员在另一型别飞机上作为机长已按规则飞行 100 小时，该机长可以用在本型飞机上按规则实施运行中的一次着陆，去取代必需的机长经历 1 小时，减少所要求的 100 小时的机长经历，但取代的部分不得超过 50 小时。

　　【例 1】　某机长原在 B727 上有 300 小时、60 个起落的副驾驶经历，现在 B737 上已有 50 小时、30 个起落的新机长经历，则他还需要积累多少小时的飞行经历才能执行正常的落地标准？

　　分析：由于该机长在 B727 上担任的是副驾驶，所以其原有的运行经历不能取代 100 小时的经历要求。因此，他还需要积累 50 小时的飞行经历才能执行正常的落地标准。

　　【例 2】　某机长原在 B737 上有 200 小时、60 个起落的机长经历，现在 B757 上已有 40 小时、10 个起落的新机长经历，则他还需要积累多少小时的飞行经历才能执行正常的落地标准？如果执行从成都飞往广州，备降桂林的飞行任务，则其落地标准是什么？

　　分析：由于该机长在 B737 上担任了机长 200 小时，所以该机长在新机型上的起落次数可以取代 100 小时的经历要求，但仍然还需要飞行 50 小时才能执行正常的落地标准。因此，按规定他在目的地机场的落地标准应在正常的落地标准之上分别加上 30 米的 DH 和 800 米的 VIS，由于广州的正常落地标准是 DH 60 m/VIS 800 m，所以该机长的落地标准应为 DH 90 m/VIS 1 600 m。其备降机场桂林的正常落地标准是 DH 60 m/VIS 800 m，按规定该机场作为备降机场的天气标准应为 DH 120 m/VIS 1 600 m。

五、对驾驶员的使用限制和搭配要求

（1）如果副驾驶在所飞机型上的飞行经历时间少于 100 小时，并且机长不具备飞行检查员资格，则在下列情况下，必须由机长完成所有起飞和着陆：①在民航局规定或合格证持有人规定的特殊机场。②机场的最新气象报告中有效能见度值等于或小于 1200 米（0.75 mile），或跑道视程等于或小于 1200 米（4000 ft）。③所用跑道有水、雪、雪浆或严重影响飞机性能的情况。④所用跑道的刹车效应根据报告低于"好"的水平。⑤所用跑道的侧风分量超过 7 m/s（15 kn）。⑥在机场附近据报告有风切变。⑦机长认为需谨慎行使机长权利的任何其他情况。

（2）在安排飞机机长搭配时，至少有 1 名驾驶员在该型飞机上具有 100 小时的航线运作飞行经历时间。但在下列情况下，民航局可根据合格证持有人的申请，使用对其运行规范作适当的增补的方法，批准偏离本款的要求：①新审定合格的合格证持有人没有雇佣任何符合本款最低要求的驾驶员。②现有合格证持有人在其机群中增加了以前未在其运行中使用过的某型飞机。③现有合格证持有人建立了新的基地，指派到该基地的驾驶员需要在该基地运行的飞机上取得资格。

（3）合格证持有人应建立一套飞行机组排班系统，以保证科学合理地搭配飞行机组成员，安全地完成所分派的任务。搭配飞行机组成员时应考虑以下因素：①驾驶员的经历满足所飞区域、航路和机场的要求；②飞行机组人员的培训和设备使用能力满足特殊区域、特殊航路和特殊机场的要求；③飞行机组成员的资格满足特殊运行的要求；④飞行机组成员的年龄和性格特征；⑤所执行的飞行任务的其他特点。

六、对驾驶员的新近经历要求

（1）在合格证持有人的运行中担任必需机组成员的驾驶员，必须在前 90 天之内，在所服务的该型飞机上至少已做过 3 次起飞和着陆，否则不得担任这一职务。本款要求的起飞和着陆可在经批准的飞行模拟机上完成。另外，在任意连续的 90 天内，未能完成要求的 3 次起飞和 3 次着陆的人员，必须按照本条款（2）的规定，重新建立新近经历。

（2）除了满足所有适用的训练和检查要求之外，未能满足本条款（1）要求的驾驶员，必须按下列要求，重新建立新近经历：

① 在航空检查人员监视下，在所飞的该型飞机上，或在经批准的飞行模拟机上，至少完成 3 次起飞和着陆。

② 这 3 次起飞和着陆必须包括：至少 1 次模拟临界发动机失效时的起飞；至少 1 次着陆，是使用仪表着陆系统进近到该合格证持有人经批准的仪表着陆系统最低天气标准；至少 1 次全停着陆。

（3）当使用模拟机完成本条款（1）或（2）的任何要求时，必需飞行机组成员的位置必须由具有恰当资格的人员占据，并且，模拟机必须严格模拟正常飞行环境，不得使用模拟机重新设定位置的特性。

（4）飞行检查员必须对被监视的人员做出鉴定，判断其是否熟练和在规定的运行中执行飞行任务是否合格，并且，可以决定增加他认为做出这种鉴定所需要增加的动作。

七、航线检查

只有在过去的 12 个月内，在其所飞的一个型别飞机上通过了航线检查，在检查中圆满完成机长的任务和职责的驾驶员，才能在飞机上担任机长。否则任何合格证持有人不得使用该驾驶员担任飞机的机长，该驾驶员本人也不得承担这一职务。

机长航线检查必须由在该航路和该型别飞机两方面都合格的飞行检查员执行，且至少有1 次检查飞行时在合格证持有人的典型航路上进行。

八、熟练检查

只有按下述要求，圆满完成了熟练检查的驾驶员，才能担任必需飞行机组成员，否则，任何合格证持有人不得使用该驾驶员担任必需飞行机组成员，该驾驶员本人也不得担任一职务：

（1）对于机长，在前 6 个月内，完成了熟练检查；

（2）对于所有其他的驾驶员，在前 12 个月内，完成了熟练检查。

熟练检查可在定期复训中进行；可用规定的模拟机训练课程来代替相隔的一次；按规定完成的型别等级飞行考试和定期检查，均可代替熟练检查。

熟练检查必须至少包括规定的程序和动作，除非该规定中另有特殊规定；必须由民航局监察员或委任代表进行。

实施熟练检查的人员，可根据自己的判断，放弃检查规定可放弃的动作与程序，但必须满足下列要求：①民航局没有发布必须完成该动作或程序的特别指令；②被检查的驾驶员，在合格证持有人的该型别飞机和飞行机组成员职位上，具有 1 年以上的安全运行经历。

如果被检查的驾驶员在任一要求的动作上失败，实施熟练检查的人员可以在熟练检查的过程中，给该驾驶员增加训练。除了重复完成曾失败的动作之外，可以要求被检查的驾驶员重复检查员认为对判断驾驶员熟练程度所必需的任何其他动作。如果被检查的驾驶员未通过熟练检查，合格证持有人不得在运行中使用该驾驶员，本人也不得在运行中任职，直到其满意地完成熟练检查为止。

九、对机长的区域、航路和机场合格要求

（1）合格证持有人必须向机长提供所飞区域和所飞各机场与终端区的各方面的最新信息，并且确保该机长对这些信息有足够的了解和有能力使用。否则，任何合格证持有人不得使用该驾驶员担任机长，驾驶员本人也不得担任这一职务。这些信息包括：①该季节相应的气象特征；②导航设施，包括机场目视助航设备；③通信程序；④地形和障碍物类型；⑤最低安

全飞行高度；⑥航路和终端区进场与离场程序、等待程序和有关机场经批准的仪表进近程序；⑦驾驶员将要使用的终端区每个机场的活动拥挤区和自然布局；⑧航行通告。

（2）合格证持有人必须提供一个能被民航局接受的系统，以便将本条款（1）所要求的信息传递给机长和相应的飞行运作人员。该系统还必须保证合格证持有人满足规定的要求。

十、对机长的特殊区域、航路和机场合格要求

（1）民航局可以根据周围地形、障碍物、复杂的进近程序或离场程序等因素，将某些机场确定为特殊机场，要求机长具有特殊的机场资格，并可对某些区域或航路提出特殊类型的导航资格要求。

（2）除本条款（3）的规定之外，合格证持有人必须保证，在飞往或飞离特殊机场的运行中担任机长的驾驶员，必须在前12个月之内曾作为飞行机组成员飞过该机场（包括起飞和着陆），或曾使用经民航局认可的该机场图形演示设备或飞行模拟机进行训练，并获得资格。

但是，如果机场的云底高度至少高于最低航路高度（MEA）、最低超障高度（MOCA），或该机场仪表进近程序规定的起始进近高度最低者之上 300 米（1 000 ft），而且该机场的能见度至少为 4800 米（3 mile），则进入该机场（包括起飞和着陆）时，可不对机长作特殊机场资格要求。

（3）在需要特殊类型导航资格的航路或区域上两个航站之间担任机长的驾驶员，必须在前12个月内，以民航局认可的方式，用下列方法之一，证明其合格于该导航系统。否则，任何合格证持有人不得使用该驾驶员担任该航线的机长，该驾驶员本人也不得承担此次任务。

① 使用该特殊类型导航系统，担任机长在某一航路或区域上飞行；

② 使用该特殊类型导航系统，在航空检查人员的监视下，担任机长在某一航路或区域上飞行；

③ 完成规定的训练。

第三节　机组成员健康管理

一、大体检

通过大体检颁发健康证书（medical certificate）。

1. 健康证书级别

健康证书分四级：

Ⅰ级：航线运输驾驶员、部分商用驾驶员、领航员、飞行机械员。

Ⅱ级：飞行通信员、部分商用驾驶员、私照。

Ⅲa 级：塔台管制员、进近管制员、区域管制员。

Ⅲb 级：报告室管制员、管调、总调、飞行签派员。

Ⅳa 级：空中乘务员。

Ⅳb 级：航空安全员。

2. 健康证书有效期

Ⅰ级：驾驶员 12 个月，年满 40 周岁者为 6 个月；领航员、飞行机械员 12 个月。

Ⅱ级：通信员 12 个月；部分商用驾驶员 24 个月，年满 40 周岁者为 12 个月。

Ⅲa 级：24 个月，年满 40 周岁者为 12 个月。

Ⅲb 级：24 个月。

Ⅳ级：12 个月。

3. 健康证书丢失后应采取的措施

健康证书丢失后应申请临时证书，临时证书的有效期为 3 个月。

二、小体检

每次飞行前，机组成员应接受小体检，以证明其身体健康，并发给其健康证明书（体检合格表）。

三、恢复资格体检

长期脱离飞行的人员，在恢复飞行前，必须接受恢复资格体检。

四、健康管理的依据

健康管理的依据是 CCAR-67FS-R2《民用航空人员体检合格证管理规则》。

五、健康管理

1. 用药管理

（1）用药必须经过航医批准。

（2）在服用对飞行有影响的药物（中成药、抗感冒药、降血压药等）期间禁止飞行。

（3）注射疫苗、预防针、拔牙后 24 小时不宜飞行。

（4）生病、体力和情绪不佳时机组成员有权要求不参加飞行。

2. 酒精饮料的饮用管理

飞行前 8 小时禁止饮酒，体内酒精超标（浓度达到 0.04 或以上）禁止飞行。酒精浓度是指用呼气测试器测试的每 10 L 呼出气体中所含酒精的质量（单位：g）。

3. 体育活动的限制

飞行前 12 小时禁止参加剧烈的体育活动。

第四节　机组成员值勤期限制、飞行时间限制和休息要求

一、概　述

合格证持有人在实施运行中，必须符合机组的值勤期限制、飞行时间限制和休息要求。任何违反本分部规定的人员不得在运行中担任必需机组成员。

（1）经批准的睡眠区：是经民航局批准，为使机组成员获得良好睡眠而指定的场所。

（2）日历日：是指按世界协调时或当地时间划分的一个时间段，从当日零点到次日零点之间的 24 小时。

（3）值勤期：是指机组成员接受合格证持有人安排的飞行任务后，从报到时刻开始，到解除任务时刻为止的连续时间段。两个值勤期之间未按规定安排休息期时，视为一个连续值勤期。

（4）休息期：是指从机组成员到达休息地点起，到为执行下一次任务离开休息地点为止的连续时间段，在该段时间内，合格证持有人不得为该机组成员安排任何工作和进行任何干扰。

（5）运行延误：是指由于出现合格证持有人不能控制的情况，如恶劣的气象条件、飞机设备故障、空中交通管制的不畅导致的延误。不包括由于乘客迟到、配餐延误、油车延迟、处理行李物品延迟以及其他同类原因引起的延误。

机组成员的飞行时间是指机组成员在飞机飞行期间的值勤时间，包括在座飞行时间（飞行经历时间）和不在座飞行时间。

二、驾驶员值勤期限制、飞行时间限制和休息要求

1. 2 名驾驶员的飞行机组

值勤期最多 14 小时，该值勤期内的飞行时间不得超过 8 小时，但对于不多于 2 个航段的飞行，飞行时间可延长至 9 小时。值勤期后必须安排至少连续 10 个小时的休息期，这个休息期必须安排在该值勤期结束时刻与下一个值勤期开始时刻之间。

发生运行延误时，如驾驶员的实际值勤时间未超过 14 小时的限制，则该值勤期后的休息期可缩短到 9 小时；发生运行延误时，值勤期最多可延至 16 小时，但该值勤期后的 10 小时的休息期不得再缩短。

2.3 名驾驶员的飞行机组

值勤期最多 16 小时，该值勤期内的飞行时间不得超过 10 小时，但对于中间没有经停的飞行，飞行时间可延长至 12 小时。值勤期后必须安排至少连续 14 个小时的休息期，这个休息期必须安排在该值勤期结束时刻与下一个值勤期开始时刻之间。

发生运行延误时，如驾驶员的实际值勤时间未超过 16 小时的限制，则该值勤期后的休息期可缩短到 12 小时；发生运行延误时，值勤期最多可延至 18 小时，但该值勤期后的 14 小时的休息期不得再缩短。

3.3 名驾驶员的飞行机组并提供经批准的睡眠区

值勤期最多 18 小时，该值勤期内的飞行时间不得超过 14 小时。每个驾驶员在飞行中必须有机会在经批准的睡眠区得到休息。值勤期后必须安排至少连续 18 个小时的休息期，这个休息期必须安排在该值勤期结束时刻与下一个值勤期开始时刻之间。

发生运行延误时，如驾驶员的实际值勤时间未超过 18 小时的限制，则该值勤期后的休息期可缩短到 16 小时；发生运行延误时，值勤期最多可延至 20 小时，但该值勤期后的 18 小时的休息期不得再缩短。

4.4 名驾驶员的双套飞行机组

值勤期最多 20 小时，该值勤期内的飞行时间不得超过 17 小时。每个驾驶员在飞行中必须有机会在经批准的睡眠区得到休息。值勤期后必须安排至少连续 22 个小时的休息期，这个休息期必须安排在该值勤期结束时刻与下一个值勤期开始时刻之间。

发生运行延误时，如驾驶员的实际值勤时间未超过 20 小时的限制，则该值勤期后的休息期可缩短到 20 小时；发生运行延误时，值勤期最多可延至 22 小时，但该值勤期后的 22 小时的休息期不得再缩短。

以上规定可用表 5.1 表示。

表 5.1　驾驶员飞行时间、值勤时间、休息时间要求（括号内为运行延误）

机组组成	最长飞行时间/h	最长值勤时间/h	最短休息期/h
两人制	8；9（不多于两个航段）	14（16）	10（9）
三人制	10；12（无经停）	16（18）	14（12）
三人制（有睡眠区）	14	18（20）	18（16）
四人制（有睡眠区）	17	20（22）	22（20）

三、飞行机组成员的周、月、年飞行时间限制

合格证持有人在为飞行机组成员安排飞行时，应当保证飞行机组成员的总飞行时间（含按照本规则实施的运行和本规则之外的运行，如训练、调机、私用和作业飞行等）遵守以下规定：

（1）任何 7 个连续日历日内不得超过 40 小时。

（2）任一日历月飞行时间不超过 100 小时，任何连续三个日历月内的总飞行时间不得超过 270 小时。

（3）任一日历年内不得超过 1000 小时。

四、飞行机组成员值勤期和飞行时间安排的附加限制

（1）安排值勤期时，如果按正常情况能在限制时间内终止值勤期，但由于运行延误，所安排的飞行没有按预计到达目的地的时间到达目的地，超出了值勤期的限制时间，则不认为该飞行机组成员在排班时超出了值勤期限制。但是，必须遵守规定，值勤期的延长最多不超过 2 小时。

（2）安排飞行时间时，如果正常情况下能在限制时间内结束飞行，但由于运行延误，所安排的飞行没有按预计到达目的地时间到达，超出了飞行时间限制，则不认为该飞行机组成员在排班时超出了飞行时间限制。

（3）对每一飞行机组成员，不管在几个合格证持有人、几种类型的运行中执行值勤、飞行任务，其值勤时间、飞行时间的总和必须满足规定的值勤期限制和飞行时间限制。

（4）飞行机组成员在起飞前由于延误造成的待命时间，计入值勤期时间之内。

（5）对于被临时指派飞行任务的飞行机组成员，必须符合对休息期时间的要求。

在接受飞行任务之前安排了其他工作时，值勤期从该工作开始时刻计起。

五、机组成员休息时间的附加要求

（1）在规定的休息期内，合格证持有人不得为该机组成员安排任何工作任务，该成员也不得接受合格证持有人的任何工作任务。

（2）本分部要求的休息期可以包含在其他休息期之内。

（3）只有在发生运行延误时，才允许按规定缩短休息期，不允许事先安排。

（4）在任何连续的 7 个日历日内，对被安排了一次或者一次以上值勤期的机组成员，合格证持有人必须为其安排一个至少连续 36 小时的休息期。

（5）当合格证持有人为机组成员安排了其他工作任务时，该任务时间可以计入，也可以不计入值勤期。当不计入值勤期时，在值勤期开始前应当为其安排至少 8 个小时的休息期。

（6）如果飞行的终止地点所在时区与机组成员的基地所在时区之间有 6 个或者 6 个小时以上的时差，则当机组成员回到基地以后，合格证持有人应当为其安排一个至少连续 48 小时的休息期。这一休息期应当在机组成员进入下一值勤期之前安排。本款所述基地是指合格证持有人确定的机组成员驻地并接受排班的地方。

（7）合格证持有人将机组成员运送到执行飞行任务的机场，或者将其从解除任务的机场运送回驻地，这些路途上所耗费的时间不应当被认为是休息期的组成部分。

六、乘务员值勤期限制和休息要求

（1）按规定的最低数量配备乘务员时，值勤期不得超过 14 小时，值勤期后必须安排至少连续 9 小时的休息期，这个休息期必须安排在该值勤期结束时刻与下一个值勤期开始时刻之间。

（2）在规定的最低数量配备上再增加 1 名乘务员时，值勤期不得超过 16 小时；增加 2 名乘务员时，值勤期不得超过 18 小时；增加 3 名或 3 名以上乘务员时，值勤期不得超过 20 小时。

（3）当值勤期超过 14 小时时，在值勤期后必须安排至少连续 12 小时的休息期，这一休息期必须安排在该值勤期结束时刻与下一个值勤期开始时刻之间。

（4）安排值勤期时，如果按正常情况能在限制时间内终止值勤期，但由于运行延误，所安排的飞行没有按预计到达目的地的时间到达目的地，超出了值勤期的限制时间，则不认为该乘务员在排班时超出了值勤期限制。

以上规定可用表 5.2 表示。

表 5.2　乘务员值勤时间、休息时间要求

乘务员配置	最长值勤期/h	最短休息期/h
最低数量配置	14	9
增加 1 名乘务员	16	12
增加 2 名乘务员	18	12
增加 3 名或 3 名以上乘务员	20	12

七、乘务员的周、月、年飞行时间限制

合格证持有人在为客舱乘务员安排飞行时，应当保证客舱乘务员的总飞行时间符合以下规定：

（1）在任何连续 7 个日历日内不超过 40 小时。

（2）任一日历月内不得超过 110 小时。

（3）任一日历年内不得超过 1200 小时。

（4）客舱乘务员在飞机上履行安全保卫职责的时间应当记入客舱乘务员的飞行时间。

八、实例分析

1. 机组人数的配备

国航西南航班计划中，双拉双櫆双汉双（CA4401/2，CA4301/2，CA4721/2），机型 B757，起飞及到达时刻见表 5.3。计算其值勤时间和飞行时间，应配备几名驾驶员。

表 5.3   例 3 起飞及到达时刻

航站	起飞	到达	航站	起飞	到达	航站
成都	06：50	08：45	拉萨	09：20	11：05	成都
成都	11：45	13：40	广州	14：30	16：30	成都
成都	17：15	18：45	武汉	19：20	21：00	成都

分析：

值勤时间：21:00 – 06:50+2=16.10'

飞行时间：08:45 – 06:50=1.55'   11:05 – 09:20=1.45'

13:40 – 11:45=1.55'   16:30 – 14:30=2.00'

18:45 – 17:15=1.30'   21:00 – 19:20=1.40'

01.55'+01.45'+01.55'+02.00'+01.30'+01.40'=10.45'

因此，应配备 3 名驾驶员（有睡眠区）才符合规定。

2. 合理安排机组休息，避免超时

（1）案例背景

7 月 31 日，南京周边被雷雨覆盖，南京北部雷雨强度较大，基本覆盖南京—大连的航路，南京机场流控严重，CA8934（深圳—南京）在南京上空绕飞较多。

（2）事件经过

15:33，签派通过查询南京机场网站，发现南京—大连方向航班 14:25 仍未起飞，CA8934 前面有 5 班南京—大连的航班；询问南京空管，南京至东北方向还有 8 个航班没有起飞时间，南京机场流控非常严重。为避免机组超时，签派提前与南京国航航站联系，请其提前联系好机场附近的宾馆，准备安排机组先去宾馆休息（根据 121 部第 481 条规定，"在一个值勤期内，如机组成员能在有睡眠条件的场所得到休息，则该休息时间可以不计入该值勤期的值勤时间"）。15:47，南京航站通知已联系好宾馆，距机场车程不到 10 分钟。

16:03，CA8934 在南京落地后，签派与机组联系，机组反映南京上空雷雨覆盖范围广，起飞绕飞较困难，同意去宾馆休息，签派立即通知国航航站安排车辆接机组去宾馆休息。

17:22，签派从气象雷达图上观测南京周边雷雨范围和强度有明显减弱；通过南京机场的网站，南京飞大连的航班已有 2 班起飞；询问南京空管，在 CA8934 之前南京到东北方向还有 5 班，但现在机场放行速度已经加快，后续航班会陆续有时间。根据此情况，签派与 CA8934 机组协商，确定机组从宾馆出发时间为 18:10，最后航班于 20:11 起飞。

（3）案例评论

合理利用资源，避免机组值勤时间超时，签派员根据机场天气，提前了解机场管制放行情况，若流控严重，可能涉及机组超时，提前通知当地国航航站联系好机场附近的宾馆，及时安排机组去宾馆休息，减少机组执勤时间。同时，签派员密切关注机场管制放行情况，根据机场放行速度，合理安排机组进场时间，避免机组超时。

课后参阅规章和手册

（1）CCAR-61-R4《民用航空器驾驶员和地面教员合格审定规则》；
（2）CCAR-67FS-R2《民用航空人员体检合格证管理规则》；
（3）CCAR-121《大型飞机公共航空运输承运人运行合格审定规则》。

（1）简述机组成员的组成和各自资格审定要求。
（2）简述机组成员的执勤限制、飞行时间和休息要求。
（3）如何实现航空公司机组排班的整体优化？
（4）假设该章第四节的"实例分析"中机型 B757 设置的座位总数 190，指派一组乘务员完成当天的航班任务，计算需要指派的乘务员数量是多少？

第六章　飞行签派员管理和训练

飞行签派员负责组织、安排、保障航空公司航空器的飞行与运行管理的工作，我国民航法规《大型飞机公共航空运输承运人运行合格审定规则》（简称 CCAR-121 部）对航空运输单位设置飞行签派中心和飞行签派员提出了明确的要求：

（1）CCAR-121.103 条要求合格证持有人应当证明，对于其所实施的运行拥有足够数量的飞行签派中心，并且这些飞行签派中心的位置和能力，能够确保对每次飞行进行恰当的运行控制；

（2）CCAR-121.395 条要求实施国内或者国际定期载客运行的合格证持有人，应当在每一飞行签派中心安排有足够数量的合格飞行签派员，以确保对每次飞行进行恰当的运行控制。

因此，为规范签派员的管理、确保签派员合格，局方制定了系统的飞行签派员管理章程。

第一节　飞行签派员执照申请和管理

一、执照管理机构和职能

（1）中国民用航空局（简称民航局）

负责对考试合格的飞行签派员执照申请人统一颁发飞行签派员执照。

（2）民航局飞行标准职能部门

负责组织、指导飞行签派员执照和飞行签派员训练机构资格的审定工作，制定飞行签派员执照考试标准，发放飞行签派员执照。

（3）民航地区管理局

负责受理本地区飞行签派员执照和飞行签派员训练机构资格的申请，审查申请材料，组织飞行签派员执照申请人考试，颁发飞行签派员临时执照，负责本地区飞行签派员执照管理，飞行签派员训练机构的合格审定，颁发飞行签派员训练机构资格证书，监督检查飞行签派员训练机构的训练课程和训练质量。

实例 1：成都航空公司员工需要考取签派执照，则需要向西南管理局申请；南航珠海分公司的员工则应向中南管理局申请。

二、取得飞行签派员执照的资格要求

飞行签派员执照申请人应当满足下列要求：

（1）年满 21 周岁，身体健康；

（2）具有大学专科（含）以上学历；

（3）能够读、说、写并且理解汉语；

（4）通过《民用航空飞行签派员执照管理规则》（简称 CCAR-65FS）规定的理论考试；

（5）满足 CCAR-65FS 规定的经历和训练要求；

（6）通过 CCAR-65FS 规定的实践考试；

（7）根据 CCAR-65FS 规定颁发的书面毕业证明的颁发日期距申请之日不超过 24 个日历月。如逾期，申请人需重新参加 200 学时的课程训练。

执照考试申请人提交的申请材料齐全、符合要求的，民航地区管理局应当在 20 个工作日之内，安排考试的时间，指定考试地点和考试员，并将前述决定通知申请人，向其发放准考证：

（1）执照考试申请人在接到考试通知后，应当按照指定的时间、地点参加考试。

（2）飞行签派员执照理论和实践考试合格成绩均为百分制的 80 分。

实例 2：

国航西南分公司的新进应届毕业本科生，至少需要准备以下纸质和电子文档证明材料向西南管理局申请考取签派执照：两寸标准白底正面免冠彩色照片两张、身份证、大学毕业证和学位证、800 学时结业证和成绩单、飞行签派员执照申请和审查表、航空公司实习证明。

三、执照申请人经历和训练要求

飞行签派员执照申请人必须在申请执照考试前 12 个月内，在合格的飞行签派员监视下，在签派放行岗位上实习至少 90 天；同时还应当符合下列要求：

（1）申请人在申请理论考试前 3 年中至少有 2 年的如下任意经历或任意组合，并圆满完成按照本规则附件 A《飞行签派员执照训练课程》要求设置的至少 200 小时的课程训练。申请时应当提供符合 CCAR-65 部规定的有效书面毕业证明：

◆ 在国家航空器运行中担任驾驶员。

◆ 在 CCAR-121 部航空承运人的运行中，担任驾驶员、航空气象分析人员、飞机性能工程师、航行情报人员。

◆ 在航空器运行中担任空中交通管制员或民用航空情报员。

◆ 在航空器运行中，履行局方认为能够提供同等经历的其他职责。

（2）如果申请人不具备上述（1）中要求的经历，则应当按要求完成至少 800 小时的课程训练，并提供符合 CCAR-65 部规定的有效书面毕业证明。

四、执照理论知识考试

参加飞行签派员执照理论考试的申请人应当在获得 CCAR-65 部规定的有效书面毕业证明之后完成理论考试。理论考试成绩有效期为 24 个日历月。理论考试主要包含以下航空知识内容：

（1）与航线运输驾驶员权力、限制和飞行运行相关的中国民用航空规章中适用的规定；

（2）气象，包括锋的知识和影响、锋的特性、云的形成、结冰和高空资料；

（3）气象和航行通告资料的收集、分析、分发和使用；

（4）气象图表、地图、预报、顺序报告、缩写和符号的理解和使用；

（5）当其在相应的空域系统内运行时，有关的气象服务职能；

（6）风切变和下沉气流的认识、识别和避让；

（7）仪表气象条件下的空中导航；

（8）与航路运行、终端区和雷达环境有关的运行以及与仪表进离场、进近程序相关的空中交通管制程序和驾驶员的职责；

（9）航空器的载重与平衡、航图、图表、表格、公式和计算的应用，以及对航空器性能的影响；

（10）与正常和非正常飞行状态下的航空器飞行特性和性能有关的空气动力学；

（11）人为因素；

（12）决策与判断；

（13）签派资源管理和机组资源管理，包括机组交流和协调等。

五、执照申请实践考试

理论考试合格，并满足 CCAR-65 部规定的经历和训练要求的，执照申请人可以持理论考试合格成绩单参加实践考试。应当通过针对航空运输中使用的任何一种大型飞机的实践考试。

六、飞行签派员执照管理

1. 飞行签派员执照要求

飞行签派员执照持有人应当满足下列执照要求，否则不得履行运行控制职责：

（1）完成 CCAR-121 部所规定的训练：在国内、国际定期载客运行中担任飞行签派员的人员，应当持有飞行签派员执照，并且按照 CCAR-121 部第 N 章批准的训练大纲，圆满完成相应飞机组类中的一个型别飞机的相应训练。

（2）在前 36 个日历月内至少完成一次执照认证检查。

（3）在连续 12 个日历月内，在签派放行岗位上至少工作 30 天。

2. 受到刑事处罚后的执照处理

执照持有人受到刑事处罚期间不得行使执照赋予的权利。

3. 执照检查

飞行签派员在履行运行控制职责时应当携带飞行签派员执照，在民用航空飞行标准监察员或者授权的局方代表提出要求时，应当出示飞行签派员执照，接受检查。

航空承运人不得指定未取得飞行签派员执照的人员履行运行控制职责。

4. 执照的有效期

本规则颁发的执照长期有效，除非执照持有人自愿放弃，或者依法被暂扣、吊销。

执照失效的，执照持有人应当将执照交回民航地区管理局。

5. 执照的换发、补办和迁转

执照持有人因更换姓名需要换发执照的，应当向民航地区管理局提出书面申请，申请材料应当附有申请人当时持有的执照和能够证明其更改姓名合法性的法律文件。民航地区管理局在审查后，应当将前述法律文件退还申请人。

执照持有人因执照遗失或者损坏而重新申请补办执照的，应当向民航地区管理局提交书面申请，并提供相关证明材料。民航地区管理局受理并审核通过申请的，应当报民航局审查，办理执照。申请人在换发、补办执照期间，可向民航地区管理局申请领取有效期不超过 120 天的临时执照，并持该执照履行运行控制职责。

执照持有人跨民航地区管理局辖区调动工作的，应当按照《飞行签派员执照管理程序》规定的程序办理执照迁转手续。

第二节 签派员执勤规定和训练

一、签派员的执勤时间规定

飞行签派员的值勤时间是指从飞行签派员为签派飞机而了解气象情况和飞机运行情况时刻开始，至所签派的每架飞机已完成飞行，或者已超出其管辖范围，或者由另一位经审定合格的飞行签派员接替其工作时止。

除出现了超出合格证持有人控制能力的情形或者紧急情况之外，签派员的值勤时间限制应当符合下列要求：

（1）任何合格证持有人不得安排飞行签派员连续值勤超过 10 小时；

（2）如果飞行签派员在连续 24 小时内被安排值勤时间超过 10 小时，该合格证持有人应当在该飞行签派员值勤时间达到或者累计达到 10 小时之前为他提供至少连续 8 小时的休息时间；

（3）合格证持有人应当在任意连续 7 个日历日内为飞行签派员安排一个至少连续 24 小时的休息期，或者在任一日历月中安排相当时间的休息期。

合格证持有人在经局方批准后，可以安排在境外工作的飞行签派员，在 24 小时内连续工作超过 10 小时，但在每个 24 小时期间内，应当安排该飞行签派员至少连续休息 8 小时。

二、签派员的训练实施依据

各航空公司根据局方 121 部、65 部以及相关咨询通告如 AC-121-FS-2011-43 等，结合公司运控业务覆盖范围，制定各公司的"飞行签派员训练手册"，并编写相关执照、培训管理规定，规范签派员执照及训练管理标准和管理流程。

三、签派员训练分类

（1）新雇员训练：该项训练主要内容包括公司运行手册、民航规章、飞行签派员义务和职责、运行规范、特殊运行、危险品、通信、气象学等航空运行基础知识。

（2）初始训练：航空器飞行手册、航空器系统、飞行操作程序、重量和平衡的计算、航空器性能、签派员资源管理（DRM）、应急程序、能力考核。

（3）差异训练：相同机型不同系列航空器运行差异训练。

（4）转机型训练：运行区域、运行标准、载重平衡的计算、PBN 运行。

（5）定期复训：每年进行机型复训，每年一个机型，公司本部机型全覆盖，包括常规和应急情况下运行控制处置演练。

（6）专项训练：根据运行需要不定期开展，如二类运行、ADS-B 培训等，主要涉及航行新技术方面的培训，还包括民航局新的规章培训等。

（7）运行熟悉：在驾驶舱观察按照规则要求实施的运行至少 5 小时（含一次起飞和着陆）；对于驾驶舱没有观察员座位的飞机，可以在配备耳机或者喇叭的前排旅客座位上观察；可以用额外增加一次起飞和着陆代替一个飞行小时的方法，将运行熟悉小时数减少至不低于 2.5 小时。

（8）重新获得资格训练：对于因为不符合近期经历要求、未按照规定期限完成定期复训、未按照规定期限完成飞行检查或者飞行检查不合格等原因而失去资格的，应当进行相应的重新获得资格训练。

四、签派员训练模式实例讲解

以国航为例，国航签派员训练通常由中心运行业务室培训项目室统一管理，负责组织完成局方要求的资质类培训；各部门根据岗位工作内容和业务特点，组织完成在岗类培训；各科室、班组根据组内人员业务技能水平，开展有针对性的转向培训及研讨。主要训练类型分为：

（1）资质类：满足局方规章、公司手册要求的统一训练，包括新雇员、转机型、定期复训、模拟机、运行熟悉、危险品训练等。

（2）在岗类：提升签派员在不同岗位实际工作能力的差异训练，包括航班监控、放行评估、飞机性能、航行情报、气象系统、运行控制等。

（3）素质类：提升签派员综合素质能力的培训，包括团队合作、有效沟通、压力管理、危机管理、流程优化、决策技巧等。

第三节　签派员分级与分工

一、飞行签派员职责

飞行签派机构设立后，航空公司应根据本公司的飞行业务量和派出机构的多少，配备一定数量的飞行签派员。每个飞行签派室一般由主任签派员、飞行签派员和助理签派员组成。

1. 助理签派员职责

助理签派员协助签派员组织航空器的飞行和运行管理工作。其具体职责包括：

（1）根据签派员的指示，传达飞行任务，承担飞行组织保障工作；

（2）拟定每日飞行计划，提交空中交通管制部门审批，并通知飞行、运输、机务等有关保障部门；

（3）计算航空器起飞重量、油量和载量，提请机长和签派员审定；

（4）根据航空器起飞时间，计算预计到达时间。并通报有关部门；

（5）及时收集和掌握气象情报、航行情报和机场、航路设备工作情况，并提供给机长；

（6）向机长递交经签派员签字的飞行放行单；

（7）向空中交通管制部门申报飞行计划（FPL）。

2. 签派员职责

签派员是一个航空公司不可或缺的人员。他们的主要工作是搜集飞行信息、制订并申请飞行计划，与机长共同放行每个航班。签派属于非常重要的工种，可以根据情况推迟、调配甚至取消航班。每一个航班都需要签派员签字放行，还要提供给飞行机组相应的飞行计划（FPL）、天气实况（METAR）和预报（TAF）、航行通报（NOTAM）并对其正确性负责，对放行的航班负责，实施飞行保障组织指挥和运行管理工作，保证公司各类飞行任务按计划完成。

签派员负责组织航空器的飞行和运行管理工作，其具体职责包括：

（1）监督、检查和指导助理签派员的各项工作；

（2）检查、了解机组和各项保障部门飞行前的准备情况；

（3）审核助理签派员计算的航空器起飞重量、油量和载量；

（4）研究起飞、降落、备降机场以及航线天气和保障设备的情况，正确做出放行航空器的决定，签发飞行放行单或电报以及飞行任务书；

（5）了解并掌握本签派区内天气演变情况、飞行保障设备情况以及航空器飞行情况，在机长遇到特殊情况，不能执行原定飞行计划时，协助机长正确处置；

（6）航空器遇到特殊情况，不能按预定时间或预定计划飞行时，应采取一切措施，在保证安全的前提下，恢复正常飞行；

（7）听取机长飞行后的汇报；

（8）综合每日飞行情况，编写飞行简报。

3. 主任签派员职责

主任签派员除承担助理签派员和签派员的职责外，还要组织、指挥飞行签派人员实施运行管理工作，通过对飞行签派业务工作质量管理与控制，保证公司飞行运行按计划进行。

主任签派员主要职责包括：

（1）组织领导飞行签派室当日值班工作，检查落实飞行签派员上岗前的准备工作；

（2）监督、检查飞行签派各岗位业务工作进展情况；

（3）组织当班全体飞行签派人员（包括见习人员）根据天气、通信、导航及空中交通管制等运行条件，提出签派放行与飞行监控对策；

（4）根据公司值班经理要求，组织和统一协调处理飞行运行过程中发生的重大问题，采取妥善措施，恢复正常运行；

（5）协调当班期间与航管、机场、供油单位等外部飞行保障部门的工作配合；

（6）检查落实飞行签派人员工作记录的处理与归档、工作文件与设备的管理工作；

（7）完成领导交办的其他工作。

二、飞行签派员技术分级

按照运行控制业务的等级，将签派员技术等级分为：初级、中级、高级和资深阶段，具体划分方式如图 6.1 所示。

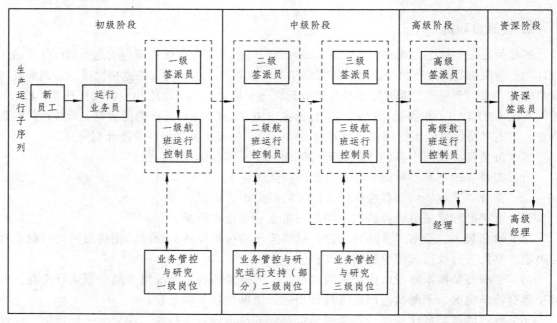

图 6.1 签派员技术分级框架

第四节　我国航空公司签派员训练管理

一、中国国航签派员训练管理

国航签派员训练管理和分级分工如图 6.2 所示。

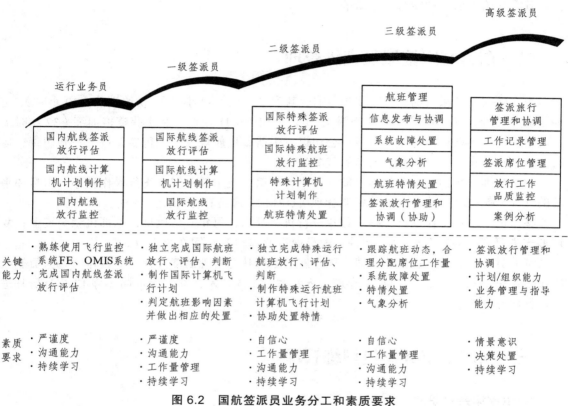

图 6.2　国航签派员业务分工和素质要求

各类签派放行岗位承担的主要工作包括：

1. 初始放行岗位

承担除高高原机场、ETOPS 以及特殊签派放行程序以外的国内航班放行工作。

2. 国内航班放行岗位

承担包含高高原机场、ETOPS 以及特殊签派放行程序的国内航班放行工作。

3. 国际航班放行岗位

承担除航路优选、二次放行、ETOPS、极地运行、洋区航迹运行、高原航路运行以外的国际航班放行工作。

4. 国际特殊运行航班放行岗位

承担包含航路优选、二次放行、ETOPS、极地运行、洋区航迹运行、高原航路运行在内的国际航班放行工作。

在对航班进行运行控制时，签派员制订决策依据的运行控制手册主要有：国内客运，国内货运，国际运输，航站运行手册（地面服务手册），特殊运行、RVSM 运行、ETOPS 运行、PBN 运行、紧急运行、极地运行，危险品运输手册，防冰除冰手册，高原机场运行，安全保卫，载重平衡手册和性能管理手册等。

二、东方航空签派员训练管理

东方航空对签派员的培训主要项目有：新雇员培训（82 小时）、初始训练（40 小时）、定期复训（36 小时）、差异训练（8 小时）、转机型训练（18 小时）和重获资格训练（32 小时）。

新雇员培训课程内容主要包括：公司运行手册、民航规章、飞行签派员义务和职责、运行规范、特殊运行、危险品、通信和气象学。

初始培训课程内容主要包括：航空器飞行手册、航空器系统、飞行操作程序、重量和平衡的计算、航空器性能、签派员资源管理（DRM）、应急程序和能力考核。

签派员的复训工作安排包括：每年进行机型复训，每年一个机型，本部机型全覆盖；复训形式主要有：培训中心 CBT 课件、教员面授课程和 E 学网在线学习。

签派员航线运行熟悉工作：建立国内航线运行熟悉管理制度及程序、制作"签派员航线实习工作单"和"航线工作单"，存档进入签派员个人技术档案，满足局方每 12 个日历月进行运行熟悉的要求。

三、厦门航空签派员训练管理

1. 运控体系和职能

（1）总飞行签派室。其主要职能是：负责公司航班的签派放行、飞行监控、计划调整、紧急情况处置。设置的主要签派岗位为：

① 协调签派员（运行信息的收集、发布，包括不正常情况处置）；

② 计划签派员（当日计划调整、次日飞行计划制作、各类申请/报表）；

③ 放行签派员（具体负责航班放行、监控）；

④ 主任放行签派员（负责高高原飞机放行及监督计划调整）；

⑤ 签派主管（带班，统筹负责当日航班运行情况、不正常情况报告和处置）。

（2）厦门机场签派室。其主要职能是负责本场的地面保障组织指挥、起降动态监控。设置的主要签派岗位为：外场（送单、现场保障监察）、动态信息签派员（本场动态监控、保障信息传递）、签派领班（机签当日带班）。

（3）各分公司、运行基地签派机构。

2. 训练大纲

厦门航空训练大纲和训练内容主要包括：新雇员训练提纲，初始训练提纲，定期复训提纲，重新获得资格训练提纲，提升训练提纲，转机型训练提纲，其他专项训练提纲，程序训练器（IPT）训练提纲。

训练的内容和要求如表 6.1 和表 6.2 所示：

表 6.1　厦航新雇员训练模块和课时要求

序　号	模块名称	计划小时数	备　注
1	民航航空规章	14	
2	运行合格证和运行规范	4	
3	工作职责	4	
4	运行手册	10	
5	地面除冰/防冰大纲	4	
6	通信	2	
7	空中交通管制	2	
8	气象知识	10	
9	航行情报	7	
10	安全管理体系（SMS）	2	
总小时数		59	

表 6.2　厦航定期复训模块和课时

序　号	模块名称	计划小时数	备　注
1	机型知识	28	由培训部机务培训中心负责教学
2	飞机性能	7	
3	运行程序	24	
4	紧急程序	4	
5	签派资源管理（DRM）	2	
总小时数		65	

通过训练熟悉公司的适用规章、运行政策、组织架构、运行保障体系、运行程序、机型知识、航空安全管理、DRM 等内容。

四、深圳航空签派员训练管理

1. 新雇员训练

主要训练内容包括：公司运行手册介绍、飞行签派员职责、CAAC 规章、运行合格证和运行规范、航空气象、民航报文、运行控制英语、国际运行、公司运行体系、SMS 风险管理、签派员办公设备使用介绍、签派系统软件使用介绍、ADS-B 运行训练。

2. 初始训练

主要训练内容包括：航空气象、航行情报、导航设备使用与公布资料、空中交通管制、仪表飞行程序、运行区域、燃油政策、运行标准、飞行计划制作、一发失效运行、不利气象条件下的运行、载重平衡的计算、除冰/防冰程序、湿滑污染跑道、货物运输程序、Ⅱ类运行、应急程序、PBN 运行程序、RVSM 课程训练、机型训练。

3. 转机型训练

主要训练内容包括：运行区域、运行标准、载重平衡的计算、PBN 运行、机型训练。

4. 手册学习

学习的手册主要包括：运行规范、飞行运行总手册、运行控制手册、应急反应手册、AOC 手册、运行中心管理手册、总签工作手册、航空安全管理手册、地面除冰/防冰大纲、载重平衡手册、危险品运输手册、机上危险品事件应急处置手册、换季工作手册、航站运行手册、飞行签派员训练大纲和军事运输管理手册。

5. 冬春季换季培训

针对深航航线布局范围和冬春季节气候的特点，主要的训练内容包括：
① 除冰/防冰程序；
② 积冰类型和积冰条件；
③ 积冰、大雾天气条件下的签派放行；
④ 湿滑跑道运行；
⑤ 大面积航班延误及冬季恶劣天气条件下的航班处置方案及案例；
⑥ 雾、低云、烟霾等的种类、特点、形成过程；
⑦ 冰雪、大风的特点及过程分析；
⑧ 我国各相关区域及新增机场冬春季节气候特征。

6. 夏秋季换季培训

针对深航航线布局范围和夏秋季节气候的特点，主要的训练内容包括：
① 雷雨、台风天气条件下的签派放行；
② 湿滑跑道运行；
③ 大面积航班延误及夏秋季恶劣天气条件下的航班处置方案及案例；
④ 我国各相关区域及新增机场夏秋季节气候特征；
⑤ 雷暴等强对流性天气的特点、形成原因以及对飞行的危害；
⑥ 热带气旋形成以及基本路径；
⑦ 易受台风影响机场的系留机位保障能力清单；

⑧ 公司各机型的运行风速限制标准。

7. 年度复训

年度复训每 12 个月进行一次，训练内容如表 6.3 所示。

表 6.3　年度复训项目和内容

	组别 Ⅰ	组别 Ⅱ （A320/A319）
年度复训内容	基础课程、航空规章、通信系统、导航设备使用与资料公布、航空气象、运行区域和运行标准、公司运行体系、仪表飞行程序、RVSM、PBN（RNP、RNAV）、ADS-B 和 Ⅱ 类运行、燃油政策和载重平衡计算、特殊机场的单发失效应急程序、不利气象条件的运行、飞行计划制作、机型训练	基础课程、RVSM、PBN 训练、航行情报、应急程序、运行标准、湿滑污染跑道、运行合格证与运行规范、空中交通管制、运行手册介绍、特殊机场、签派员办公设备与系统软件使用介绍、机型训练

8. 实践训练

针对深航运行控制特点，在实践训练环节设置各种训练环节：AOC 轮岗、签派岗位、外站实习、运行熟悉和模拟机训练。

课后参阅规章和手册

（1）CCAR-121《大型飞机公共航空运输承运人运行合格审定规则》；
（2）CCAR-65FS-R2《民用航空飞行签派员执照管理规则》；
（3）AC-121-FS-2011-43 咨询通告《签派资源管理训练》。

（1）简述取得我国飞行签派执照的基本要求。
（2）描述签派员执照管理和训练基本要求。
（3）简述飞行签派员执勤规定。
（4）简述我国当前航空公司签派员分级与分工特点。

第七章 航空通信

第一节 概述

航空通信是为了保证民用航空飞行而专门建立的通信。根据空中交通管制部门和航空公司之间的业务需要，凡直接保证民用航空飞行的单位和部门以及每一架民用航空器上，都根据飞行的需要设立了不同形式、不同频率的各种电台，这些遍布全国及有关国家和地区的电台，构成了民用航空通信网路。这一网路对各业务电报规定了统一格式和简字、简语，简化了电报字数，加快了电报的传递速度，提高了通信效率，保证了飞行安全。目前，航空通信分为平面通信和陆空通信两种。

一、平面通信

地面航空电台之间的通信为平面通信，目前我国的平面通信网路包括：国际通信电路、国内干线通信电路、调度电话通信电路、地方航线通信电路、通用航空通信电路、航校通信电路。

上述通信电路的通信方式分为有线通信和无线通信两种。有线通信又分为：有线电话、有线电传；无线通信分为：无线电报、无线电话和无线电传。

国际通信网络根据性质和需求又分为航空固定通信网络（AFTN）和国际航空通信协会网络（SITA）。前者是为传递国际间规定种类的航空业务电报和飞行情报而建立的网络，凡国际民航组织（ICAO）的缔约国及有关各方都可使用这一网络；后者是为国际各航空公司之间的航空运输业务电报而建立的网络，凡参加国际航空通信协会的各国航空公司均可使用这一网络。

国内通信网络按飞行管制的需要，建立了民航局与地区管理局之间，地区管理局与所属省、区局之间，及省、区局与所属航空站之间的直达网络。按组织与管理飞行的需要，建立了相邻飞行管制区域之间（包括我国与相邻的外国飞行管制区之间）、本地各管制单位和航行调度之间进行管制、移交和传递各项指挥的通信网络。

二、陆空通信

航空电台与航空电台之间或航空器电台之间的通信为陆空通信。航空器从开车、滑行、起飞、航线飞行，直至着陆，都必须与空中交通管制部门保持不间断的无线电通信联络。机长应及时向有关的管制室报告航空器的位置和飞行情况，管制部门应不失时机地向航空器提供管制服务和情报服务。同时，航空器在飞行中，机长还应与航空公司的签派部门保持联系，飞行中遇到的情况应及时请示、报告并接受签派室的有关指示。

　　航空器按照飞行的任务、性质、区域、高度、航程远近等分为若干陆空通信波道，如航空站区域内的进近、塔台、起飞线、着陆雷达、超短波指挥台、航线上的单边带、超短波对空台和专机、出国远程、高空中低空短波对空台等。

　　陆空通信使用统一规定的通信方式和通信资料。国内干线飞行的陆空通信按民航局规定的《地空通信规定》执行；地方航线和专业飞行时还应按地区管理局有关规定执行。专机飞行使用专用通信波道和专门的呼号。外航飞机在我国境内飞行时，按《国际飞行地空通信规定》执行。我国飞机在国外飞行时，按《出国远程飞行地空通信规定》执行。各航空公司的航空器在飞行时，也在不同的波道与自己公司的签派室保持联系。

　　陆空通信是多种多样的，随着我国民航事业的发展，今后还会有新的方式和内容出现。

三、国际签派通信系统简介

（一）语音通信

　　语音通信是指通过无线电通话，在驾驶员与运行控制人员之间进行联络的通信方式。其目的是保证与航空器之间的联系，以保障航空器运行的安全。

1. VHF（甚高频）无线电

VHF无线电通信使用频率范围为30～300 MHz，其通信距离短，通信质量高。

2. HF（高频）无线电

HF无线电通信使用频率范围为3～30 MHz，其通信距离长，通信质量不稳定。

3. 卫星通信

包括国际海事卫星通信和铱星通信，国际海事卫星不能覆盖两极高纬度地区，铱星可覆盖全球。

4. SELCAL（选择呼叫）

　　由ARINC公司开发的一项语音通信技术，供地上局呼叫飞机使用，每架飞机具有固定的SELCAL代码，由4个字母组成。

（二）数据链通信

1. 高频数据链

长距离高频无线电数据链，能在飞机与签派员之间建立起快速、高质量的通信联系。

2. ACARS（航空器通信寻址与报告系统）

由 ARINC 公司通过一系列的设施，提供世界范围基于 VHF 或卫星通信的地空数据链服务，在飞机与签派员之间，ACARS 能够提供快速、高质量的通信联系。利用该系统可实现对飞机的全程跟踪监视，并可实现地上局与飞机间的双向数据通信。ACARS 能够覆盖世界范围内的任何地区，但要求在飞机上安装特别的设备。

（三）通信公司

1. ARINC（美国爱瑞克）公司

ARINC（美国爱瑞克）公司全名为航空无线电通信公司（Aeronautical Radio Inc.），成立于 1929 年 12 月 2 日，由当时的四家航空公司共同投资组建，被当时的联邦无线电管理委员会 FRC（后更名为联邦通信管理委员会）授权负责"独立于政府之外唯一协调管理和认证航空公司的无线电通信工作"。公司初期的主要工作是按照 FRC 的规定建设和运行地基的航空话音通信设施和网络（高频 HF 工作方式），并为民航和军航提供 HF 话音通信服务。

1996 年，ARINC 公司开始与中国民航合作，通过提供技术和设备，ARINC 公司成为中国民航数据通信网络的技术提供商。1998 年，使用 ARINC 技术的中国民航甚高频地空数据通信网开始提供服务。同年，ARINC 公司和民航数据通信有限责任公司（ADCC）和泰国航空无线电通信公司（AEROTHAI）一起成立了 GLOBALink 数据链服务系统，为亚太地区的民航飞机提供无缝隙的数据通信服务。ARINC 公司和民航数据通信有限责任公司（ADCC）在 2005 年合资成立爱达瑞航空科技发展有限责任公司（ADARI），致力于为航空业研究和开发应用程序。

2. SITA 公司

SITA 公司是一家专门承担国际航空公司通信和信息服务的合资性组织，1949 年 12 月 23 日由 11 家欧洲航空公司的代表在比利时的布鲁塞尔创立。

SITA 经营着世界上最大的专用电信网络，由 400 多条中高速相互连接 210 个通信中心组成。各航空公司的用户终端系统通过各种不同形式的集中器连接至 SITA 的网状干线网络。SITA 的网络由 4 个主要的系统构成：数据交换和接口系统、用户接口系统、网络控制系统和存储转发报系统。

此外，SITA 还建立并运行着两个数据处理中心。一个是位于美国亚特兰大的旅客信息处理中心，主要提供自动订座、离港控制、行李查询、航空运价和旅游信息；另一个设在伦敦的数据处理中心，主要提供货运、飞行计划处理和行政事务处理业务。

中国民航于 1980 年 5 月加入 SITA，中国国际航空公司、中国东方航空公司、中国南方航空公司都是 SITA 的会员。

SITA 在世界范围内提供电信通信服务。另外，它的新的地空数据链服务（AIRCOM）可在世界上 ARINC/ACARS 不能覆盖的地方为飞机提供数据链服务。

四、ACARS 报

ACARS 报主要包括 OOOI 报、位置报、明语报、机务维护报等，是实现航空公司与飞行机组之间地空通信的途径之一。下面主要以 OOOI 报、位置报为例介绍 ACARS 报的格式。

（一）OOOI 报

1. 推出报

QU CANCECZ CANUOCZ FRAOWDL
QXSXMXS 180012
M11
FICZ3101/AN B-2052
DT QXT IOR2 180012 M00A
-OUT01CZ3101/18180012ZGGGZBAA
0012 265-----
其中：
M11 DT QXT IOR2 编码定义/格式属性
M00A 顺序号 OUT01 推出报报头
CZ3101 航班号 B-2052 机号
18 计划日期 18 当日日期
0012 当前时间（UTC） ZGGG 起飞站
ZBAA 落地站 0012 推出时间
265 推出油量（100KG） 26.5 吨

2. 起飞报

QXSXMXS 180021
M12
FICZ3101/AN B-2052
DT QXT POR2 180021 M01A
-OFF01CZ3101/18180021ZGGGZBAA
0021 262-----
其中：
M12 DT QXT POR2 编码定义/格式属性
M01A 顺序号 OFF01 起飞报报头
CZ3101 航班号 B-2052 机号
18 计划日期 18 当日日期
0021 当前时间（UTC） ZGGG 起飞站
ZBAA 落地站 0021 起飞时间

262 起飞油量（100KG） 26.2 吨

3. 落地报

QXSXMXS 180306
M13 FICZ3101/AN B-2052
DT QXT POR1 180306 M06A
-ONN01CZ3101/18180305ZGGGZBAA
0305 074-----
其中：
M13 DT QXT POR1 编码定义/格式属性
M06A 顺序号 ONN01 落地报报头
CZ3101 航班号 B-2052 机号
18 计划日期 18 当日日期
0305 当前时间（UTC） ZGGG 起飞站
ZBAA 落地站 0305 落地时间
074 落地油量（100KG） 7.4 吨

4. 滑入报

QXSXMXS 180316
M14
FICZ3101/AN B-2052
DT QXT POR2 180316 M07A
-INN01CZ3101/18180315ZGGGZBAA
0315 071-----
其中：
M14 DT QXT POR2 编码定义/格式属性
M07A 顺序号 INN01 滑入报报头
CZ3101 航班号 B-2052 机号
18 计划日期 18 当日日期
0315 当前时间（UTC） ZGGG 起飞站
ZBAA 落地站 0315 滑入时间
071 滑入油量（100KG） 7.1 吨

（二）位置报

QU CANCECZ CANUOCZ FRAOWDL
QXSXMXS 180157
M27

FICZ3101/AN B-2052

DT QXT IOR1 180157 M05A

-POS01CZ3101/18180156ZGGGZBAA

N054.90E0083.490156295WXI 0206 142-63-08089-SKC-MODTURB----841AUTO

其中：

M27 DT QXT IOR1 编码定义/格式属性

M05A 顺序号 POS01 位置报报头

CZ3101 航班号 B-2052 机号

18 计划日期 18 当日日期

0157 当前时间（UTC） ZGGG 起飞站

ZBAA 落地站

N054.90E0083.49 当前所在点的纬度和经度

0156 在此点的时刻

295 飞行高度 29 500 ft

WXI 下一点名称 0206 预达下一点时间

142 剩余油量（FOB）14.2 吨 63 温度

08 风向 80 度 089 风速 89 节

SKC 天空条件 MODTURB 中度颠簸

841 马赫数 0.84

AUTO 自动发报

第二节 SITA 电报

一、概 述

根据我国民航现状，飞行动态固定格式电报分为 AFTN 和 SITA 两种格式的电报。AFTN 格式电报供空中交通管制部门使用，SITA 格式电报供航空公司航务部门使用，两种格式不能混合使用。

飞行动态格式电报，只是规定了主要固定格式电报的内容和拍发方法，其他不常用电报应按 ICAO、DOC4444 要求的格式内容拍发，内容力求简明扼要，且不得涉及机密问题。

来往于航空公司间的各类航务电报均使用 SITA 格式拍发。航空公司飞行签派的代理人（单位）按公司的要求使用 SITA 电报格式拍发飞行动态及各类航务电报。签派室与当地飞行管制单位间递发飞行领航计划报（FPL）或飞行情报部门发往航空公司的航行情报电报（NOTAM）及我国国际航班和国际飞行自境外最后一点，延误 1 小时以上或当日取消飞行，公司签派部门通知有关飞行管制室的电报，可使用 AFTN 线路拍发。

二、航空公司部门动态电报（SITA）的拍发格式

为了适应我国民航的高速发展，并逐步与国际民航航务管理现代化接轨，我国各航空公司迫切需要实现航务管理现代化，特别是要改变原有的信息数据传递方式。为尽快解决航务管理电报的自动化处理，保证航务管理电报的有效传递，制定了航空公司经常拍发的部分航务动态电报的固定格式。

（一）航务管理电报固定格式分类

固定格式航务管理电报分为动态电报（MVT）、飞行预报（PLN）、飞行放行电报（CLR）。根据"中国民航国际通信手册"规定，SITA动态报又分为起飞报（AD）、降落报（AA）、延误报（DL）、取消报（CNL）。

（二）航务管理电报结构及数据

固定格式航务管理电报，应严格遵守规定的格式和数据要求，不得随意更改。

1. 航务管理电报的结构

（1）固定格式航务管理电报报文开始，应使用电报类别的标志，如"MVT"表示动态电报，它构成航务管理电报动态报报文的开始。其他类别的电报应使用规定的代码作为电报的标志，如"PLN"表示飞行预报，它构成航务管理电报飞行预报报文的开始。

（2）固定格式航务管理电报中所包含的信息数据由多行构成，每一行中又包含若干项目，每个项目间应使用一空格符号分隔，航务管理电报的类别标志位于电报报文的第一行。

（3）固定格式航务管理电报报文除第一行外，其他各行应包括多项信息数据，每一项中，当包含两组字符时，用左斜线"/"分隔。

（4）固定格式航务管理电报的每一行，都应有固定的信息数据，每一行编发完成前，不得插入与此无关的项目。

（5）固定格式航务电报如需补充说明其他内容，应在补充信息代码"SI"之后编写，凡"SI"代码之后所编写的内容均为补充信息资料，补充信息资料可分为若干行编写。

2. 航务管理电报的数据规定

（1）日期：使用2位数字及英文月份的3字代码连写表示。

例如，8月2日，应编为"02AUG"。

（2）时间：使用国际时，4位数，24小时制；前2位为时，后2位为分。

例如，北京时14:30，应编为"0630"。

（3）航空器注册号：在中国民航局注册的航空器，在其注册号前应加注我国航空器无线电识别标志大写字母"B"，并在注册号中取消其中的短划"-"，如B-2448号飞机应编为"B2448"，若没有航空器注册号的飞机，可使用"ZZZZ"表示；其具体说明可编写在补充信

息资料中。外国注册的航空器按有关国家规定的注册号填写。

（三）固定格式航务管理电报说明

1. 动态电报（MVT）

（1）起飞报（AD）

第一行（电报类别标志）：动态报标志

第二行（航班信息）：航班号/日期　航空器注册号　起飞机场

第三行（动态信息）：起飞代码　撤轮挡时间/离地时间

第四行（动态信息）：预计降落代码　预计降落时间　降落机场

第五行（补充信息）：补充信息代码：补充信息资料

【例1】

MVT

CA1501/01AUG B2443 PEK

AD 0050/0102

EA 0232 SHA

SI：

　解：此电报含义为：8月1日国际航空公司CA1501航班，执行北京到上海的飞行任务，航空器注册号B2 443，在北京首都机场的撤轮挡时间为0:50，离地时间为01:02，预计在上海虹桥机场降落的时间为02:32。

　起飞电报中各项必须按此规定分行编写，每一项的位置不得随意更改；字符应严格按以上规定数目填写，不得随意增减。

　航班号一项的填写不得超过7个字符，其前2位为航空公司2字代码。

　起飞机场和预达机场，若无3字地名代码，均编写"ZZZZ"，然后在补充信息中说明，说明时可使用《空军42号规定》，也可使用汉语拼音表示，其表达方式如下：

　AD/起飞机场地名代码或拼音名称

　AA/降落机场地名代码或拼音名称

　补充信息资料用于补充说明前面各项中未能明确的内容，其数字代码和字母代码可参照使用《中国民航国际航空通信手册》中（C-4-4页）所提供的代码；若还不能充分说明，也可使用英文明语说明。

【例2】　南航CZ3425航班，5月19日执行广州到成都的飞行任务，航空器注册号B2996，在广州白云机场的撤轮挡时间为12:30，离地时间为12:35，预计在成都双流机场降落时间为14:10。请拍发起飞报（题目中的时间为北京时间）。

　解：起飞报拍发如下：

MVT

CZ3425/19MAY B2996 CAN

AD 0430/0435

EA 0610 CTU

SI:

（2）降落报（AA）

第一行（电报类别标志）：动态报标志

第二行（航班信息）：航班号/日期　航空器注册号　降落机场

第三行（动态信息）：降落代码　降落时间/挡轮挡时间

第四行（补充信息）：补充信息代码：补充信息资料

【例3】

MVT

CA1502/01AUG B2443 PEK

AA 0510/0517

SI：

解：此电报含义为：8月1日国际航空公司 CA1502 航班，航空器注册号 B2443，在北京首都机场降落，降落时间为 05:10，挡轮挡时间为 05:17。

【例4】　6月22日国际航空公司 CA944 航班，航空器注册号 B2402，到达站卡拉奇（KHI），落地时间为 02:33，挡轮挡时间为 02:42。请拍发降落报。

解：降落报拍发如下：

MVT

CA944/22JUN B2402 KHI

AA 0233/0242

SI：

拍发降落报的注意事项和说明，除返航、备降落地信息外，均与起飞报相同。

有关返航备降的信息资料，均在补充信息资料中编写，当飞机返航、备降落地时，除编发返航、备降落地时间外，应尽量将返航、备降的原因在补充信息资料中编写清楚，其编写方式如下：

SI：RTN/后接返航原因

SI：ALT/后接备降原因

其他补充信息资料的编写方式均与起飞报相同。

例如：

MVT

CA1502/01AUG B2443 PEK

AA 0510/0517

SI：ALT/WX

【例5】　3月10日南航 CZ3436 航班在成都双流机场（CTU）备降加油，落地时间 16:35（PEK TIME），靠廊桥时间 16:42，机号 B2957。请拍发备降报。

解：备降报拍发如下：

MVT

CZ3436/10MAR B2957 CTU

AA 0835/0842

SI：ALT/BEC FUELING

【例6】 10月4日 SZ4812 航班因左发引气过热而返航西宁，0930Z 落地，0940Z 靠廊桥，机号 B2355。请拍发返航报。

解：返航报拍发如下：

MVT

SZ4812/04OCT B2355 XNN

AA 0930/0940

SI：RTN/BLEED AIR OVERHEAT

（3）延误报（DL、ED、NI）

第一行（电报类别标志）：动态报标志

第二行（航班信息）：航班号/日期　航空器注册号　起飞机场

第三行（动态信息）：起飞代码　撤轮挡时间/离地时间

　　　　　　　　　　（预计起飞代码　预计起飞时间）

　　　　　　　　　　（长期延误代码　下次通告时间）

第四行（延误信息）：延误代码　延误原因代码/延误时间

　　　　　　　　　　（延误代码　延误原因）

　　　　　　　　　　（延误代码　延误原因）

第五行（补充信息）：补充信息代码　补充信息资料

【例7】 起飞延误报

MVT

CA1501/04AUG B2446 PEK

AD 0110/0115

DL GL/20

SI：

解：此电报含义为：8月4日国际航空公司 CA1501 航班，航空器注册号 B2446，在北京首都机场的撤轮挡时间为 01:10，离地时间为 01:15，因装卸货物（GL）延误 20 分钟。

【例8】 8月14日国际航空公司 CA941 航班，航空器注册号 B2408，在北京首都机场的撤轮挡时间为 19:42Z，离地时间为 19:50Z，因行李处理（PB）延误 20 分钟。请拍发起飞延误报。

解：起飞延误报拍发如下：

MVT

CA941/14AUG B2408 PEK

AD 1942/1950

DL PB/20

SI：

【例9】 延误报

MVT

CA1301/05AUG B2464 PEK

ED 0910

DL WX

SI：

解：此电报含义为：8 月 5 日国际航空公司 CA1301 航班，航空器注册号 B2464，从北京首都机场起飞，预计延误到 09:10 起飞，因天气延误。

【例 10】 8 月 8 日，日航 JL782 航班，航空器注册号 RJTVM，起飞站北京首都机场，预计延误到 09:30 起飞，因天气延误。请拍发延误报。

解：延误报拍发如下：

MVT

JL782/08AUG RJTVM PEK

ED 0930

DL WX

SI：

【例 11】 长期延误报

MVT

CA1301/10AUG B2443 PEK

NI 1200

DL TD（TROPICAL DEPRESSION）

SI：

解：此电报的含义为：8 月 10 日国际航空公司 CA1301 航班，航空器注册号 B2443，从北京首都机场起飞，下次通告时间为 12 点正，因热带低压延误。

【例 12】 1 月 7 日法航 AF189 航班，航空器注册号 F37618，从北京机场起飞，下次通告时间为 23 点正，因机场扫雪（其代码为 WS）延误。请拍发长期延误报。

解：长期延误报拍发如下：

MVT

AF189/07JAN F37618 PEK

NI 2300

DL WS

SI：

以上是延误报的三种固定格式，在使用中可根据以下三种情况选择其中一种使用：

① 延误时间在 30 分钟以内的航班，应拍发起飞延误报，起飞延误报可以和起飞报合并拍发，但必须在起飞延误报的第三行和第四行之间，增加一行预达信息。

② 当延误时间超过 30 分钟，有明确的延误原因和清楚的预计起飞时间时，应拍发延误报。

③ 当无法明确航班延误后的预计起飞时间，应拍发长期延误报。编发电报时，应在下次信息通告代码"NI"后编发下一次通告的时间。

其他信息资料的编发和说明均与起飞、降落报相同。

（4）取消报（CNL）

第一行（电报类别标志）：动态报标志

第二行（取消信息）：取消代码 航班号/日期 航空器注册号

第三行（补充信息）：补充信息代码：补充信息资料

【例 13】

MVT

CNL CA1521/11AUG B2555

SI：DUE TO NO PAX

解：此电报的含义为：8 月 11 日国际航空公司 CA1521 航班，航空器注册号 B2555，因无旅客取消。

【例 14】 10 月 28 日 SZ4358 航班，航空器注册号 B2903，因飞行管理计算机故障取消。请拍发取消报。

解：取消报拍发如下：

MVT

CNL SZ4358/28OCT B2903

SI：FMC TROUBLE

取消报为取消航班任务的电报，它表示航班因特殊原因而不再执行，原因可在补充信息中说明。其他说明与前面的电报相同。

2. 飞行预报（PLN）

（1）正班飞行预报

第一行（电报类别标志）：飞行预报标志

第二行（航班预报信息）：日期　航班号　航空器注册号　机号　机长天气标准（机组人数）　预计起飞时间

第三行（补充信息）：补充信息代码：补充信息资料

【例 15】

PLN

28AUG CA1501/02 B2458 ILS1/1（16）0100

SI：

解：此电报含义为：8 月 28 日国际航空公司 CA1501/02 航班，航空器注册号 B2458，机长天气标准为 ILS1/1，机组人数 16 人，预计起飞时间 01 点正。

【例 16】 12 月 22 日 SZ4191 航班，航空器注册号 B2534，机长执行的天气标准为 ILS1/2，机组人数为 12 人，预计起飞时间 12:20（时间为北京时间）。请拍发飞行预报。

解：飞行预报拍发如下：

PLN

22DEC SZ4191 B2534 ILS1/2（12）0420

SI：

以上是正班飞行预报的固定格式。该电报在预报信息一行中，一般只需拍发日期、航班号、航空器注册号、天气标准、机组人数等五项。如需要，也可将航班在第一起飞站的航班预计起飞时间一项编写在机组人数之后。

编写电报时，会出现多个航班预报信息同时编写在同一份电报中，因此，在出现编排两个以上航班预报时，应在每个航班信息前加编一项排列序号（使用阿拉伯数字）。

在同一份预报中，若有信息内容需补充说明，应在补充说明资料前加编与航班信息相应的排列序号，其信息资料的编写方式与以上电报相同。

（2）非正班飞行预报

第一行（电报类别标志）：飞行预报标志

第二行（航班预报信息）：日期　任务性质代码　航班号　航空器注册号　天气标准（机组人数）

第三行（补充信息）：补充信息代码：补充信息资料

【例 17】

PLN

28AUG C/B CA1591 B2532 ILS1/1（09）PEK/0010 CZX/0215

SI：AWY/PEK CZX SHA

解：此电报含义为：8 月 28 日国际航空公司 CA1591 航班执行加班飞行，航空器注册号 B2532，机长天气标准为 ILS1/1，机组人数 9 人，在北京首都机场预计起飞时间 0 时 10 分，在济南遥墙机场预计起飞时间 02:15。补充信息是飞行航线从北京首都机场经济南遥墙机场到上海虹桥机场。

【例 18】　6 月 21 日国际航空公司 CA8402 航班执行包机飞行，航空器注册号 B2991，机长天气标准为 ILS1/1，机长人数 10 人，在北京首都机场预计起飞时间 02:20。请拍发飞行预报。

解：飞行预报拍发如下：

PLN

21JUN L/W CA8402 B2991 ILS1/1（09）CTU/0220

SI：

以上是非正班飞行预报的固定格式。该电报在预报信息一行中必须编写非正班飞行任务性质一项，国内非正班飞行应使用民航局规定的任务性质简写，如旅客包机应编为"L/W"。航空公司航班号的编写不得超过 7 个字符，且只能编写单程航班的航班号，不得同时编写回程航班号。

若同一航班号有多个起飞站时，在预报信息一行，最多只能编写 3 个起飞站和预计起飞时间。若起飞站超过 3 个，应换行编写（若有多个非正班航班需同时编写在同一份电报中，应将有 3 个以上起飞站的航班飞行预报排除在外，单独编写拍发）。其他信息内容的编写方式与正班飞行预报相同。

3. 飞行放行电报（CLR）

第一行（电报类别标志）：飞行放行电报标志

第二行：日期　预计飞行时间　航班号　航空器型别　航空器注册号

第三号：飞行航线（正班可不填）　起飞机场　目的地机场　备降机场　起飞油量

【例 19】

CLR

05AUG 0130 CA1501 B747 B2448

PEK SHA HGH 20T

解：此电报含义为：8 月 5 日国际航空公司 CA1501 航班，预计飞行时间 1 个半小时，使用 B747，航空器注册号 B2448，飞行航线从北京首都机场到上海虹桥机场，备降机场为杭州机场，起飞油量 20 吨。

【例 20】　8 月 15 日国际航空公司 CA1407 航班预计起飞时间 08:10，预计落地时间为 10:50，使用 B747，航空器注册号 B2443，飞行航线从北京首都机场到成都双流机场，备降机场为重庆江北机场，起飞油量 25 吨。请拍发放行报。

解：放行报拍发如下：

CLR

15AUG 0240 CA1407 B747 B2443

PEK CTU CKG 25T

三、电报等级

QS：第一等级，遇险报；

QU：第四等级，急报；

Q*：第五等级，快报（*为除 S、U、D 以外的其他任何字母）；

QD：第六等级，平报。

SITA 电报收发地址由 7 个字母组成，前 3 个字母为地名，第 4、5 个字母为部门代码，后 2 个字母为公司代码，如 BJSUOCA。SITA 电报中二、三等级（特急报、加急报）不使用。每份 SITA 电报收电地址最多为 4 行，可发 32 加地址。

四、签派员发报职责

（1）飞行前准备。

（2）掌握飞行动态，及时、准确、规范地向航务代理和办事处发出 SITA 电报。接到放行员暂缓放行的通知或动态信息员飞机延误的通知后，应了解预计起飞时间，延误 30 分钟以内的发出起飞延误报；延误 30 分钟以上，知道预计起飞时间的发出延误报；不知道起飞时间的，应报告下次通告时间，发出长期延误报。接到航班取消的通知时，发出取消报。

（3）协助编制飞行计划员，向需要了解航班机号的航务代理机构或办事处发 PLN 报。

（4）按外航代理要求，认真准确地发出外航飞行动态报。

五、综合案例分析

【例 21】　5 月 6 日，南航航班 CZ3555，机号为 B2807 的飞机执行深圳到杭州航班，预计起飞离地时间为 15:00（北京时间），落地时间为 16:30。已知机长天气标准为 ILS1/1，机组 12 人。由于天气原因，实际起飞时间为 15:22，落地时间为 16:57。拍发飞行预报和动态报。已知放行时的起飞油量为 22 吨，所选备降机场为上海虹桥机场，发放行报（滑行时间按 6 分钟计算）。

解：飞行预报如下：

PLN

06MAY CZ3555 B2807 ILS1/1（12）0700

SI：

动态报如下：

MVT
CZ3555/06MAY B2807 SZX
AD 0716/0722
EA 0857 HGH
SI:

MVT
CZ3555/06MAY B2807 SZX
AD 0716/0722
DL WX/22
SI:

MVT
CZ3555/06MAY B2807 HGH
AA 0857/0903
SI:

放行报如下：

CLR
06MAY 0130 CZ3555 B757 B2807
SZX HGH SHA 22T

起飞报还可与起飞延误报合并拍发：

MVT
CZ3555/06MAY B2807 SZX
AD 0716/0722
EA 0857 HGH
DL WX/22
SI:

第三节　AFTN 电报

一、固定格式空中交通服务电报分类

固定格式空中交通服务电报分类为：飞行领航计划报 FPL（field flight plan message）、修订领航计划报 CHG（modification message）、取消领航计划报 CNL（flight plan cancellation message）、起飞报 DEP（departure message）、降落报 ARR（arrival message）、延误报 DLA（delay message）、现行飞行变更报 CPL（current flight plan message）、预计飞越报 EST（estimate message）、管制协调报 CDN（co-ordination message）、管制协调接受报 ACP（acceptance message）、逻辑确认报 LAM（logical acknowledgement message）、请求飞行计划报 RQP（request flight plan message）、请求领航计划补充信息报 RQS（request supplementary flight plan message）、领航计划补充信息报 SPL（supplementary flight plan message）、告警报 ALR（alerting message）、无线电通信失效报 RCF（radio communication failure message）。

二、空中交通服务电报的结构和数据规定

固定格式空中交通服务电报在使用时，应严格遵守规定所说明的格式和结构，不得随意更改，以保证空中交通服务电报的正常传递和空中交通管制系统自动化的顺利实施与运行。

（一）空中交通服务电报的结构

（1）固定格式空中交通服务电报报文的开始，应使用左圆括号"（"表示，它构成空中交通服务电报报文开始。

（2）固定格式空中交通服务电报中所包含的数据内容划定为多个编组，数据编组号及其所对应的数据类型，如表 7.1 所示。空中交通服务电报的类别构成电报报文的第一个编组。之前紧接空中交通服务电报的开始标示符"（"，如"（DEP"。

表 7.1　AFTN 报数据编组

编组号	数据类型	编组号	数据类型
3	电报类别、编号和参考数据	15	航路
5	紧急情况说明	16	目的地机场和预计总飞行时间，目的地备降机场
7	航空器识别标志和 SSR 模式及编码	17	落地机场和时间
8	飞行规则及种类	18	其他情报
9	航空器数目、机型和尾流等级	19	补充情报
10	机载设备与能力	20	搜寻和救援告警情报
13	起飞机场和时间	21	无线电失效情报
14	预计飞越边界数据	22	修订

（3）空中交通服务电报报文中除第一个编组外，每一编组的开始，需用一短划线"—"标示，它构成这一编组的开始，如"（DEP—CCA1591"。

（4）一个编组中如包含有多项内容且为不同类项目时，每个项目均应具有该项目的名称，并在项目名称与项目内容间使用左斜线"/"分隔，如"DEP—CCA1591/A5010"。

（5）每一项中，当包含有多组字符时，应使用一空格符分隔各组字符，如"VYK A261 RUMET"。

（6）每一项编发完之前，不得插入其他项目或编组。

（7）固定格式空中交通服务电报报文的结尾，应使用右圆括号"）"表示，紧接于报文中

最后一个规定编组之后，构成空中交通服务电报报文终了，如"—ZSOF）"。

（8）空中交通服务电报如需补充说明其他内容，并且所需补充说明的内容不能包含于补充资料编组中，可在空中交通服务电报报文终了标志符后另起一行写入，并不加任何起始、终了标志符，如"DLA BEC TURB"。

（9）AFTN 电报收发地址由 8 个字母组成，前 4 个字母为国际民航分配的 4 字地名代码，第 5、6 和 7 个字母为单位的部门代码，第 8 个字母为填充符合。当部门代码以 Z 开头时，第 7、8 个字母为 ZX，当以 Y 开头为 YX，其他为 XX。当给未分配代码的单位发报时，使用 YYY 最末一位使用 X。如 ZBTYYYX，然后在电文开始处以单独一行注明具体收电单位名称。一份电报，收电地址一行最多编写 7 家。

（10）AFTN 电报等级如下：

SS：第一等级，遇险报；

DD：第二等级，特急报；

FF：第三等级，加急报；

GG：：第四等级，急报。

（二）空中交通服务电报的数据规定

（1）日期：使用 4 位数字表示，前 2 位为月份，后 2 位为日期，如 7 月 5 日，编为"0705"。执行日期以航空器在飞行实施过程中在我国境内的第一次起飞或降落的日期为标准，过境飞越飞行则以航空器进入我国边境前最后起飞机场的起飞日期时间为准，均以世界协调时为准。

（2）时间：使用世界协调时，4 位数，24 小时制，前 2 位为时，后 2 位为分，如 14:21，编为"1421"。

（3）飞行高度数据有 4 种表示方法：

①"F"后随 3 位数字，表示以 100 ft 为单位的飞行高度层。例如 F310，表示飞行高度层 31 000 ft。

②"S"后随 4 位数字，表示以 10 m 为单位的飞行高度层。例如 S1080，表示飞行高度层 10 800 m。

③"A"后随 3 位数字，表示以 100 ft 为单位的海拔。例如 A035，表示海拔 3 500 ft。

④"M"后随 4 位数字，表示以 10 m 为单位的海拔。例如 M0960，表示海拔 9 600 m。

（4）位置及航路数据

① 用 2~7 个字符表示应飞的空中交通服务航路的代号。

② 用 2~5 个字符表示指定航路上某一点的代号。

③ 用 11 个字符表示经纬度。第 1、2 位数表示纬度度数；第 3、4 位数表示纬度分数；第 5 位"N"表示"北"或"S"表示"南"；第 6、7、8 位数表示经度度数；第 9、10 位数表示经度分数；第 11 位"E"表示"东"或"W"表示"西"。如 2703N06028W。

④ 也可用 7 个字符表示经纬度。第 1、2 位数表示纬度度数；第 3 位"N"表示"北"或"S"表示"南"；第 4、5、6 位数表示经度度数；第 7 位"E"表示"东"或"W"表示"西"，如 27S048E。

⑤ 用 2 个或 3 个字母代表某一导航设备的编号代码，后随 6 位数字。前 3 位数字表示该点相对导航设备的磁方位度数，后 3 位数字表示该点距导航设备的海里数，如 BUR276038。

（5）航空器注册号：在中国民航局注册的航空器，在其注册号前应加注我国航空器无线电识别标志——大写字母"B"，并在注册号中取消其中的短划线"-"，如 B-2448 号飞机应编为"B2448"。

（三）领航计划报

1. 领航计划报拍发规定

（1）电报等级：FF。

（2）发电单位：受理飞行申请的空中交通服务报告室或区域管制室（不迟于起飞前 45 分钟发出）。

（3）收电单位：沿线负责实施空中交通管制的区域管制室，降落机场的空中交通服务报告室。上述单位所属的地区管理局管制室，起飞机场和降落机场所属的省、区、市局管制室，沿线负责向军方管制部门实施动态通报的管制室，民航局空管总调度室（地区管理局范围内的飞行不变，但专机与急救飞行除外）。

2. 编组格式

（编组 3 电报类别、编号和参考数据

→编组 7 航空器识别标志和 SSR 模式及编码→编组 8 飞行规则及种类

→编组 9 航空器数目、机型和尾流等级→编组 10 机载设备与能力

→编组 13 起飞机场和时间

→编组 15 航路

→编组 16 目的地机场和预计总飞行时间，目的地备降机场

→编组 18 其他情报）

（1）编组 3——电报类别、编号和参考数据

报类代号，用 3 个字母表示，例如，领航计划报用 FPL。

（2）编组 7——航空器识别标志和 SSR 模式及编码

航空器识别标志不应多于 7 个字符，字符是指不包含连字符或符号的字母或数字。航空器识别标志包括以下两类：国际民用航空组织分配给航空器运营人的三字代号后随飞行任务的编号作为航空器识别标志，如 CCA1501；航空器的注册标志，如 B2332。

（3）编组 8——飞行规则及种类

飞行规则用 1 个字母表示，如表 7.2 所示。

表 7.2　飞行规则

字母	含　义
I	表示整个飞行准备按照仪表飞行规则运行
V	表示整个飞行准备按照目视飞行规则运行
Y	表示飞行先按照仪表飞行规则运行，后随对飞行规则的一个或多个修改
Z	表示飞行先按照目视飞行规则运行，后随对飞行规则的一个或多个修改

飞行种类用 1 个字母表示，如表 7.3 所示。

表 7.3 飞行种类

字 母	含 义
G	表示通用航空飞行
M	表示军用飞行
N	表示非定期的航空运输飞行
S	表示定期航班
X	表示除上述以外的其他飞行种类

例如，—IS。

（4）编组 9——航空器数目、机型和尾流等级

航空器机型应用 2～4 个字符表示。如无指定的代码或在飞行中有多种机型，填入"ZZZZ"。当使用字母"ZZZZ"时，应在编组 18"TYP/"数据项中填入航空器具体机型。尾流等级应用 1 个字母表示，航空器的最大允许起飞重量决定航空器的尾流等级。例如，—B738/M。

（5）编组 10——机载设备与能力

无线电通信、导航及进近助航设备与能力应填入 1 个字母"N"或"S"表示。填入"N"或"S"，和（或）下列一个或多个字符（建议按英文字母先后排列），表示可以工作的通信、导航、进近设备与能力（表 7.4）。

表 7.4 无线电通信、导航及进近设备表示

N	航空器未载有无线电通信、导航、进近设备或此类设备不工作		
S	航空器载有标准的通信、导航、进近设备并可工作。如果使用字母"S"，除非有关的空中交通服务当局规定了其他设备的组合，否则甚高频无线电话、全向信标接收机和仪表着陆系统都应视为标准设备		
A	GBAS 着陆系统	J7	管制员、驾驶员数据链通信，FANS 1/A，卫星通信（铱星）
B	LPV（星基增强系统的垂直引导进近程序）	K	微波着陆系统
C	罗兰	L	仪表着陆系统
D	测距仪	M1	空中交通管制无线电话、卫星通信（国际海事卫星组织）
E1	飞行管理计算机、航路点位置报告、航空器通信寻址与报告系统	M2	空中交通管制无线电话（多功能运输卫星）
E2	数据链飞行情报服务、航空器通信寻址与报告系统	M3	空中交通管制无线电话（铱星）
E3	起飞前放行、航空器通信寻址与报告系统	O	全向信标台
F	自动定向仪	P1～P9	保留给所需通信性能

G	全球导航卫星系统	R	获得 PBN 批准
H	高频无线电话	T	塔康
I	惯性导航	U	特高频无线电话
J1	管制员驾驶员数据链通信、航空电信网、甚高频数据链模式 2	V	甚高频无线电话
J2	管制员驾驶员数据链通信、FANS 1/A、高频数据链	W	获得缩小垂直间隔批准
J3	管制员驾驶员数据链通信、FANS 1/A、甚高频数据链模式 4	X	获得最低导航性能规范批准
J4	管制员驾驶员数据链通信、FANS 1/A、甚高频数据链模式 2	Y	有 8.33 kHz 频道间距能力的甚高频
J5	管制员驾驶员数据链通信、FANS 1/A、卫星通信（国际海事卫星组织）	Z	携带的其他设备与能力
J6	管制员驾驶员数据链通信、FANS 1/A、卫星通信（多功能运输卫星）		

监视设备与能力，用以下 1 个或最多 20 个字符来描述可用的监机载视设备与能力，如表 7.5 至表 7.8 所示。

表 7.5　二次监视雷达 A 和 C 模式

N	没有应答机
A	应答机 A 模式（4 位数—4 096 个编码）
C	应答机 A 模式（4 位数—4 096 个编码）和应答机 C 模式

表 7.6　二次监视雷达 S 模式

S	应答机 S 模式，具有气压高度和航空器识别的能力
P	应答机 S 模式，具有气压高度，但没有航空器识别的能力
I	应答机 S 模式，具有航空器识别，但无气压高度发射信号的能力
X	应答机 S 模式，没有航空器识别和气压高度能力
E	应答机 S 模式，具有航空器识别、气压高度发射信号和超长电文（ADS-B）能力
H	应答机 S 模式，具有航空器识别、气压高度发射信号和增强的监视能力
L	应答机 S 模式，具有航空器识别、气压高度发射信号、超长电文（ADS-B）和增强的监视能力

表 7.7　广播式自动相关监视

B1	具有专用 1 090 MHz 广播式自动相关监视"发送"能力的广播式自动相关监视
B2	具有专用 1 090 MHz 广播式自动相关监视"发送"和"接收"能力的广播式自动相关监视

U1	使用 UAT 广播式自动相关监视"发送"能力
U2	使用 UAT 广播式自动相关监视"发送"和"接收"能力
V1	使用 VDL 模式 4 广播式自动相关监视"发送"能力
V2	使用 VDL 模式 4 广播式自动相关监视"发送"和"接收"能力

表 7.8　契约式自动相关监视

D1	具有 FANS 1/A 能力的契约式自动相关监视
G1	具有航空电信网能力的契约式自动相关监视

（6）编组 13——起飞机场和时间

起飞机场按 Doc 7910 号文件《地名代码》的规定，指定给该起飞机场的国际民航组织 4 字地名代码。时间用 4 位数字表示（UTC），如—ZBAA0730。

（7）编组 15——航路

巡航速度，最多 5 个字符，飞行中第一个或整个巡航航段的真空速，按表 7.9 表示。

表 7.9　巡航速度表示

"K"后随 4 位数字	真空速，单位为千米每小时
"N"后随 4 位数字	真空速，单位为海里每小时
"M"后随 3 位数字	最近的 1%马赫单位的马赫数

然后不留空格，填写高度层；填写代号及飞越点代号组成的航路。如—K0882S1010 SGM A599 POU。

（8）编组 16——目的地机场和预计总飞行时间、目的地备降机场

目的地机场和目的地备降机场按 Doc 7910 号文件《地名代码》规定，使用国际民航组织规定的 4 字地名代码。预计总飞行时间是指从飞行计划适用的第一航路点开始计算至飞行计划终止点的预计时间。如—ZSPD0200 ZSHC。

（9）编组 18——其他情报

用于补充说明在前面各编组中未能明确的信息。

EET/　由有关空中交通服务单位规定的重要点或飞行情报区边界累计的预计经过总时间。例如，EET/ZBPE0204 表示飞至北京情报区用时 2 小时 4 分钟。

PBN/　表示区域导航和（或）所需导航性能的能力，只能填写指定的字符内容，最多 8 个词条，不超过 16 个符号，词条之间不用空格。

NAV/　除 PBN/规定之外，按有关 ATS 单位要求，填写与导航设备有关的重要数据。在此代码项下填入全球导航卫星增强系统，两个或多个增强方法之间使用空格。

RIF/　如果航空器返航或备降，此项填入新航路，后随目的地机场的 4 字地名代码，修改的航路应在飞行中重新申请。例如，RIF/BTO A593 VYK ZBAA 表示航空器经 BTO 导航台、A593 航路、VYK 导航台，目的地机场为北京机场。

REG/　航空器的注册标志。如果编组 7 的航空器识别标志中使用了航空器的注册标志，则此项可以省略。

SEL/　按有关空中交通服务单位的规定填写选择呼号编码。

OPR/　经营人名称。如果编组 7 中使用了航空器注册标志，此项必须填写。

STS/　当遇到特殊情况时根据需要填写。例如，急救飞行表示为 STS/HOSP，国家领导人性质的飞行表示为 STS/HEAD。

DEP/　如在编组 13 中填入 ZZZZ，则应在此填入起飞机场英文全称，如果在编组 13 中填入 AFIL，则应填入可以提供飞行计划数据的空中交通服务单位的 4 字地名代码。

DEST/　如在编组 16 中填入 ZZZZ，则在此填入目的地机场英文全称。

RALT/　航路备降机场英文全称。

TALT/　起飞备降机场英文全称。

RMK/　有关空中交通服务单位要求的或机长认为对提供空中交通服务单位有必要的任何明语附注。

【例 1】

（FPL-CCA1532-IS

—A332/H-SDE3FGHIJ4J5M1RWY/LB1D1

—ZSSS2035

—K0859S1040 PIKAS G330 PIMOL A593 BTO W82 DOGAR

—ZBAA0153 ZBYN

—STS/HEAD PBN/A1B2B3B4B5D1L1 NAV/ABAS REG/ B6513 EET/ZBPE0112 SEL/KMAL PER/C RIF/FRT N640 ZBYN RMK/ACASII）

说明：

领航计划报

——航空器识别标志 CCA1532

——仪表飞行、正班

——机型 A330-200/重型机

——机载有标准的通信/导航/进近设备并工作正常；测距仪；起飞前放行和航空器通信寻址与报告系统（ACARS）；自动定向仪；全球导航卫星系统；高频无线电话；惯性导航设备；管制员驾驶员数据链通信（CPDLC）、FANS 1/A、甚高频数据链模式 2；管制员驾驶员数据链通信（CPDLC）、FANS 1/A、卫星通信（国际海事卫星组织）；空中交通管制无线电话（国际海事卫星组织）；获得 PBN 批准；获得缩小垂直间隔批准；有 8.33 kHz 间隔的甚高频；S 模式应答机，具有航空器识别、气压高度发射信号、超长电文（ADS-B）和增强的监视能力；具有专用 1 090 MHz 广播式自动相关监视"发送"能力的广播式自动相关监视；具有 FANS 1/A 能力的契约式自动相关监视。

——起飞机场虹桥、起飞时间 2035（UTC）。

——巡航速度 859 km/h、巡航高度 10 400 m；航路构成 PIKAS G330 PIMOL A593 BTO W82 DOGAR。

——目的地机场北京、预计总飞行时间 01:53；目的地备降机场太原。

——其他情报：国家领导人性质的飞行；PBN 的能力为 A1B2B3B4B5D1L1；全球导航卫

星增强系统 ABAS；航空器登记标志 B6513；起飞至飞行情报区边界的预计时间 ZBPE0112；航空器选呼编码 KMAL；航空器进近类别 C；至修改后的目的地机场的航路详情 FRT N640 ZBYN；机上载有 ACAS II 防相撞设备。

第四节　通话术语要求

一、概　述

无线电通话是驾驶员与签派员之间进行通信联络的必要手段。在正确使用通话技巧的情况下，签派员发布的指令和提供的情报，不仅有助于提高航空器运行的安全性，并且有助于提高航空公司运行效率。相反，如果使用不标准的程序和通话用语，则有可能造成理解上的偏差。使用不恰当的通话用语是酿成飞行事故，甚至航空器失事的因素之一。在使用过程中，签派员应视具体情况，准确理解和使用标准通话用语。在力求标准化的前提下，考虑到飞行情况的复杂性和多样性，灵活运用相应的通话用语。

1. 通话技巧

为确保所发电文清晰可靠，应掌握相应的通话技巧，包括：①先听后说，以避免与其他电台相互干扰；②熟悉话筒的使用方法；③无线电通话应采用正常会话的语调，用语要简洁，发音要准确、清晰；④保持每分钟不超过100字的均衡的发话速度，但在已知对方须记录电文内容时，应适当放慢速度；⑤保持稳定的发话音量；⑥数字前后应稍作停顿，以利于对方更好地理解数字；⑦避免使用模糊不清的字音；⑧为保证所发电文的完整性，在开始通话前就按下发射开关，待电文发送完毕后再将其松开。

在通话过程中，一旦出现话筒按钮被"卡住"的情况，就会危及正常的无线电通信。因此，发话者应在通话结束后，立即松开按钮，并将其放在适当的位置，以免无意中接通开关。

2. 航空器移动业务的种类、优先顺序及无线电话呼（表 7.10）

表 7.10　航空器移动业务的种类、优先顺序及无线电话呼

电报种类及优先顺序	无线电话呼
遇险呼叫，遇险电文及遇险活动	MAYDAY
紧急电文（包括含医务飞行信号的电报在内）	PAN，PAN 或 MEDICAL PAN，PAN
与定向相关的通信	—
飞行安全电报	—
气象报	—
飞行正常性电报	—

注：表中"—"表示没有相应的话呼。

二、通话规则

1. 字母的拼读

在不影响准确接收和理解电文的情况下，为提高通信速度，可以不使用表 7.11 中规定的字母拼读法拼读字母或字母组。如 NDB，可直接按国际音标拼读，而不必读成 November Delta BRAVO；QNH，也不必读成 Quebec November Hotel。

除无线电代码和机型外，航空器呼号的每一个字母都应按表 7.11 中规定的字母拼读法单独拼读。如 CA981 应读成 Air China NIN-er AIT WUN；不应读成 Charlie Alpha NIN-er AIT WUN。其他呼号如 G-ABCD 应读为 Golf-Alpha Bravo Charlie Delta；Boeing707 等机型应直接拼读成 Boeing SEVEN O SEVEN。

表 7.11　字母拼读法

字母	字母相应的单词	发音	字母	字母相应的单词	发音
A	Alpha	AL FAH	N	November	NO VEM BER
B	Bravo	BRAH VOH	O	Oscar	OSS CAN
C	Charlie	CHAR LEE or SHAR LEE	P	Papa	PAH PAH
D	Delta	DELL TAH	Q	Quebec	KEH BECK
E	Echo	ECK OH	R	Romeo	ROW ME OH
F	Foxtrot	FOKS TROT	S	Sierra	SEE AIR RAH
G	Golf	GOLF	T	Tango	TANG GO
H	Hotel	HOH TELL	U	Uniform	YOU NEE FORM or OO NEE FORM
I	India	IN DEE AH	V	Victor	VIK TAH
J	Juliett	JEW LEE ETT	W	Whiskey	WISS KEY
K	Kilo	KEY LOH	X	X-ray	ECKS RAY
L	Lima	LEE MAH	Y	Yankee	YANG KEY
M	Mike	MIKE	Z	Zulu	ZOO LOO

注：划线的部分为重读音节。

2. 数字的拼读

在使用英文拼读数字时，整百、整千和由整百与整千组成的数字，千位和百位上的数字要分别拼读，并加 HUNDRED 或 THOUSAND。其他各种数字均应分别拼读各数位上的数字。

在用中文拼读数字时，整百、整千、整万和由整千、整万组成的数字可按常规法拼读，除此之外的其他数字均应分别拼读各数位上的数字。

含有小数点的数字，在相应的小数点位置上加入"点"（DAY-SEE-MAL）。

数字的发音如表 7.12 所示。

表 7.12　数字的发音

数字	英文	中文发音	数字	英文发音	中文发音
0	ZE-RO	洞	10	WUN ZE-RO	幺洞
1	WUN	幺	75	SEV-en FIFE	拐五
2	TOO	两	100	WUN HUN-dred	一百
3	TREE	三	583	FIFE AIT TREE	五八三
4	FOW-er	四	2500	TOO TOU-SAND FIFE HUN-dred	两五洞洞
5	FIFE	五	5000	FIFE TOU-SAND	五千
6	SIX	六	11000	WUN WUN TOU-SAND	一万一
7	SEV-en	拐	25000	TOO FIFE TOU-SAND	两万五
8	AIT	八	38143	TREE AIT WUN FOW-er TREE	三八幺四三
9	NIN-er	九	18900	WUN AIT THOUSAND NIN-er HUN-dred	幺八九洞洞
Decimal	DAY-SEE-MAL	点			
Hundred	HUN-dred	百			
Thousand	TOU-SAND	千			

例如，数字 118.1 的英文发音为：WUN WUN AIT DAY-SEE-MAL WUN；中文发音为：
幺幺八点幺。

3. 时间的拼读

（1）通知时间时，要通知时和分，但在不发生误解时，时数省略。各数字要逐个读出。

例如，时间 0803 的英文发音为：ZERO TREE 或 ZERO AIT ZERO TREE；中文发音为"洞
三"或"洞八洞三"。

（2）除对时之外，超过 30 秒即作为下 1 分钟。在校对时间时，时分用 4 位数字，秒以最
近的 30 秒表示。

例如，在校对时间时，11 时 55 分 18 秒，英文读作：TIME WUN WUN FIFE FIFE AND
HALF；中文读作：幺幺五五三洞。

在其他情况下，11 时 55 分 18 秒，英文读作：WUN WUN FIFE FIFE；中文读作：幺幺五五。

4. 高度的读法

（1）10000 米（不含）以下的高度层，由整千和整百组成的数字，使用中文拼读时，可
按常规和分别拼读两种方法，如 2100 米可读成两千一或两幺洞洞。使用英文拼读时，则需按
整千和整百，读成：TOO THOUSAND ONE HUNDRED。

（2）10000 米以上的高度层，使用中文时，整万、整千及整万、整千、整百组成的数字，

应按常规读法，如 11000 读成一万一，11500 读成一万一千五，10500 读成一万零五百。使用英文时，分别读成：ONE ONE THOUSAND，ONE ONE THOUSAND FIVE HUNDRED，ONE ZERO THOUSAND FIVE HUNDRED。

5. 标准词语（表 7.13）

表 7.13　标准词语

中文	英文	含义
请认收	ACKNOWLEDGE	请告你是否收到并理解这份通报
是的，同意	AFFIRM	"是"或"同意"
同意，准许	APPROVED	准许或承认所要求的事项
断开	BREAK	我在此指出通报两部分之间的间隔
取消	CANCEL	取消先前发给的许可等
检查	CHECK	请检查装置或程序（通常不期待答复）
准许，可以	CLEARED	附有条件的许可或承认
请证实	CONFIRM	我方收到的以下通报是正确的吗？或你正确地收到了这份通报吗？
请联系	CONTACT	请与……进行联系
正确	CORRECT	发送的话是正确的
更正	CORRECTION	送话中有错误，正确的是
作废	DISREGARD	取消已发送的电文
请讲话	GO AHEAD	请发话
听我声音怎样	HOW DO YOU READ	听我声音怎样
我重复一遍	ISAY AGAIN	为了明确或强调起见，我再讲一遍
请守听	MONITOR	请守听（频率）
不对，不同意	NEGATIVE	不对，不准或不正确
再见	OUT	通信结束，再见（通常 VHF UHF 通信中不使用）
回答	OVER	我已讲完，请回答（通常 VHF UHF 通信中不使用）
请重复	READ BACK	请全部复述我发的通报
报告	REPORT	请报告以下情报
请求	REQUEST	要求以下情报，或请要求以下情报
明白	ROGER	我已全部收到你的发话（要求复诵时，或要用"是的"或"不是"来回答时，不使用）
重复	SAY AGAIN	请再讲一遍
讲慢一些	SPEAK SLOWER	请再讲慢一些
稍等	STANDBY	在我呼叫之前，请等待（我的发话）
核实	VERIFY	请核实（高度）
照办	WILCO	我已明白你的通报，将照办
请发送两遍	WORDS TWICE	通信困难，每字或每句请讲两遍
发送两遍	WORDS TWICE	通信困难，通报中的每字或每句请讲两遍

6. 通话程序

（1）建立双向通信联络。建立双向通信的格式如下：

被呼叫方的无线电呼号全称+呼叫方的无线电呼号全称

如：

D：CA981，签派

    Air China 981 Dispatch

P：签派，CA981

    Dispatch Air China 981

（2）在完成起始联络后，继续通话时，在不出现混淆或意义明确的情况下，可简化通话程序，如使用对方的简称，省略己方的呼号。

（3）如果一个地面电台或空中电台欲向其他各台通播电文，应在电文前加"各台注意"（ALL STATIONS）作为前缀。如：

各台注意，签派，CA982 正在放油。

All stations Dispatch，CA982 is dumping fuel.

（4）当被呼叫方未听清呼叫方的呼叫或电文时，使用下列用语要求对方重复。

呼叫（被呼单位的呼号）的电台，请重复你的呼号。

Station Calling（Station being Called），say again your call sign.

或使用表 7.14 中所列的方法要求呼叫方重复全部或部分电文。

表 7.14　要求对方重复呼叫的用语

中　文	英　文	含　义
请重复	Say Again	重复全部电文
请重复（某项内容）	Say Again …（item）	重复指定内容
请重复××前（后）的内容	Say again All Before（After）	重复部分内容

举例如下：

① 呼叫签派的电台，请重复你的呼号。

Station Calling Dispatch，say again your call sign.

② 请重复场压。

Say again QFE.

③ 请重复能见度以后的内容。

Say again all after visibility.

（5）当发送内容有误时，应使用"更正"（Correction）对错误电文加以更正。如：

CA981 上升到 7000 米，更正到 9000 米。

CA981 climb to 7000m correction to 9000 m.

（6）如重复全部电文可获得最佳的改正效果，签派员或驾驶员应在再次发送电文前，使用"更正，我重复一遍"（correction，I say again）。如：

CA981 进跑道等待。更正，跑道外等待，我重复一遍，CA981，跑道外等待。

CA981 line up and wait. correction I say again，hold short of runway.

课后参阅规章和手册

（1）CCAR-115TM-R1《民用航空通信导航监视工作规则》；
（2）CCAR-93TM-R4《中国民用航空空中交通管理规则》。

（1）简述航空公司陆空通信的主要方式和特点。
（2）描述 ACARS 为航班运行提供哪些上传和下载信息？
（3）翻译下列 FPL 各项的内容：
（FPL-CSN961-IS
—B747/H-SGW/C
—ZGGG1335
—K0830S0840 YIN G586 QP B330 JTA/K0865S0900 B330 YBL B215 HMI DCT FKG
A368 SARIN/K0899S1040 A368 AKB G3 FV R11 UK B102 ASKIL/K0901F380 UL979
MATUS UN869 KI UT711 TRZ UN869 OKG UL984 5004N01216E/N0495F380 UL984
NOSPA UN857 IDOSA/N0448F320 UN857 RAPOR UZ157 ANARU
—LFPG1311 EHAM
—EET/ZPKM0058 ZLHW0213 ZWUQ0350 UASS0512 UACC0559 UAKD0635 UATT0706
UWOO0748 UARR0759 UWWW0816 UWPP0835 UUWV0858 UMMV0939 EPWW1006
LKAA1050 EPWW1052 EDBB1113 EDUU1147 EBUR1210 LFFF1245
RIF/TRZ DCT NUKRO NUKR3V EDDB
REG/B2058 SEL/GMAJ OPR/CHINA SOUTHERN
RALT/ZWWW UAKK EKCH RMK/ACASII EQUIPPED）

第八章　签派放行规则

在飞行的任何阶段，签派员都是确保飞行安全的最重要的资源之一，向飞行机组提供所需要的任何信息。签派员也是在座舱机组可能无法完成飞行的情况下向机组提供支援的主要资源之一。

签派人员在放行飞机时，必须根据飞机的类型，依据不同的规则组织与实施飞行。飞行签派放行分为目视飞行规则放行（VFR）和仪表飞行规则放行。国内、国际定期载客运行的每次飞行应当在起飞前得到飞行签派员的明确批准方可以实施。对于补充运行，每次飞行应当得到合格证持有人授权实施运行控制人员的批准，方可实施。

第一节　签派放行的一般规则

一、签派放行权

1. 国内国际定期载客运行的签派权

国内国际定期载客航班，每次飞行应当在起飞前得到飞行签派员的明确批准方可以实施：

（1）国内定期载客运行的飞机，在原签派放行单列出的中途机场地面停留不超过 1 小时。

（2）国际定期载客运行的飞机，在原签派放行单列出的中途机场地面停留不超过 6 小时。

2. 国内国际定期载客运行的签派责任

国内国际定期载客运行航班的签派放行，是由责任机长与签派员共同负责飞行前的准备、飞行计划的制订、航班的延误以及航班的签派放行，CCAR-121 对该类型航班运行的签派责任要求如下：

（1）合格证持有人应当根据授权的飞行签派员所提供的信息，为两个规定地点之间的每次飞行编制签派单；

（2）机长和授权的飞行签派员应当在签派单上签字；

（3）机长和授权的飞行签派员均认为该次飞行能安全进行时，他们才能签字；

（4）对于某一次飞行，飞行签派员可以委托他人签署放行单，但是不得委托他人行使其签派放行权。

3. 补充运行的飞行放行权和运行责任

机长和运行副总经理应当共同对飞行的放行、延续、改航和终止是否遵守中国民用航空规章和合格证持有人的运行规范负责。运行副总经理可以委托他人行使飞行放行、延续、改航和终止的职能，但不能委托运行控制的责任。

（1）实施补充运行应当使用飞行跟踪系统，每次飞行应当得到合格证持有人授权实施运行控制人员的批准，方可实施。

（2）在开始飞行前，机长或者由合格证持有人授权实施运行控制的人员应当按照该次飞行所遵守的条件制订一个满足飞行的放行单。只有当机长和授权实施运行控制人员均认为可以安全飞行时，机长方可签署飞行放行单。

（3）当实施补充运行的飞机在地面停留超过 6 小时时，应当重新签署新的飞行放行单，否则不得继续飞行。

二、气象条件的熟悉和提供

CCAR-121 对航空公司要求的气象服务必须达到以下要求：

（1）合格证持有人应当证明，每一条航路沿线，均有足够的气象报告服务站可以供使用，以保证提供运行所必需的气象实况报告和气象预报。

（2）合格证持有人只能使用经局方认可的气象服务系统提供的气象资料。

（3）使用气象预报控制飞行活动的合格证持有人，应当使用依据本条（2）款规定的气象资料而编制的气象预报，以及按照本条（4）款规定采用的系统所批准的任何来源而编制的气象预报。

（4）合格证持有人应当使用经局方批准的危险天气实况报告与预报系统，以便获得可能影响所飞航路和所用机场飞行安全的危险天气现象，如晴空颠簸、雷暴和低空风切变等情况的实况报告和预报。

签派员在签派放行飞机前，必须完全熟悉所飞航路、机场的天气实况报告和预报，否则不得签派放行该次飞行。签派放行必须满足相关的机场运行和备降天气标准要求；对于着陆天气标准包含云高要求的机场，云高一般是指云量为多云（BKN）或满天云（OVC）的最低云层的云底距机场标高的垂直距离。

① 对于国内、国际定期载客运行，飞行签派员在签派飞机前，应当完全熟悉所飞航路、机场的气象实况报告和预报，否则不得签派或者放行该次飞行。

② 对于补充运行，机长应当完全熟悉所飞航路、机场的气象实况报告和预报，否则不得开始该次飞行。

三、飞行签派员向机长的通告

CCAR-121 根据航班运行类别不同，飞行签派员在航班运行过程中向机长的通告规定是不同的。

1. 国内国际定期载客运行中飞行签派员向机长的通告

（1）在开始飞行之前，飞行签派员应当向机长提供可能影响该次飞行安全的机场条件和导航设施不正常等方面的所有现行可得的报告或者信息，并且应当向机长提供可能影响该次飞行安全的每一所飞航路和机场的所有可得的天气实况报告和天气预报，包括晴空颠簸、雷暴、低空风切变等危险天气现象。

（2）在飞行期间，飞行签派员应当及时向机长提供可能影响该次飞行安全的天气条件，包括晴空颠簸、雷暴、低空风切变等危险天气现象和有关设施、服务不正常的任何可以获得的补充信息。

2. 补充运行的设施和服务

（1）开始飞行前，每个机长应当获得所有可能影响飞行安全的有关机场条件和导航设施不正常情况的最新报告或者信息。

（2）在飞行期间，机长应当获得所有可能影响飞行安全的气象条件、设施和服务不正常情况的附加信息。

四、飞机设备

除非飞机是处于适航状态，并且装备了以下规定的设备，否则任何人不得签派或者放行飞机：

（1）一个空速指示系统，带有加温空速管或者可以防止由于结冰而失效的等效装置。对于以马赫数为单位来表示速度限制的飞机，则还应至少装有一个马赫数指示器。

（2）一个灵敏高度表，带有以百帕斯卡（毫巴）为单位的校正装置，并且该装置对于飞行中可能遇到的气压可以进行修正。

（3）一个带指针和/或者数字式显示的精确指示小时、分和秒的时钟（或者经批准的等效装置）。

（4）一个大气静温指示器。

（5）一个陀螺坡度与俯仰指示器（地平仪）。

（6）一个组合有侧滑指示器的陀螺转弯速率指示器，但在按照本条（1）款装有第三套姿态仪表系统（可以在 360° 俯仰和滚转飞行姿态中使用）时，只需要侧滑指示器。

（7）一个陀螺航向指示器（航向陀螺或者等效仪表）。

（8）一个磁罗盘。

（9）一个垂直速度指示器（升降率指示器）。

（10）副驾驶位置处应单独配备下述仪表：

① 一个空速指示系统，具有加温空速管或者可以防止由于结冰而失效的等效装置。对于以马赫数为单位来表示速度限制的飞机，则还应至少装有一个马赫数指示器；

② 一个灵敏高度表，带有以百帕斯卡（毫巴）为单位的校正装置，并且该装置对于飞行中可能遇到的气压可以进行修正；

③ 一个垂直速度指示器（升降率指示器）；

④ 一个组合有侧滑指示器的陀螺转弯速率指示器，但在按照本条（1）款装有第三套姿态仪表系统（可以在 360° 俯仰和滚转飞行姿态中使用）时，只需要侧滑指示器；

⑤ 一个陀螺坡度与俯仰指示器（地平仪）；

⑥ 一个陀螺航向指示器（航向陀螺或者等效仪表）。

（11）当需要有重复的仪表时，要求对每个驾驶员有单独的显示和单独的选择开关或者其他适用的设备。

（12）除局方批准的某些涡桨飞机外，在涡轮动力飞机上，除在每位驾驶员工作位置上各有一个陀螺坡度与俯仰指示器（地平仪）可以供使用之外，还应配备满足下列要求的第三套陀螺坡度与俯仰指示器（地平仪）：

① 由独立于飞机正常发电系统的应急备用电源供电；

② 在正常发电系统全部失效之后至少能继续可靠地工作 30 分钟；

③ 不依赖任何其他姿态指示系统而独立工作；

④ 在正常发电系统全部失效之后无需选择就能工作；

⑤ 位于仪表板局方认可的位置上，使得任一驾驶员在其工作位置上都能清楚地看见并使用；

⑥ 在使用的所有阶段均有适当照明。

（13）对于本条要求的飞行和导航设备：

① 可以通过仪表组合或者中央飞行系统或者在电子显示器上参数的组合来满足这些条款的各项要求，但要求每一必需驾驶员能够获得的信息不少于本条所规定的仪表及相应设备提供的信息。

② 可以使用其他等效符合性方法来满足这些条款的设备要求，但要求在飞机型号审定批准过程中已表明该方法具有等效的安全水平。

五、通信和导航设施

合格证持有人应当证明，在正常运行条件下，在整个航路上，所有各点都具有陆空双向无线电通信系统，能保证每一架飞机与相应的签派室之间，每一架飞机与相应的空中交通管制单位之间，以直接的或者通过经批准的点到点间的线路进行迅速可靠的通信联系。除经局方根据所用机型和运行情况做出特殊批准外，对于合格证持有人的所有运行，每架飞机与签派室之间的通信系统应当是空中交通管制通信系统之外的独立系统。

在签派放行时，根据航班种类对通信和导航设施的评估应该分别符合下列规定：

（1）对于定期载客运行，除（2）规定外，在每次飞行前，只有确认在航路批准时所要求的通信和导航设施处于良好工作状态，方可以签派或者放行飞机在该航路或者航段上飞行。

（2）对于国际定期载客运行，如果由于超出合格证持有人控制能力的技术原因或者其他原因，在航路上 CCAR-121 "通信设施"条所要求的设施，只要机长和飞行签派员认为现有的航路设施与所要求的通信和导航设施等同并处于良好的工作状态，即可签派飞机在该航路或者航段上飞行。

（3）对于补充运行，只有当通信和导航设施满足 CCAR-121 "航路导航设施"规定时，方可以放行飞机。

六、禁止放行航空器的其他条件

凡遇下列情况，禁止签派放行飞机：

（1）机组未达到最低定员配置要求，或由于思想、技术、身体等原因，不适于该次飞行；

（2）机组未进行飞行前准备，未制订防劫持预案或者准备质量不合格；

（3）飞行组未校对该次飞行所需的航行情报资料；

（4）飞行组未携带飞行任务书、签派放行单、气象情报、飞行人员执照、航行资料及其他必需的各类飞行文件或机载资料不全；

（5）航空器有故障，飞机存在低于"最低设备清单"规定的故障；

（6）飞机表面覆盖有冰、雪、霜；

（7）低于规定数量的航行备用燃油；

（8）装载超重或载重平衡不符合规定；

（9）航线或机场的地面保障设施发生故障，不能保证飞行安全；

（10）在禁区、危险区、限制区和机场宵禁的有效时间内；

（11）机场关闭期间。

第二节　目视飞行规则的签派放行

一、目视飞行规则

（1）除作为特殊 VFR 飞行者外，VFR 飞行须如此进行，以保证航空器是在等于或大于表 8.1 中所列的能见度和离云距离的条件下飞行。

表 8.1　目视飞行能见度及离云距离

空域	飞行能见度	离开云的距离	空　域	飞行能见度	离开云的距离
A 级	不适用	不适用	E 级		云下 150 m
B 级	5 km	碧　空	（海拔	5 km	云上 300 m
			3 000 m 以下）		水平距离 600 m
C 级	5 km	云下 150 m 云上 300 m 水平距离 600 m	E 级 （海拔 3 000 m 及以上）	8 km	云下 300 m 云上 300 m 水平距离 5 km
D 级	5 km	云下 150 m 云上 300 m 水平距离 600 m			

（2）除已获得空中交通管制单位的放行许可外，在下列气象条件下，VFR飞行不得在管制地带内的机场起飞或着陆，也不得进入该机场交通地带或起落航线：

① 当云幕高低于450 m（1500 ft）时；

② 当地面能见度小于5 km时。

在日落至日出之间或在有关ATS当局可能规定的在日落至日出之间的其他时间内的VFR飞行，须按照该当局规定的条件运行。

除有关的ATS当局批准者外，VFR飞行不得。

① 在6000 m以上运行；

② 跨音速或超音速飞行。

除非为起落所需或经有关当局许可，VFR飞行不得：

① 在其高离航空器半径600 m范围内的最高障碍物小于300 m（1000 ft），飞越城市、集镇或居民点的人口稠密地区或露天群众集会的上空；

② 在上述地区以外，其高离地面或水面小于150 m（500 ft）飞行。

除空中航行许可另有明示或有关ATS当局另有规定外，在离地面或水面900 m（3000 ft）以上，或在经有关ATS当局规定的较高的基准面上，VFR飞行巡航平飞时，必须符合有关巡航高度层表中规定的与航行相适应的飞行高度层。

按目视飞行规则飞行的航空器若要改为按仪表飞行规则飞行时，可按下列任一规定执行：

① 如已提交飞行计划，必须通知对其现行飞行计划要进行的必要的更改；

② 按照要求，向有关空中交通管制单位提交飞行计划并在管制空域内进行IFR飞行前取得放行许可。

按目视飞行规则实施运行的任何飞机，在昼夜间运行时不得低于距地表高度300 m（1000 ft），或低于距任何山峰、丘陵或其他飞行障碍物高度300 m（1000 ft）飞行。

二、目视放行要求

按照目视飞行规则签派或者放行飞机前，应当确认可获得的天气实况报告、预报或者两者的组合，表明从签派或者放行飞机飞行时刻起至飞机抵达签派单中所列各机场止的时间内，整个航路的云底高度和能见度处于或者高于适用的目视飞行规则最低标准，否则，不得签派或者放行飞机按照目视飞行规则飞行。

目视飞行条件下的签派放行应满足如下条件：

（1）在满足要求的天气标准的前提下，试飞、调机和训练飞行可以使用目视规则运行。

（2）公司的载客/货航班如果满足所有下述条件，允许飞行机组实施目视进近或按目视飞行程序飞行：

① 飞行始终在管制空域、机场空域内进行；

② 飞行受空中交通管制部门的管制；

③ 气象条件符合民航局规定的目视飞行规则要求；

④ 运行的气象条件始终不低于按VFR飞行所需的最低天气标准；

⑤ 飞行在距目的地机场65公里（35海里）内进行，并能观察到前方飞行活动；或已建

立并能在进近和着陆的过程中保持对目视飞行程序图中所标目视地标或机场的目视参考。

（3）如果气象条件符合民航局规定的目视飞行规则天气标准，并且满足下述任一条件，机长可以取消仪表飞行规则飞行计划，改为按目视飞行规则飞行：

① 该飞行始终保持在管制空域和目的地机场空域内，并在空中交通管制雷达的监视下，飞行机组与相应的空中交通管制部门保持直接通信；

② 飞行机组与提供机场活动咨询的陆空通信设施可以保持直接通信，且至少满足以下附加条件之一：

（i）飞行在距目的地机场 18 公里（10 海里）范围内进行；

（ii）在整个进近和着陆的过程中，建立并保持对着陆道面的目视参考。

（4）在未提供空中交通管制服务，且飞行机组不可能用其他方式取得仪表飞行规则许可的机场，则在满足下列所有条件时，飞机可按目视飞行规则起飞和离场：

① 在起飞时，天气条件符合目视飞行规则；

② 按目视飞行规则飞行的整个过程中，始终符合目视飞行规则天气标准；

③ 机组在起飞后能尽快获得仪表飞行规则的飞行许可，但不得晚于距离起飞机场 50 海里（90 公里）。

三、目视飞行起飞和着陆最低天气标准

当报告的云底高低于 300 m（1000 ft）或能见度小于 1600 m（1 mile）时，驾驶员不得按照目视飞行规则操纵飞机起飞或着陆。

在局部地表有影响能见度的因素（如烟、灰尘、吹雪、扬沙）存在时，如果起飞之后和着陆之前的所有转弯，以及超过机场边界 1600 m（1 mile）之外的所有飞行，均可在能见度受影响的局部地表面区域之上或之外完成，则昼间和夜间飞行的能见度可降至 800 m（0.5 mile）。

国内外航空公司目视飞行多适用于公司调机、训练、通用等飞行，一般不适用于航客运输飞行。

四、目视飞行规则国内运行的起飞和着陆最低天气标准

对于目视飞行规则国内运行，合格证持有人应当遵守中国民用航空规章中有关起飞和着陆最低天气标准的规定。

第三节　仪表飞行规则的签派放行

本节参考 CCAR-121.633 条规定：按照仪表飞行规则签派或者放行飞机飞行前，应当确认相应的天气实况报告、预报或者两者的组合，表明在签派或者放行单中所列的每个机场的

天气条件，在飞机预计到达时处于或者高于经批准的最低标准，否则，不得签派或者放行飞机按照仪表飞行规则飞行。

一、仪表飞行规则

1. 飞行高度规则

（1）除了起飞、着陆需要或者在考虑到地形特征、气象服务设施的质量和数量、可用的导航设施和其他飞行条件后，局方认为为安全实施飞行需要其他高度而对任一航路或者航路的一部分规定了其他最低标准的情况以外，任何人不得在本条（2）和（3）款规定的最低高度以下运行飞机。在中华人民共和国之外飞行时，本条规定的最低高度标准应当起控制作用，除非在合格证持有人运行规范中或者由飞机飞越的国家规定了较高的最低标准。

（2）按照本规则实施运行的任何飞机在昼间按照目视飞行规则运行时不得在距地表、山峰、丘陵或者其他障碍物 300 米（1000 英尺）的高度以下飞行。

（3）按照本规则实施运行的任何飞机按照仪表飞行规则运行时，在距预定航道中心线两侧各 25 公里（13.5 海里）水平距离范围内，在平原地区不得在距最高障碍物 400 米（1300英尺）的高度以下，在丘陵和山区不得在距最高障碍物 600 米（2000 英尺）的高度以下飞行。

2. 仪表飞行规则运行或者非地标领航的航路上目视飞行规则运行的无线电设备

（1）按照仪表飞行规则或者在非地标领航的航路上按照目视飞行规则运行飞机时，该飞机应当装备在正常运行条件下为满足 CCAR-121.347 条规定功能所必需的无线电设备，并且装备两套独立的无线电系统，使用其中任一套系统都能令人满意地接收所飞航路所有主要导航设施和所用进近导航设施的无线电导航信号。但是，只要求一套可以提供目视和音响信号的指点标接收机和一套仪表着陆系统（ILS）接收机。为接收航路导航信号而安装的设备也可用于接收进近信号，只要它能接收这两种信号。

（2）在依靠低频无线电信号或者自动定向仪（ADF）进行导航的航路上飞行时，如果飞机装备了两台甚高频全向信标（VOR）接收机，并且 VOR 导航设施的所在位置及飞机的油量情况，使得飞机在低频无线电定位接收机或者 ADF 接收机失效时，借助于 VOR 设备，可以继续安全地飞到某一适当的机场，并使用其他的飞机无线电系统完成仪表进近，则只需装一台低频无线电定位接收机或者 ADF 接收机。

（3）当本条（1）或者（2）款要求有 VOR 导航接收机时，在每架飞机上应当至少安装一套经批准的能接收并指示距离信息的测距设备（DME）。

（4）如果在航路上 DME 失效，则在发生这种故障时，驾驶员应当立即将故障通报空中交通管制部门。

3. 仪表飞行规则运行的仪表和设备

在仪表飞行规则条件下运行的飞机，除应装备要求的仪表和设备之外，还应当加装下列仪表和设备：

（1）一个空速指示系统，带加温的空速管或者等效装置，以防止因结冰而故障。

（2）一个灵敏型高度表。

（3）仪表灯光，能提供足够照明的仪表灯，可以使每一必需的仪表、开关或者类似的装置清晰易读，并且其安装方式使得光线既不会直射飞行机组成员的眼睛，也不会造成有害的反射光线。除非无调光的仪表灯光是令人满意的，否则应有措施控制照明的强度。

二、仪表飞行规则的起飞和着陆最低标准

航班的起飞和着陆过程是飞行事故发生概率最高的阶段，CCAR-121 对飞行的起飞、处于最后进近定位点前后和着陆前的天气要求必须满足下述要求。

（1）不论空中交通管制是否许可，当由局方批准的气象系统报告的天气条件低于合格证持有人运行规范的规定时，飞机不得按照仪表飞行规则起飞。如果合格证持有人的运行规范没有规定该机场的起飞最低标准，则使用的起飞最低标准不得低于民航局为该机场制定的起飞最低标准。对于没有制定起飞最低标准的机场，可以使用下列基本起飞最低标准：

① 对于双发飞机，能见度 1600 米；

② 对于三发或者三发以上飞机，能见度 800 米。

（2）除本条（4）款规定外，飞机不得飞越最后进近定位点继续进近，或者在不使用最后进近定位点的机场，进入仪表进近程序的最后进近航段，除非由局方批准的系统为该机场发布了最新的天气报告，报告该机场的能见度等于或者高于仪表进近程序规定的能见度最低标准。

（3）如果驾驶员根据本条（2）款已经开始实施仪表进近程序的最后进近，并在此后收到了最新的天气报告，报告的天气条件低于最低天气标准，该驾驶员仍可以继续进近至决断高或者最低下降高。当到达决断高或者最低下降高，在进近复飞点之前的任何时间内，只有符合下列条件，方可以继续进近到低于决断高或者最低下降高并着陆：

① 该飞机持续处在正常位置，从该位置能使用正常机动动作以正常下降率下降到计划着陆的跑道上着陆，并且以此下降率可以使飞机在计划着陆跑道的接地区内接地；

② 飞行能见度不低于所用的标准仪表进近程序规定的能见度；

③ 除 Ⅱ 类和 Ⅲ 类进近（在这些进近中，必需的目视参考由局方在批准时具体规定）外，驾驶员至少能清楚地看到和辨认计划着陆跑道的下列目视参考之一：

（i）进近灯光系统，如果驾驶员使用进近灯光作为参考，应当能同时清楚地看到和辨认红色终端横排灯或者红色侧排灯，否则不得下降到接地区标高之上 30 米（100 英尺）以下；

（ii）跑道入口；

（iii）跑道入口标志；

（iv）跑道入口灯；

（v）跑道端识别灯；

（vi）目视进近下滑道指示灯；

（vii）接地区或者接地区标志；

（viii）接地区灯；

（ix）跑道或者跑道标志；

（ⅹ）跑道灯。

④ 当使用具有目视下降点的非精密直接进近程序时，飞机已到达该目视下降点，且在该点使用正常程序或者下降率能降落到跑道上。

（4）当能见度低于所用仪表进近程序规定的最低能见度时，如果该机场同时开放了仪表着陆系统和精密进近雷达，且驾驶员同时使用了这两套设备，则可以在该机场开始实施该仪表进近程序（Ⅱ类和Ⅲ类程序除外）的最后进近。但是只有符合下列条件时，方可以操作飞机进近到低于经批准的最低下降高，或者继续进近到低于决断高：

① 该飞机持续处在正常位置，从该位置能使用正常机动动作以正常下降率下降到计划着陆跑道上着陆，并且以此下降率可以使飞机在计划着陆跑道的接地区内接地；

② 飞行能见度不低于所用的标准仪表进近程序规定的能见度；

③ 除Ⅱ类和Ⅲ类进近（在这些进近中，必需的目视参考由局方在批准时具体规定）外，驾驶员至少能清楚地看到和辨认计划着陆跑道的下列目视参考之一：

（ⅰ）进近灯光系统，但是如果驾驶员使用进近灯光作为参考，除非能同时看到和辨认红色跑道端横排灯或者红色侧排灯，否则不得下降到接地区标高之上 30 米（100 英尺）以下；

（ⅱ）跑道入口；

（ⅲ）跑道入口标志；

（ⅳ）跑道入口灯；

（ⅴ）跑道端识别灯；

（ⅵ）目视进近下滑道指示器；

（ⅶ）接地区或者接地区标志；

（ⅷ）接地区灯；

（ⅸ）跑道或者跑道标志；

（ⅹ）跑道灯。

（5）就本条而言，最后进近航段从仪表进近程序规定的最后进近定位点或者设施处开始。当一个包含程序转弯的程序没有规定最后进近定位点时，最后进近航段在完成程序转弯的那一点开始，并且在该点上，飞机在该程序规定距离之内在最后进近航迹上向机场飞行。

（6）除了在合格证持有人的运行规范中另有批准外，在国外机场按照仪表飞行规则起飞、进近或者着陆的驾驶员，应当遵守管辖该机场的当局所规定的仪表进近程序和最低天气标准。

三、仪表飞行规则的签派或者放行

按照仪表飞行规则签派或者放行飞机飞行前，应当确认相应的天气实况报告、预报或者两者的组合，表明在签派或者放行单中所列的每个机场的天气条件，在飞机预计到达时处于或者高于经批准的最低标准，否则，不得签派或者放行飞机按照仪表飞行规则飞行。

四、备降机场指定原则

备降机场是指飞机（航空器）在飞行过程中不能或不宜飞往飞行计划中的目的地机场或目的地机场不适合着陆，而用于航空器降落的其他机场。备降机场（alternate airport）一般在起飞前已预先选定好。CCAR-121 对备降机场的规定如下：

（1）目的地和起飞机场的备降机场应优先选择满足运行标准和运行要求、距离目的地机场或起飞机场较近的机场；

（2）如果航班运行需要指定备降机场而在签派放行单中没有列明的，必须补充签发签派放行单；

（3）指定备降机场时应充分考虑该机场的消防能力等客观运行条件，但在缺乏消防等相关信息时也不应排除这些机场作为备降机场使用；

（4）如果延程运行时间在 180 分钟内，每个指定的延程运行备降机场应当能够提供等效于或高于国际民航组织规定的第 4 类救援和消防服务（RFFS）的要求；如果无法直接在一个机场利用本条要求的救援和消防设备与人员，只要该机场通过当地获得消防增援与消防服务能力后，能够达到本条的要求，仍然可在签派或飞行放行单上将该机场列为备降机场。在改航的航路运行过程中如果当地资源可以及时被告知，30 分钟的增援响应时间应当是充足的。在改航飞机飞抵备降机场时，增援设施与人员应当可用，另外，只要改航飞机需要救援和消防服务，这些增援设施与人员就应当始终处于随时可用状态。

五、备降机场最低天气标准

对于签派或者飞行放行单上所列的起飞备降机场、目的地备降机场，应当有相应的天气实况报告、预报或者两者的组合表明，当飞机到达该机场时，该机场的天气条件等于或者高于合格证持有人运行规范规定的备降机场最低天气标准。

在合格证持有人运行规范中，签派或者放行的标准应当在经批准的该机场的最低运行标准上至少增加下列数值，作为该机场用作备降机场时的最低天气标准：

（1）对于只有一套进近设施与程序的机场，最低下降高（MDH）或者决断高（DH）增加 120 米（400 英尺），能见度增加 1600 米（1 英里）；

（2）对于具有两套（含）以上非精密进近设施与程序并且能提供不同跑道进近的机场，最低下降高（MDH）增加 60 米（200 英尺），能见度增加 800 米（1/2 英里），在两条较低标准的跑道中取较高值；

（3）对于具有两套（含）以上精密进近设施与程序并且能提供不同跑道进近的机场，决断高（DH）增加 60 米（200 英尺），能见度增加 800 米（1/2 英里），在两条较低标准的跑道中取较高值。

六、备降机场的选取

（一）起飞备降机场

1. CCAR-121.637 规定

如果起飞机场的气象条件低于合格证持有人运行规范中为该机场规定的着陆最低标准，

或由于其他原因，飞机在起飞后无法返回起飞机场着陆时，在签派或者放行飞机前应当按照下述规定选择起飞备降机场并在放行单中列出每个必需的起飞备降机场，且天气条件应当满足"备降机场最低天气标准"：

（1）对于双发动机飞机，备降机场与起飞机场的距离不大于飞机使用一发失效的巡航速度在静风条件下飞行 1 小时的距离；

（2）对于装有三台或者三台以上发动机的飞机，备降机场与起飞机场的距离不大于飞机使用一发失效时的巡航速度在静风条件下飞行 2 小时的距离。

2. 实例讲解——东航起飞备降机场选取规定

东航飞行签派手册对起飞备降机场的规定，除满足上述 CCAR-121.637 规定以外，还额外增加了以下要求：

（1）飞机必须能够按 MEL 的规定飞往起飞备降机场，并且起飞备降机场的天气实况或预报或两者组合在飞机到达时必须高于公司规定的备降机场最低天气标准；

（2）只要符合起飞备降机场的所有要求，作为计划航班中的目的地机场均可作为起飞备降机场来使用；

（3）备降机场的天气条件和设施适于发动机失效的飞机着陆，飞机还必须至少能爬升至航线最低安全高度，并能保持至起飞备降机场。

（二）航路备降机场

CCAR-121 对航路备降机场没有明确的规章规定，各航空公司根据相关规章和运行保障要求，通常做出以下规定：

（1）飞行前飞行机组应与签派员制订适用的航路备降机场，选择航路备降机场主要考虑下列因素：

◆ 跑道、滑行道的适用性；

◆ 机场设施的适用性；

◆ 天气因素；

◆ 尽可能选择有公司办事处或代理人的机场。

（2）飘降备降机场

飘降（CCAR-121.191）：对于双发飞机，如果航路运行需要考虑飞机飘降能力并受此限制，必须为此航线运行指定合适的飘降备降机场，并且在签派放行单中列明；飘降备降机场天气必须满足备降机场天气标准。

（3）ETOPS 航路备降机场

ETOPS 运行时必须指定合适的 ETOPS 备降机场，并在签派放行单和计算机飞行计划（包括 ATS 飞行计划）中做出说明。

（三）目的地机场备降机场

1. 国内定期载客运行的目的地备降机场（121.639）

按照仪表飞行规则签派飞机飞行前，应当在签派单上至少为每个目的地机场列出一个备降机场。当目的地机场和第一备降机场的天气条件预报都处于边缘状态时，应当再指定至少一个备降机场。但是，如果天气实况报告、预报或者两者的组合表明，在飞机预计到达目的地机场时刻前后至少 1 小时的时间段内，该机场云底高度和能见度符合下列规定并且在每架飞机与签派室之间建立了独立可靠的通信系统进行全程监控，则可以不选择目的地备降机场：

（1）机场云底高度至少在公布的最低的仪表进近最低标准中的最低下降高（或者决断高）之上 450 米（1500 英尺），或者在机场标高之上 600 米（2000 英尺），取其中较高值；

（2）机场能见度至少为 4800 米（3 英里），或者高于目的地机场所用仪表进近程序最低的适用能见度最低标准 3200 米（2 英里）以上，取其中较大者。

2. 国际定期载客运行的目的地备降机场（121.641）

按照仪表飞行规则签派飞机飞行前，应当在签派单上为每个目的地机场至少列出一个备降机场。但在下列情形下，如果在每架飞机与签派室之间建立了独立可靠的通信系统进行全程监控，则可以不选择目的地备降机场。

当预定的飞行不超过 6 小时，且相应的天气实况报告、预报或者两者的组合表明，在预计到达目的地机场时刻前后至少 1 小时的时间内，目的地机场的天气条件符合下列规定：

（1）机场云底高度符合下列两者之一：如果该机场需要并准许盘旋进近，至少在最低的盘旋进近最低下降高度（MDA）之上 450 米（1500 英尺）；至少在公布的最低的仪表进近最低标准中的最低下降高度（MDA）或者决断高度（DA）之上 450 米（1500 英尺），或者机场标高之上 600 米（2000 英尺），取其中较高者。

（2）机场能见度至少为 4800 米（3 英里），或者高于目的地机场所用仪表进近程序最低的适用能见度最低标准 3200 米（2 英里）以上，取其中较大者。

3. 补充运行的目的地备降机场（121.642）

对于在国外飞行的航路上，当特定目的地机场无可用备降机场时，如果飞机装载了满足 CCAR-121.660 条规定"非涡轮发动机飞机和涡轮螺旋桨发动机飞机补充运行的燃油量要求"和 CCAR-121.661 条规定"除涡轮螺旋桨发动机飞机之外的涡轮发动机飞机国际定期载客运行、补充运行的燃油量要求"的燃油，在仪表飞行规则下可以不指定备降机场。

若不满足上述"不指定备降机场"的规定，则在放行飞机按照仪表飞行规则进行补充运行时，应当在飞行放行单中至少为每个目的地机场列出一个备降机场。

（四）实例讲解

下面是国内某航空公司"飞行签派手册"中对备降机场选择的规定。存在以下情况之一时合格证持有人应指定目的地机场备降机场：

（1）在执行航班任务的飞机和运行指挥中心之间缺乏独立可靠的通信系统进行全程监控。

（2）特殊管理的国内航线、国际航班运行。

（3）国内运行时目的地机场天气情况要求指定备降机场：

① 在预计到达目的地机场时间至少 1 小时之前至 1 小时之后的时间内，相应的天气报告

或预报显示，目的地机场云底高度低于在机场标高之上 2000 英尺，或能见度少于 3 英里时，必须指定合适的备降机场；

　　② 当目的地机场和第一备降机场的天气条件预报都处于边缘状态时，必须至少再指定一个备降机场；

　　③ 边缘状态是指在飞机预计到达目的地或备降机场时预计的云高或能见度正处于发布的目的地机场天气标准或备降机场的备降天气标准。

　　（4）航班运行中存在可能的延误和空管等不确定因素，而制作计算机飞行计划和签派放行的签派员无法全部掌握和控制。

　　（5）在是否选择备降机场问题上签派员和机长没有达成一致意见。

　　（6）在相关民航当局有指定备降机场的要求时。

七、新机长的仪表飞行规则着陆最低天气标准

　　如果机长在其驾驶的某型别飞机上作为机长按照本规则运行未满 100 小时，则合格证持有人运行规范中对于正常使用机场、临时使用机场或者加油机场规定的最低下降高（MDH）或者决断高（DH）和着陆能见度最低标准，分别增加 30 米（100 英尺）和 800 米（1/2 英里）或者等效的跑道视程（RVR）。对于用作备降机场的机场，最低下降高（MDH）或者决断高（DH）和能见度最低标准无须在适用于这些机场的数值上增加，但是任何时候，着陆最低天气标准不得小于 90 米（300 英尺）和 1600 米（1 英里）。

　　如果该驾驶员在另一型别飞机上作为机长在按照本规则实施的运行中至少已飞行 100 小时，该机长可以用在本型飞机上按照本规则实施运行中的一次着陆，去取代必需的机长经历 1 小时，减少所要求的 100 小时的机长经历，但取代的部分不得超过 50 小时。

　　新机长所在飞行部门应对该新机长的运行时间和着陆次数进行统计和记录，并按规定程序公布相关数据。执行航班任务的新机长在起飞前确认目的地机场的天气情况低于新机长的仪表飞行规则最低天气标准时，为避免航班延误，可以按以下原则处置：

　　（1）重新指派符合运行要求的其他机长；

　　（2）如果新机长与具有机长资格的驾驶员编组飞行，并且该名驾驶员的运行标准能满足目的地机场最低天气标准要求，指派该名驾驶员担任机长。

　　执行航班任务的新机长在运行过程中或着陆前确认目的地机场天气情况低于新机长的仪表飞行规则最低天气标准时，如果新机长与具有机长资格的驾驶员编组飞行，并且该名驾驶员的运行标准能够满足目的地机场最低天气标准要求，除非起飞前有备份飞行任务书另行指派该名驾驶员担任机长，否则不允许新机长在目的地机场低于标准的天气条件下进近和着陆。

第四节　燃油政策

　　燃油是航空运输企业运载工具的必要保证和食粮，是保证飞行安全和完成飞行任务的基础。因此，各航空公司在现行竞争激烈的情况下，在满足民航规章"燃油政策"的基础上，

通过采取各种优化方式减少燃油的消耗，在飞机重量限制、载油量和业务载量之间寻求最优值，以提高经济效益。随着商业飞机的不断发展和航程的延伸，大多数远程飞机在国际长航线飞行时采用了二次放行程序，在保证安全的前提下，增加了业载。

一、国内定期载客运行的燃油量要求

签派飞机或者使飞机起飞时，该飞机应当装有能够完成下列飞行的足够燃油：

（1）飞往被签派的目的地机场；

（2）此后，按照规定需要备降机场的，飞往目的地机场的最远的备降机场并着陆；

（3）完成上述飞行后，还能以正常巡航消耗率飞行45分钟。

经局方批准，合格证持有人可以采用由预定点飞至备降机场的方法确定燃油：签派飞机起飞前，该飞机应当装有足够的油量，经预定点飞至备降机场，此后以正常巡航消耗率飞行45分钟，但所载油量不得少于飞至所签派的目的地机场，此后以正常巡航消耗率飞行2小时所需要的油量。

二、涡轮发动机飞机（涡轮螺旋桨除外）国际定期载客运行的燃油量要求

（1）在实施国际定期载客运行的情况下，除了经局方在其运行规范中批准外，签派或者放行涡轮发动机飞机（涡轮螺旋桨发动机飞机除外）飞行，或者使其起飞时，应当在考虑到预计的风和其他天气条件后，使飞机有足够的燃油完成下列飞行：

① 飞往目的地机场并在该机场着陆；

② 从起飞机场到目的地机场并着陆所需总飞行时间的10%的一段时间的飞行；

③ 此后，按照规定需要备降机场的，由目的地机场飞至签派或者放行单中指定的最远备降机场并着陆；

④ 完成上述飞行后，还能以等待速度在备降机场，或者当不需要备降机场时在目的地机场上空450米（1500英尺）高度上在标准温度条件下飞行30分钟。

（2）签派或者放行涡轮发动机飞机飞往未规定备降机场的目的地机场时，应当在考虑到预计的风和其他天气条件后，有足够的油量飞到该机场，然后以正常巡航消耗率至少飞行2小时。

（3）如果局方认为，为了安全，某一特定航路有必要增加油量，局方可以修改实施国际运行的合格证持有人的运行规范，要求其携带的油量多于本条（1）款或者（2）款中规定的最低限度。

三、非涡轮和涡轮螺旋桨发动机飞机国际定期载客运行的燃油量要求

（1）在实施国际运行的情况下，签派非涡轮发动机或者涡轮螺旋桨发动机为动力的飞机，

或者使该飞机起飞时，应当在考虑到预计的风和其他天气条件后，使飞机有足够的燃油完成下列飞行：

① 飞往被签派的目的地机场并在该机场着陆；

② 此后，按照规定需要备降机场的，由被签派的目的地机场飞往签派单上规定的最远的备降机场并着陆；

③ 完成上述飞行后，该飞机还能够以正常巡航消耗率飞行 30 分钟，加上以正常巡航消耗率飞往本款第①②项规定的机场所需总时间的 15%，或者以正常巡航消耗率飞行 90 分钟，取其中较短的飞行时间。

（2）签派非涡轮发动机或者涡轮螺旋桨发动机为动力的飞机飞往按照 CCAR-121.641 条（1）款第 a 项未规定备降机场的机场时，应当在考虑到预报的风和其他天气条件后，使飞机仍有足够的油量飞往该机场，并能够以正常巡航消耗率飞行 3 小时。

四、非涡轮发动机飞机和涡轮螺旋桨发动机飞机国内、国际补充运行及涡轮发动机飞机（涡轮螺旋桨发动机飞机除外）国内补充运行的燃油量要求

在放行非涡轮发动机飞机或者涡轮螺旋桨发动机飞机或者使该飞机起飞时，应当在考虑到预计的风和其他天气条件后，使飞机装载足够的燃油完成下列飞行：

（1）飞到放行的目的地机场并在该机场着陆；

（2）此后，飞到放行单中指定的最远备降机场并着陆；

（3）此后，还能按照正常燃油消耗率飞行 45 分钟，或者，对于运行规范中批准实施昼间目视飞行规则运行，并且运行非运输类飞机的合格证持有人，在实施昼间目视飞行规则运行时，还能按照正常燃油消耗率飞行 30 分钟。

如果放行飞机实施的运行包含一个国外机场，装载的燃油量按照 CCAR-121.659 条（1）款计算。

放行飞机到 CCAR-121.642 条（2）款所述的未指定备降机场的机场，应当在考虑到预计的风和其他天气条件后，装载足够的燃油，使飞机飞到目的地机场后，再以正常燃油消耗率飞行 3 个小时。

五、涡轮发动机飞机（涡轮螺旋桨除外）国际补充运行的燃油量要求

（1）在实施国际补充运行的情况下，除了经局方在其运行规范中批准外，签派或者放行涡轮发动机飞机（涡轮螺旋桨发动机飞机除外）飞行，或者使其起飞时，应当在考虑到预计的风和其他天气条件后，使飞机有足够的燃油完成下列飞行：

① 飞往目的地机场并在该机场着陆；

② 从起飞机场到目的地机场并着陆所需总飞行时间的 10%的一段时间的飞行；

③ 此后，按照规定需要备降机场的，由目的地机场飞至签派或者放行单中指定的最远备降机场并着陆；

④ 完成上述飞行后，还能以等待速度在备降机场，或者当不需要备降机场时在目的地机场上空 450 米（1500 英尺）高度上在标准温度条件下飞行 30 分钟。

（2）签派或者放行涡轮发动机飞机飞往未规定备降机场的目的地机场时，应当在考虑到预计的风和其他天气条件后，使飞机有足够的油量飞到目的地机场，然后以正常巡航消耗率至少飞行 2 小时。

（3）如果局方认为，为了安全，某一特定航路有必要增加油量，局方可以修改实施国际运行的合格证持有人的运行规范，要求其携带的油量多于本条（1）款或者（2）款中规定的最低限度。

六、计算所需燃油应当考虑的因素

飞机必须携带足够的燃油和滑油，否则应不予签派放行、起飞或航路再签派。签派放行时，计算所需燃油（是指不可用燃油之外的燃油）应当充分考虑以下各种因素。

（1）风和其他天气条件预报；

（2）预期的空中交通延误；

（3）在目的地机场进行一次仪表进近和可能的复飞；

（4）空中释压和航路上一台发动机失效的情况；

（5）可能延误飞机着陆的任何其他条件。

七、二次放行

1. 二次放行的意义

二次放行主要是为了在不违反 CCAR-121 关于国际航线的起飞油量规定，同时减少航线应急燃油，从而一方面遵守有关飞行放行的规定，另一方面又能设法利用未被使用的应急燃油，以减少目的地机场过多的剩余燃油。

CCAR-121 部规定国际航班的起飞油量必须包括应急燃油，以应对由于领航误差、天气预报及空中交通延误引起的额外燃油消耗。应急燃油为：按下降点的重量和燃油量计算的能使飞机继续飞行 10%航程时间所耗的燃油，其中航程时间是指从起飞机场飞往目的地机场并着陆的时间。

2. 实施二次放行的基本条件

（1）能够获取快速、可靠、准确的计算机飞行计划，如 SITA 和 Jeppesen 公司均可提供。

（2）便捷的地空双向通信，如语音通信、ACARS 数据通信和卫星电话通信。

3. 实施的方法

制订二次放行飞行计划的关键在于合理选择二次放行点和初始目的地机场。初始目的地机场的最佳位置应在主航道上距起飞机场 91.4% ~ 91.5% 处，二次放行点即到初始目的地机场的下降点在主航道上距起飞机场 89% 处，业载增加量为 86% 的航线应急油量。

二次放行的主要思想是合理利用国际航线燃油规定中 10% 飞行时间的应急燃油。因此，二次放行仅适于国际航线。为了减少起飞油量但又符合规则要求，在保证飞行安全的前提下，可以先将航班签派飞往近于最终目的地机场的一个初始目的地机场，然后在一个适当的空中航路点（R 二次放行点），根据当时的机上剩余油量和其他放行条件，实施从二次放行点到最终目的地机场的二次放行（图 8.1）。

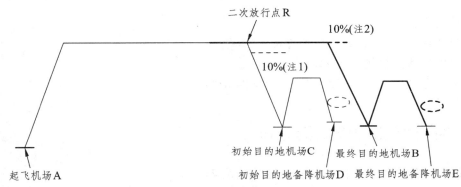

图 8.1 二次放行的原理

（1）在起飞机场的起飞油量按照初始目的地机场 C、备降机场 D 计算，油量应符合"运行手册"的油量规定，其中应包括由 A 到 C 的航程时间 10% 的航线应急油。

（2）在去初始目的机场 C 的下降点或稍前的一点 R 检查油量，若剩余燃油足以保证由 R 飞到 B，并继续飞行由 R 到 B 着陆的这段时间的 10%，还能由 B 飞到 E 后，剩余 30 分钟巡航燃油，则表明在 R 符合燃油规定，可以不用飞往 C 着陆，而是在 R 点再次放行到 B；反之，则飞往 C 着陆，补充燃油后再飞往最终目的地 B。

4. 影响二次放行效益的因素

二次放行所能增加的商载和能节省的燃油与二次放行点的选择以及初始目的地机场和备降机场的位置有关。二次放行点的最佳位置为：从二次放行点到最终目的机场所需的全部燃油等于从该点到最初目的机场所需的燃油。理论证明：当出发点到开始下降点的距离为到最终目的地机场航程的 89% 左右的下降点是最佳的二次放行点。

5. 案例分析

北京飞法兰克福，实施二次放行的方法（图 8.2）：

起飞机场：ZBAA（北京）

初始目的地机场：EPWA（华沙）

初始目的地备降机场：EDDB（柏林）

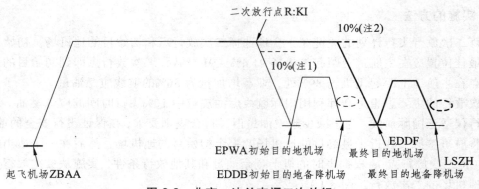

图 8.2 北京—法兰克福二次放行

二次放行点：KI

最终目的地机场：EDDF（法兰克福）

最终目的地备降机场：LSZH

实际增加业载：京—法 10%航线备份油的 81%。

八、航班燃油构成案例分析

1. 国内涡轮飞机定期载客航班燃油构成案例

下面是国航西南从成都至北京 CA1408 航班的计算机飞行计划，从该计划可知该航班的燃油构成，包括了 CCAR-121 规定的：航程燃油（DEST ZBAA）、备份燃油（RESERVE）、备降燃油（ALTERNATE）、基本燃油要求和滑行燃油、额外燃油等，总计 25219lb。

```
-- -- -- -- --- -- -- -- -- -- -- -- -- ---- -- -- -- -- -- -- -- -- -- -- --
ACFTTYPE    A330–343   TRENT772C
TAXY OUT    500
CLIMB       2E300M80
CRUISE      2ELRC
DESCENT     2E300M80

_____
FMS ROUTE – CTUPEK/001
ZUUU JTG12D JTG G212 TYN B215 BOBAK BOBA7B ZBAA

FLT RELEASE  CCA 1408   ZUUU/ZBAA   ECON CRZ
```

	FUEL	TIME	CORR	BRWT	LDGWT	ZFWT	REGN
DEST ZBAA	12788	02.19	...	181380	168592	156661	B6523
RESERVE	3911	00.45		AVG W/C P022	ISA DEV P15		
DEST HOLD	0	00.00	...				
ALTERNATE	5270	00.53	...	ZYTL FL 331	332 450	W/C P 3	
STD HOLD	0	00.00	...				
EXT HLD ALT	0	00.00	...				
REQD	21969	03.57		NOTE – LDGWT INCLUDES RESERVE FUEL			
EXTRA	2750	00.32					
TAXY OUT	500						
TOTAL	25219	04.29					

156

2. 国际涡轮飞机定期载客航班燃油构成案例

厦航 ZSAM-EHAM 的航班，起飞机场、二放点、初始目的地机场、目的地机场及相关备降机场如图 8.3 所示。

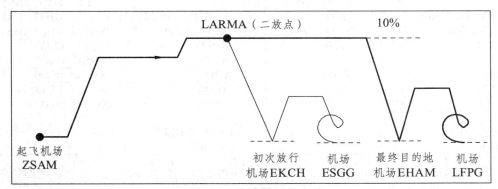

图 8.3　ZSAM-EHAM 航班二次放行示意图

该航班的计算机飞行计划如下：从该飞机计划可知该国际航班的燃油构成，包括到初始目的机场满足 CCAR-121 规定的：航程燃油（初始目的地机场 EKCH）、备份燃油（RESERVE 30 分钟）、初始备降燃油（ALTERNATE-ESGG）、初始目的地所需应急燃油（RESV 4730lb）；从二放点（LARMA）到最终目的地 EHAM 的燃油构成。

```
┌──────────────────────────────┐
│  THIS IS A RE–DISPATCH FLIGHT │ ◄───  二放飞行计划
└──────────────────────────────┘
------------------------------------------

        FUEL   TIME   DIST  ARRIVE   TOW    LDW     PLD    DOW    ZPW
DEST EHAM 059895 12/37  5513  2250Z  202751 142856  018000 117291 135291
RESV     000501 00/08   ◄───        二放计划RESV少于
                                      总飞行时间的10%
ALTN LFPG 004872 01/03  0354  2352Z  FLAPS . . . . . . .
HOLD    002192 00/30          TEMP . . . . . . .
ADD     000000 00/00          DERATE . . . . . . V2 . . . . . . .
REQD    067460 14/18
XTRA    000000 00/00          STRUCTURAL WEIGHTS LIMITS
TOTL    067460 14/18  ETW 203151 ETOW 202751 ELDW 142856 EZFW 135291
TAXI    000400 00/10  MTW 228383 MTOW 227930 MLDW 172365 MZFW 161025
RAMP TOTL 067860 14/28

TRK ZSAMEHAM
```

RE-DISPATCH FLT CXA8801 | RE-DISPATCH POINT LARMA / ETE 11.21 / BURN 055874

	FUEL	TIME	DIST
ZSAM TO EKCH	056797	11/31	5183
ALTN ESGG	002713	00/33	0183
HOLD	002202	00/30	
RESV	004730	01/11	
ADD	000000	00/00	
REQD	066442	14/06	
XTRA	001018	00/15	
LDNG FUEL	010663		
LDGW	145954		

	FUEL	TIME	DIST
LARMA TO EHAM	004021	01/17	0505
ALTN LFPG	004872	01/03	0354
HOLD	002192	00/30	
RESV	000501	00/08	
ADD	000000	00/00	
REQD	067460	14/18	
XTRA	000000	00/00	
LDNG FUEL	007565		
LDGW	142856		

RE-DISPATCH POINT FUEL REQUIRED 11586KG ← 二放点最少要求燃油

起飞机场-初始目的地机场燃油计划

二放点-最终目的地机场燃油计划

二放点到初始目的地机场航路

—————————————— RE-DISPATCH ROUTE

LARMA.M865.ROE.M743.ALM.ALM3N.EKCH

WPT FLT T WIND MACH TAS AWY MCS DST ETE EET FU FR FF/E
FREQ TRO TDV COMP S GRS MORA TCS DSTR ETA ATA AFU AFR

*LARMA 430 M65 281033 .750 481 M865 256 058 008 00.08 0515 11586 2093
390 M08 M029 01 451 010 260 0175 ... .

RVSM(HOUR 11): ALT READINGS LH...... FT / STBY ...... 二放航路点到初始目的地机场详细信息

TOD 430 M65 281032 .750 481 M865 255 041 005 00.13 0366 11220 2080
390 M08 M029 01 452 016 258 0134 ... .

ROE DSC 303041 .750 478 M865 255 020 003 00.16 0053 11167 0593
112.00 DSC M034 00 443 016 258 0114 ... .

第五节　特定情况下签派放行

一、不安全状态下的签派放行

当机长或者飞行签派员（仅国际和国内定期载客运行时）认为该次飞行不能安全完成时，除非该机长认为已经没有更安全的程序可以执行，机长不得允许该次飞行继续飞往所签派或者放行的机场。在这种情况下，继续飞往该机场就处于 CCAR-121 规定的紧急状态。

如果用于该种运行的任何仪表或者某一设备在航路上失效，机长应当遵循在合格证持有人手册中规定的适用于该情况的经批准程序。

二、仪表或设备失效情况下的签派放行

（1）在飞机所装的仪表或者设备失效时，只有符合下列条件，方可起飞：

① 该飞机具有经批准的最低设备清单；

② 局方颁发给该合格证持有人的运行规范批准其按照最低设备清单运行，飞行机组应当能在飞行之前直接查阅经批准的最低设备清单上的所有信息。查阅方法可以是阅读印刷资料或者其他方式，但这些方式应当经局方批准并规定在合格证持有人的运行规范中。经批准的最低设备清单，在运行规范中得到局方授权的，构成经批准的对型号设计的修改，而不需要重新进行型号合格审定。

③ 经批准的最低设备清单应当符合根据第（2）款规定的限制编写，并对某些仪表和设备处于不工作状态时该飞机的运行做出规定。

④ 应当向驾驶员提供注明不工作仪表与设备的记录和要求的信息。

⑤ 该飞机按照最低设备清单和运行规范中规定的所有适用条件与限制实施运行。

（2）下列仪表和设备不得包含在最低设备清单中：

① 该飞机型号合格审定所依据的适航规章中明确规定或者所要求的，并且在所有运行条件下对安全运行都是必需的仪表和设备；

② 适航指令要求应当处于工作状态的那些仪表和设备，但适航指令提供了其他方法的除外；

③ CCAR-121 要求该种运行应当具有的仪表和设备。

（3）尽管有（2）款第①③项的规定，飞机上某些仪表或者设备不工作时，仍可以依据局方颁发的特殊飞行许可运行。

三、结冰条件下的签派放行

（1）当机长或者飞行签派员（仅在国内定期和国际定期运行时）认为，在航路或者机场上，预料到的或者已遇到的结冰状况会严重影响飞行安全时，任何人不得签派或者放行飞机

继续在这些航路上飞行或者在这些机场着陆。

（2）当有霜、雪或者冰附着在飞机机翼、操纵面、螺旋桨、发动机进气口或者其他重要表面上，或者不能符合第（3）款时，任何人不得使飞机起飞。

（3）除了（4）规定外，在某种条件之下，当有理由认为，霜、冰、雪会附着在飞机上时，任何人不得签派或者放行飞机或者使其起飞，但该合格证持有人在其运行规范中具有经批准的地面除冰防冰大纲并且其签派或者放行、起飞都符合该大纲要求的除外。经批准的地面除冰防冰大纲应当至少包括下列项目：

① 详细规定如下内容：

（i）合格证持有人确定结冰条件的方法，在这种条件下，有理由认为霜、冰、雪会附着在飞机上，并且应当使用地面除冰防冰操作规程；

（ii）决定实施地面除冰防冰操作规程的负责人；

（iii）实施地面除冰防冰操作规程的程序；

（iv）在地面除冰防冰操作规程实施时，负责使飞机安全离地的每一运行职位或者小组的具体工作和职责。

② 飞行机组必需成员的初始、年度定期地面训练和检查，飞行签派员、地勤组、代理单位人员等其他有关人员的资格审定。训练和检查的内容为包括下列方面的经批准大纲中的具体要求和人员职责：

（i）保持时间表的使用；

（ii）飞机除冰防冰程序，包括检验、检查程序和职责；

（iii）通信程序；

（iv）飞机表面附着的霜、冰或者雪等污染物和关键区的识别，以及污染物严重影响飞机性能和飞行特性的说明；

（v）除冰防冰液的型号与特性；

（vi）寒冷天气飞行前的飞机检查程序；

（vii）在飞机上识别污染物的技术。

③ 合格证持有人的保持时间表和合格证持有人工作人员使用这些时间表的程序。保持时间是指除冰防冰液防止飞机受保护的表面结冰或者结霜和积雪的预计时间。保持时间开始于最后一次应用除冰防冰液的开始时刻，结束于应用在飞机上的除冰防冰液失效的时刻。保持时间应当由局方认可的数据所证明。

合格证持有人的大纲应当包括，在条件改变时飞行机组成员增加或者减少所定保持时间的程序。大纲中应当规定在超过合格证持有人保持时间表上最大保持时间后，只有在至少符合下列条件之一时才允许起飞：

（i）进行（3）款第④项定义的起飞前污染物检查，查明机翼、操纵面和合格证持有人大纲中定义的其他关键表面没有霜、冰或者雪；

（ii）根据合格证持有人经批准的大纲，使用经局方认可的备用程序，以与上述不同的方法查明，机翼、操纵面和合格证持有人大纲中定义的其他关键表面没有霜、冰或者雪；

（iii）机翼、操纵面和其他关键表面已重新除冰并确定了新的保持时间。

④ 飞机除冰防冰程序和职责、起飞前检查程序和职责以及起飞前污染物检查程序和职责。起飞前检查是指在保持时间之内，检查飞机的机翼或者有代表性的表面有无霜、冰或者

雪的情况。起飞前污染物检查是通过检查，确认机翼、操纵面和合格证持有人大纲中定义的其他关键表面没有霜、冰或者雪。这种检查应当在开始起飞前5分钟之内进行。该检查应当在飞机外部完成，但大纲中另有规定的除外。

（4）合格证持有人如果没有要求的大纲，也可以按照本条继续运行，但是，在其运行规范中应当规定任何时候只要有理由认为霜、冰和雪可能会附着在飞机上，飞机就不得起飞。但经过检查确认没有霜、冰和雪附着在机翼、操纵面和其他关键表面上时除外。该检查应当在开始起飞前5分钟之内进行，并且应当在飞机外部完成。

四、需重新签发或更改签派放行的情况（CCAR-121.621/651）

（1）中途停留机场重新或更改签派放行。

在出现下列情况时需要重新签发或更改签派放行单：

① 对于国内运行的飞机，在原签派放行单列出的中途机场地面停留超过1小时；

② 对于国际运行的飞机，在原签派放行单列出的中途机场地面停留超过6小时。

（2）飞行前，出现下列情况之一，需要重新签发签派放行单：

① 更换机长；

② 执行航班任务的飞机出现了原签派放行单上没有的MEL/CDL项目；

③ 机载油量表显示的油量超过放行单上列出的应加油量1000公斤以上；

④ 计算的最小应加油量高于签派放行单上的油量；

⑤ 机长要求增加油量；

⑥ 返航航班。

（3）飞机在航路上飞行时，初始目的地机场或者备降机场运行条件发生变化，确有必要改变为另外的机场时，则该机场应当是经批准用于该型飞机的，并且在重新签派或者更改签派放行单时，应当符合相应要求。在航路上更改签派放行单时，通常需由飞行签派员和机长共同决定，并且应当记录更改的内容。当涉及更改空中交通管制飞行计划时，应当预先和有关的空中交通管制部门取得协调。当无法进行上述协调时，飞行机组成员应在飞行计划改变之前在可能的情况下从空中交通服务部门取得相应许可。

机长和飞行签派员都应详细记录签派放行单的任何更改。飞行签派员可以记录在保存的原始签派放行单上或作为正式的电台或ACARS记录的一部分；机长可以记录在原始的签派放行单上。签派放行单的更改可以通过电报、电台（包括ACARS）或电话传送。对于每个更改的签派放行单，机长和签派员应与原始签派放行单一样，必须就航班任务可以安全地执行或继续执行达成一致意见；通过电台或电话传送更改的签派放行单时，机长或机长授权的机组成员必须复诵校对包括签派员姓名和更改时间在内的更改内容；当通过第三方传送签派放行单更改时，第三方必须立即将签派放行单传递到机组并将获得的机组接受信息转达给签派员。

五、飞至或飞离加油机场或临时使用机场的签派放行

国内、国际定期载客运行飞至或者飞离加油机场或者临时使用机场的签派，除了根据本

规则适用于飞离正常使用机场的签派要求之外，在签派飞机飞至或者飞离加油机场或者临时使用机场时，该机场应当符合本规则适用于正常使用机场的要求。

六、从备降机场和未列入运行规范的机场起飞的签派放行

（1）国内、国际定期载客运行从备降机场起飞时，该机场的天气条件应当至少等于合格证持有人运行规范中对于备降机场规定的最低天气标准。

（2）国内、国际定期载客运行在未列入运行规范的机场起飞时，应当符合下列条件：

① 该机场和有关设施适合于该飞机运行；

② 驾驶员能遵守飞机运行适用的限制；

③ 飞机已根据适用于从经批准的机场实施运行的签派规则予以签派；

④ 该机场的天气条件等于或者高于该机场所在国政府批准的或者规定的起飞最低天气标准；如果该机场没有批准的或者规定的标准时，云高/能见度等于或者高于 240 米/3200 米（800 英尺/2 英里），或者 270 米/2400 米（900 英尺/1.5 英里），或者 300 米/1600 米（1000 英尺/1 英里）。

七、延伸跨水运行的签派放行

延伸跨水运行是指飞机距最近海岸线的水平距离超过 93 km（50 nmile）的跨水运行

（1）签派或者放行飞机进行含有延伸跨水运行的飞行前，应当确认相应的天气实况报告、预报或者两者的组合，表明飞机预计到达所签派或者放行的目的地机场和必需的备降机场时，这些机场的天气条件等于或者高于经批准的最低标准，否则，不得签派或者放行飞机进行含有延伸跨水运行的飞行。

（2）合格证持有人应当按照仪表飞行规则实施含有延伸跨水运行，但该合格证持有人证明按照仪表飞行规则飞行对于安全是不必要时除外。

（3）对于其他跨水运行，如果局方认为按照仪表飞行规则运行对安全是必要的，合格证持有人应当按照仪表飞行规则实施这些跨水运行。

（4）每个按照目视飞行规则实施延伸跨水运行的批准和每个按照仪表飞行规则实施其他跨水运行的要求，均应当在该合格证持有人的运行规范中明确规定。

八、签派放行案例分析

（一）结冰条件下运行

1. 事件经过

由于受全国大面积冰雪灾害影响，长沙机场由于积雪关闭，某航空公司"成都—长沙—福州"航班不能正常执行。经签派员研究和评估，决定从成都直飞福州。签派向情报获取航路走向信息，有两条出港方式，一条为管制一号规定航路，另一条为临时航路，该航班最终

选择临时航路，避开结冰区域和长沙机场。

2. 结冰条件下运行要求

根据 CCAR-121.649 条"在结冰条件下运行"和 AC-121-50"地面结冰条件下的运行"的规定，对于结冰条件的运行要求是：

（1）结冰条件下的飞行应按机型"飞行机组操作手册"规定进行。

（2）地面有结冰条件，有霜、雪、冰附着在飞机机翼、发动机进气口、操纵舵面上时，必须确定飞机已经按公司"地面除冰/防冰大纲"进行了清理，否则不得放行飞机。

（3）当预报航线有积冰区，在选择航线和飞行高度时，考虑飞机结冰的影响。检查飞机保留故障项目，必须保证机载防冰除冰系统工作正常。

（4）在确信结冰状况对飞行安全会造成严重影响时，不得签派放行飞机，或继续在结冰区内飞行。

3. 签派放行和实施

（1）评估有关机场和航路的结冰情况对飞行的影响。

飞行签派员放行航班前要仔细研究天气资料，根据起飞机场、目的地机场和备降机场的天气实况和天气预报、高空风图、重要天气图、卫星云图等气象资料，按照结冰条件判断起飞机场、目的地机场和备降机场是否存在结冰以及航路上的积冰强度、高度和范围，并且进行性能分析，与机长共同决定是否放行。

（2）了解飞机的结冰情况。

飞行签派员应与地面机务人员和飞行机组进行交流，了解飞机的结冰情况。如果已知航路及机场处于结冰条件，除非飞机设备符合 MEL 的要求，否则不应在已知的或预报的结冰条件下放行飞机。同时飞行签派员必须了解防冰设备在中度或严重结冰条件下的使用限制，如果预计到的结冰条件可能影响飞行安全，不应放行飞机。

（3）提醒和确认飞机的清洁。

飞行签派员通过甚高频或对讲机与飞行机组和地面人员进行交流，提醒机组人员对飞机关键部位进行绕机检查，了解除冰/防冰工作的进展情况，配合地面人员完成相应的工作，达到最佳的效果。同时与管制单位尽早沟通，使得飞机在完成除冰/防冰工作后能够尽快起飞，避免在地面滑行等待时间过长，使"清洁飞机"再次被污染。

（4）密切监控有关机场和航路的结冰情况。

飞行签派员要注意查看相关的航行通告，了解相关机场的关闭信息、航路天气的变化，应积极与气象部门多沟通，主动与机场当局协调，做好航班监控和协调。

（二）航路中更改备降机场

川航 3U8783，从重庆到深圳，签派放行时深圳天气符合放行标准，正常放行该航班：
METAR ZGSZ 130400Z 16007MPS 140V200 9999 FEW020 31/24 Q1005 NOSIG =
签派员在 12:15 收到深圳机场干雷的特选报：
SPECI ZGSZ 130630Z 23009MPS 1500 +TSRA SCT010 FEW018CB 26/23 Q1005 BECMG

TL0725 SHRA SCT012 FEW020CB BKN033 =

签派员马上将该特选报转发机组，并建议机组：若天气不够落地，按照初始放行单选定备降机场的桂林或者厦门进行备降；但最终机组未采取签派员的建议，而是继续飞往深圳，由于深圳不能满足着陆要求，最后在空管指挥下前往广州机场备降。

（三）延伸跨水运行

某航 423 航班，执行 ZUUU 至 RJAA 飞行，航空器类型 A319，飞行航路为：CTU JTG12D JTG G212 VENON W504 GAO B213 WHA R343 VMB A593 LAMEN/N0468F310 A593 ONIKU/N0460F350 Y60 FU Y23 KASTE Y81 VENUS VENUSNM NRT。

因为该航班涉及延伸跨水运行，放行时除了遵循通常仪表飞行签派放行规则外，还需对以下方面进行特殊考虑：

（1）航空器配备紧急定位信标和水上救生设备：该公司执行该跨水运行的飞机均配备两套紧急定位信标（ELT），一套为全自动的紧急定位信标。

（2）机组人员完成水上迫降训练：机组成员包括飞行驾驶员、空中机械员、航空安全员和乘务员均应按照"训练大纲"熟练掌握水上迫降和应急撤离程序，熟练操作 ELT。

第六节　ETOPS 运营规则

ETOPS（双发延程营运）是 ICAO（国际民航组织）创造的一个缩写字，用来描述双发飞机以批准的 1 台发动机停车的巡航速度（在标准状态和无风条件下），在包含离合格机场远于 1 h 飞行时间的航路上做营运飞行。

ETOPS 营运只适用于海上航路和遥远偏僻地区的陆地航路。ETOPS 的目的很清楚，即允许在以前只限于使用 3 台发动机或 4 台发动机的航路上使用双发动机，这样既不降低原来的安全水平，又可以使航空公司更有效地利用其资源。

ETOPS 营运具有三项优点：一是可以节省燃油。在同一条航路上，双发动机显然比 3 台或 4 台发动机省油。二是可以在以前不能使用的航线上飞行，如现在从我国广州飞美国休斯敦，就是南方航空公司使用波音 777 来执行航班任务的。三是可给航空公司带来更大的灵活性。航空公司可以根据客流量来决定使用双发或者 3 发、4 发飞机，以给航空公司带来更好的经济效益。如 B777，从广州飞墨尔本，ETOPS 120 min 规则可能比 60 min 规则至少节省3.6 t 的燃油（燃油节省的成本），同时节省 30 min 的飞行时间。

一、基本定义

（1）可用机场：经审定符合航空承运人所用飞机运行的机场，或是符合等效安全要求的机场。

（2）合适机场：合适机场首先是一个可用机场，在该机场，根据气象报告和规则，表明其气象条件正处于或高于运行规范中规定的最低运行标准，并且该机场的场地条件在预定运行的时间中能保证安全着陆。

（3）延伸航程运行：延伸航程运行是这样一种飞行，在飞行航路上，至少包含一点，该点离可用机场的距离，以经批准的 1 台发动机不工作的巡航速度运行（在标准条件下，静止大气中）超过了 1 h 的飞行时间。

（4）中途备降机场：是一个能完成一次飞机转场飞行的可用机场。

二、ETOPS 营运

（一）ETOPS 营运区域的规定

ETOPS 营运只允许在批准的营运区域内实施。营运区域的大小取决于该航空公司认可的最长转场时间、选定的单发停车转场速度保持程序、选定的合格转场机场数量和位置。

1. 最长转场时间的确定

最长转场时间即距中途备降机场的最长飞行时间。它是民航局飞行运营主管部门在一定范围内（如 75 min、90 min、120 min、180 min）根据航空公司执行 ETOPS 营运的机型，参照机型设计核准书（TDA）和飞机飞行手册（AFM）中标明的该机型及发动机组合所规定的最长转场时间，为航空公司规定的到航线备降机场的最长时间。

2. 单发停车后的巡航速度（转场速度）

在 ETOPS 营运中，单发停车后的巡航速度（转场速度）是由航空公司自行选择的，并由国家运行部门批准的 M 数/IAS 速度组合。在下降开始时，选用 M 数，一直使用到由空速（IAS）表取代的转移点。选择的转场速度是根据 1 台发动机发生故障后预计的转场情况而采用的速度，但在国家规定允许的情况下，机长有权在评估实际情况后改变这一预计速度。

3. 满足要求的机场的确定

为确保圆满完成双发飞行营运，选定的可用机场必须满足预计的起飞和着陆重量性能要求。在确定可用机场时，应在预计飞机使用时间内考虑下列因素：

（1）机场可以使用；

（2）空中交通管制、通信、导航设备、天气报告、照明设备以及紧急服务可以使用；

（3）至少 1 台下降辅助装置可以使用（ILS、VOR/DME、VOR、NDB 等设施）。

4. 最大转场距离的确定

最大转场距离是在无风和国际标准大气条件下，在最大转场时间以内以选定的 1 发停车的转场速度保持程序和相应的巡航速度（包括从开始的巡航高度下降到转场巡航高度）所飞越的距离。最大转场距离用以确定 ETOPS 营运区域。

5. 营运区域的确定

营运区域是以每个公布为合适航线备降机场为圆心，以最大转场距离为半径确定的圆心区域，如图 8.4 所示。相应的，对应于最大转场距离之外的为非授权区域，亦称禁区。

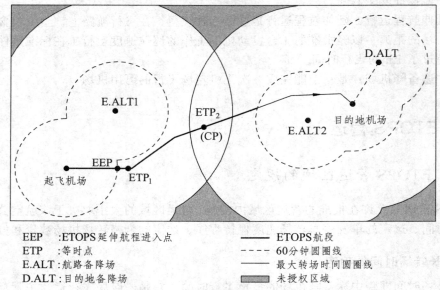

EEP	:ETOPS 延伸航程进入点	——— ETOPS航段
ETP	:等时点	----- 60分钟圆圈线
E.ALT	:航路备降场	—— 最大转场时间圆圈线
D.ALT	:目的地备降场	▨ 未授权区域

图 8.4   ETOPS 营运区域

营运区域是在无风和通常的国际标准大气条件下，考虑到有关飞机性能与单发性能和剩余发动机是在最大连续推力或小于最大连续推力状态下而确定的。所以营运区域一旦确定，就不要求对每次飞行进行重新评审，除非有一个或多个可用备降机场发生不合适的情况。

（二）ETOPS 营运的飞行签派

在每次 ETOPS 营运前，除正常飞行准备外，值班签派员还必须保证 ETOPS 营运飞行段中所选的航线备降机场（合适机场）能够满足要求，并决定临界点（CP）的位置及其相应的燃油需求。

1. 合适的航路备降机场的确定

合适的航路备降机场必须符合以下要求：

（1）具有作为可用机场所需的能力、服务和设施，并且其天气和场面条件，在特定的有效时间内，满足最低要求，保证在一旦需要改航到该航线备降机场时，能使飞机在发动机和/或一些系统不工作的条件下安全进近和着陆。

（2）在规定的有效期内，合适机场天气最低标准的一种组合：

① 单跑道精密进近：云高 180 m（600 ft），能见度 3 200 m（2 mile）；或云高高于该机场批准的着陆最低标准 120 m（400 ft），能见度大于最低标准 1600 m（1 mile）。两者以高者为准。

② 两条或多条独立的精密进近跑道：云高 120 m（400 ft），能见度 1600 m（1 mile）；或云高高于该机场批准的着陆最低标准 60 m（200 ft），能见度大于最低标准 800 m（0.5 mile）。两者以高者为准。

166

③ 非精密进近（一条或多条）：云高 240 m（800 ft），能见度 3200 m（2 mile）；或云高高于该机场批准的着陆最低标准 120 m（400 ft），能见度大于最低标准 1600 m（1 mile）。两者以高者为准。

签派员在放行飞机时，必须根据所确定的合适机场的天气情况预报（机场天气预报 TAF，航空特选天气报告 SPECI 和 SIGMET），确定在规定的有效期内，该机场自始至终符合以上最低气象条件。

（3）对每个合适的航线备降机场，要求满足机场最低天气条件的天气情况是在一个确定的时间内，即在一个规定的有效期内。有效期开始于飞机到达这个机场最早 ETA（预计到达时间）前 1 h，结束于到达机场最晚 ETA 后 1 h。

一个合适机场（备降机场）的最早 ETA，是起飞时刻加上到达沿航路考虑的备降机场与前一个备降机场之间的前 ETP 的正常飞行时间，再加上从这个 ETP 以正常巡航速度和飞行高度转场到该备降机场的飞行时间。

$$起始时刻 = 起飞时刻 + 抵达备降机场前等时点飞行时刻 +$$
$$正常航行速度与高度上的转场时间 - 1 h$$

一个合适机场（备降机场）的最晚 ETA，是起飞时间加上沿航路考虑的备降机场与下一个备降机场之间的晚 ETP 的正常飞行时间，再加上从这个在 100 000 ft 飞行高度层 ETP 以远距离巡航速度，或以上高度转场到该备降机场的飞行时间。

$$ETOPS 结束时刻 = 起飞时刻 + 抵达备降机场前等时点飞行时刻 +$$
$$以远程航速 100FL 双发飞行的转场时间 + 1 h$$

ETOPS 最低气象条件下的有效期可用图 8.5 描述。

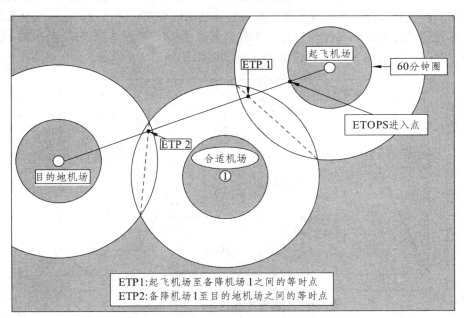

图 8.5　ETOPS 最低气象条件下的有效期

2. 等时点（ETP）的确定

等时点（ETP）是航线上的一点，该点距两个相应适用的航线备降机场在考虑了当日的风与温度条件下具有相同的飞行时间。定义 ETP 点的位置有两个目的：①飞行中用于决定是否转场飞行；②签派中用于计算转场燃油。

ETOPS 操作段是指飞机从一个机场起飞后（静风，以选定的单发停车时的转场速度）飞行超过 60 min 的航段部分。该 ETOPS 航段包括从 ETOPS 操作进入点（EEP）至退出点（EXP）之间的航段。ETOPS 操作的航线可包括一个以上的 ETOPS 操作段。

ETOPS 操作退出点（EXP）是指航线上最后一个距一个适用的途中备降机场（即在 ETOPS 操作段之后的第一个适用的途中备降机场）1 h 航程（静风，单发停车转场速度）的航路点。退出点标志着 ETOPS 操作段的结束。

3. 临界点（CP）及相应燃油要求

临界点（CP）是航路上的一个点，假设在以上发动机发生故障和/或气压泄漏，则在 ETOPS 操作段内是否转场，这是最后的机会，因而该点被用以确定临界燃油。CP 点通常是但不总是（这取决于营运区域的布局）ETOPS 航段内的最后 ETP（值得注意的是，最后的 ETP 点未必是最后的两个备降机场之间的 ETP 点）。

在签派 ETOPS 营运中，除了要求该飞机必须携带符合正常飞行的燃油和滑油外，还必须考虑下列各项：

（1）在计算燃油需要时，考虑的因素有①在预计的发动机 1 发不工作的巡航高度上及进近与着陆全飞行过程中的预报风和其他气象条件；②防冰系统的使用，以及在无防冰处表面积冰而造成的性能损失；③辅助动力装置的使用；④飞机增压和空调失效，高度须下降到符合氧气的高度上；⑤复飞后的再次进近和着陆；⑥导航精度要求；⑦已知的空中交通管制限制。

（2）临界燃油方案。临界燃油量是基于在临界点（CP）转场备降而确定的燃油量。确定临界燃油方案时可参考 1 发停车和失压的飞行剖面图，如图 8.6 所示。

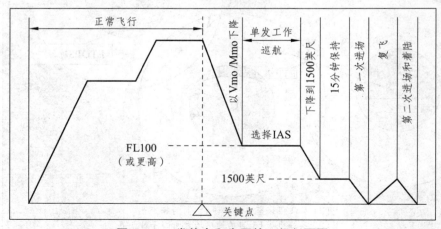

图 8.6　一发停车和失压的飞行剖面图

① 如果临界点是根据到合适备降机场的飞行时间（以经批准的 1 台发动机不工作的巡航

168

速度飞行）确定时，则假定在临界点（CP）发动机和增压系统同时失效；

② 如果飞机立即降到 3 000 m（10 000 ft），并继续在此高度以经批准的 1 台发动机不工作的巡航速度飞行，或飞机上装备有足够的辅助氧气，则继续在 3 000 m（10 000 ft）以上高度飞行；

③ 当接近目的地时，下降到高于机场 450 m（1 500 ft）的高度，等待 15 min，开始进近，随后复飞，再完成正常进近和着陆。

综上所述，计算 ETOPS 临界燃油时应考虑：① 从 CP 点到备降机场（在机场上空 1500 ft）消耗的燃油；② 1 500 ft 上空保持 15 min 的燃油消耗量；③首次进近/复飞/第二次进近消耗的燃油；④ 以上油耗的 5%作为意外耗油量；⑤ 以上耗油的 5%作为燃油率补偿；⑥任何 MEL 项目的影响；⑦ 如果有结冰预报，则燃油增加；⑧ APU 耗油（如果要求 APU 作为电源 MEL 项）。

有些航空公司根据航路或本公司运营政策的具体情况，还要加上从起飞到 CP 点 2%～3%的应急燃油。

（3）临界燃油必须与该次飞行正常要求的燃油相比较。如果临界燃油量超过了临界点时的飞机燃油量，则必须增加燃油到能满足临界燃油的要求。

（三）案例分析

广州到洛杉矶的航线因为缺乏足够的备降机场，在"60 min 规则"的限制下是不允许双发飞机执行的，但在获得 ETOPS 180 min 运行批准的情况下，却允许承运人使用双发飞机灵活地经营此航线。

其营运过程如下：

（1）制作飞行计划（航班起飞前 4 h）：研究天气、航行通告，选择航路，研究 MEL、起飞机场条件，收集预计业务载量/无油重量信息，制作计算机飞行计划，检查飞行计划。

（2）计划资料发送（起飞前 2 h）。

（3）航班放行（起飞前 100 min）：签派员将飞行计划、放行单、气象简报、航行通告一起交给飞行机组，与机组一起准备并向机组讲解。待机组研究完有关资料、确定油量、共同签字放行后，将油量数据（总加油量、耗油量）通知配载部门。如果油量与计划值相差较大（超过 1 吨），则重新制作飞行计划，作为跟踪之用。

（4）飞行跟踪（放行后至航班结束）：

① 起飞前，通过现场协调部门了解航班准备情况，如发现长时间延误，发送 DLA 电报。

② 飞机起飞后，机组通过 ACARS 下传一份起飞报，签派员收到后应马上上传一份证实报。如果收到的 ACARS 电报格式有错，应在上传电报中要求机组重新初始化 ACARS。

③ 飞机起飞后，每 30 min ACARS 将自动下传一份位置报，签派员应将电报中包含的经纬度、时间、高度、油量、风等信息填入飞行计划并与之比较。发现有较大偏离时，通过发报/卫星电话了解具体情况。

④ 签派员全程监控航路天气及所有有关机场的天气状况。飞机起飞后，所有机场的着陆标准按机场进近程序的最低天气标准执行。当计划所选备降机场天气转坏，低于最低天气标准时，签派员应根据飞机所在位置重新选取 ETOPS 备降机场。如果没有合适的备降机场，则重新选择航路，制作飞行计划，向 ATC 申请获批准后发送新计划到飞机上，通知机组执行新航路。如果无符合条件的航路，则通知机组返航，并通知地面保障部门做好各项准备工作。

⑤ 签派员应保持对相关机场及情报区的 NOTAM 的监控，及时将新收到的影响飞行的 NOTAM 上传到飞机上供机组使用。签派员对 NOTAM 进行评估，并及时做出必要的计划调整。

⑥ 飞机进入 ETOPS 飞行前 1 h，机组将下传该信息，签派员将 ETOPS 备降机场的天气实况（METAR 和 SIGMET）及更新的预报（TAF）上传给机组。

⑦ 在以后的飞行中，到达每个 ETP 前 1 h 签派员同样上传相关 ETOPS 备降机场的天气实况及更新的预报。飞机着陆前 1 h，签派员将目的地机场及备降机场的天气实况和预报上传给机组。

⑧ 飞机着陆后，通过 ACARS 发送一份落地报。

（5）资料回收。航班结束后，飞行员应将所有飞行文件交回运行控制中心，由运行控制中心归档和分析。

三、ETOPS 营运要求

1. ETOPS 营运的申请条件和批准依据

（1）为获得实施延伸航程运行的批准，合格证持有人必须演示，证明其飞行计划的双发飞机延伸航程运行能与现行 3 发和 4 发涡轮动力飞机所要求的安全水平一致。为了演示这一点，申请人必须提供足够的证据，证明在延伸航程运行中所用的飞机发动机组合符合下列标准，或者提供可接受的证据，证明这种演示已经作为型号设计批准的一部分而完成：

① 延伸航程运行所需的系统在设计上是符合失效安全标准的，并且它们能持续地得到维修，运行在与所申请运行相适应的可靠性水平上。

② 以空中停车率（IFSD）度量的动力系统可靠性已达到每千小时 0.05 次以下，并且有理由预计，空中停车率将继续降低至低于每千小时 0.02 次。

③ 申请人的训练大纲、运行大纲能达到并保持一个可接受的系统可靠性水平，以安全实施所申请的延伸航程运行。

（2）持续适航性。民航局可在任何时候要求修订 CMP 标准，以便纠正后来出现的妨碍达到所要求的可靠性水平的问题。民航局将根据需要采取行动，要求彻底贯彻 CMP 标准的修订，以便达到和保持所需的可靠性水平。修订标准生效之前的 CMP 标准将不再认为适合于其后的延伸航程运行。

（3）延伸航程运行采用修改合格证持有人运行规范的方法进行运行批准。

2. ETOPS 营运要求的使用经验

（1）除有关规定外，合格证持有人必须具有本条要求的与所申请运行相适合的最低限度的使用经验。申请人必须对所用的机体发动机组合有足够的维修和运行经验。

（2）在批准延伸航程运行之前，必须证明，在全世界机群中，所申请的该特定机体发动机组合的单套动力系统空中停车率（IFSD）和机体系统可靠性，能够达到或已经达到可接受的和相当稳定的水平。动力系统可靠性的这种确定，必须根据本分部的要求，从包含所有空中停车事件和发动机可靠性重大问题的全世界机群数据库中获得。这种确定必须考虑经批准的最大改航飞行时间、已发现的系统问题的纠正和空中启动能力可能降级的情况。

（3）在民航局按逐个审查的原则对其评审和同意后，要求的使用经验可以减少或增加。对使用经验要求的任何减少和增加，将根据对该合格证持有人能力和资格的审评，看其是否能使该特定机体发动机组合在延伸航程运行中达到所必需的可靠性：

① 75 min 运行。民航局认为，根据合格证持有人运行和维修的一般经验和延伸航程计划，能够达到足够的安全水平，则可批准该合格证持有人在具有该机体发动机组合的最低限度使用经验或没有使用经验的情况下，实施 75 min 延伸航程运行。在做出决定时要考虑所申请的运行区域、合格证持有人演示的将飞机成功投入运行的能力、所准备的维修和运行大纲的质量等因素。

② 120 min 运行。为了以最多 120 min 的改航飞行时间（在静止大气中）实施延伸航程运行，合格证持有人必须至少具有连续 12 个月使用该特定机体发动机组合的运行经验。民航局根据达到同等安全水平的要求，可以增加或减少该使用经验要求。

③ 180 min 运行。为了以最多 180 min 的改航飞行时间（在静止大气中）实施延伸航程运行，合格证持有人必须至少已获得连续 12 个月使用该特定机体发动机组合实施 120 min 延伸航程运行的经验。民航局根据达到同等安全水平的要求，可以增加或减少该使用经验要求。为了满足本款经验要求，如果民航局批准，可以用实际实施 120 min 延伸航程运行等效的使用经验来代替。

3. ETOPS 营运的批准程序

申请双发飞机延伸航程运行批准的合格证持有人，必须在使用该特定机体发动机组合开始延伸航程运行计划日期至少 60 天之前，向民航局提交申请书和必需的证明材料。随申请书提供的资料必须证明该合格证持有人实施和支持这些运行的能力与资格，且必须包含为满足本条款所有要求而使用的方法。

申请人必须向民航局提供足够的资料，以便：

（1）将该合格证持有人的数据与其他营运人及全世界机群的平均值进行趋势比较；

（2）评估该合格证持有人有关型号的发动机的动力系统可靠性的过去记录，以及该合格证持有人申请延伸航程运行批准的该机体发动机组合所达到的系统可靠性记录。

该申请人还必须向民航局提交下列信息：

（1）杜绝在前次飞行中出现动力系统停止，或机体主要系统失效，或系统性能出现明显恶化趋势的飞机，在没有采取适当纠正措施前，被签派做延伸航程运行的程序和中心控制程序。在某些情况下，为确定采取的措施是否适当，可能需要成功地完成一次或多次不载旅客的飞行或非延伸航程载客飞行（根据情况），然后才可签派做延伸航程运行。

（2）用于保证机载设备持续保持其性能和可靠性水平，以符合延伸航程运行的大纲。

（3）发动机状态监控大纲。

（4）发动机滑油消耗监控大纲。

（5）一旦获得运行批准，当合格证持有人对为合格于延伸航程运行而制订的维修和训练程序、常规或限制进行修改时，必须将其实质性修改内容在被采用前至少 60 天向民航局报告。

如果民航局认为其申请书和证明资料是可接受的，申请人必须根据有关规定和民航局提出的其他指导意见，实施运行检验飞行。如果对运行检验飞行的评审认为是可接受的，民航局将批准申请人使用该机体发动机组合实施延伸航程运行。

课后参阅规章和手册

（1）CCAR-121：《大型飞机公共航空运输承运人运行合格审定规则》；
（2）航空公司《飞行签派手册》。

（1）VFR 的签派放行的要求是什么？
（2）IFR 的签派放行的要求是什么？
（3）如何选择备降机场？简述备降机场天气标准。
（4）哪些情况下禁止放行航空器？
（5）简述国内、国际定期载客运输和补充运行的燃油政策规定。
（6）从下列计算机飞行计划中确定该航班应装载的最低起飞油量：

FLT RELEASE CCA 991 ZBAA/CYVR 18MAY16

	FUEL	TIME	CORR	BRWT	LDGWT	ZFWT	REGN
DEST CYVR	79501	10.02	....	310900	231399	217988	B2033
RESERVE	1500	00.14	....	AVG W/C P001		ISA DEV P01	
DEST HOLD	0	00.00	....				
ALTERNATE	8211	01.06	....	CYEG FL 290 461 450 W/C P43			
HOLD	3040	00.30	....				
EXT HLD ALT	0	00.00	....				
ETP/BU	0	00.00	....				
RECLR/BU	0	00.00	....				
REQD	92252	11.52	....	NOTE – LDGWT INCLUDES RESERVE FUEL			
EXTRA	660	00.06					
TAXY OUT	570						
TOTAL	93482	11.58					

RECLR FIX–SNOUT TO PANC   FROM RECLR POINT –– SNOUT
BURN ZBAA–PANC   72331 09.02   FUEL RQD TO CYVR   / 24591
CONT   6144 00.55   FUEL RQD TO PANC   / 12131
ALTN PAFA   5065 00.40
STD HOLDING   3018 00.30
REFILE FUEL RQD 86558 12.03
EXCESS   6354 00.56

（7）什么是 ETOPS 运行？简述 ETOPS 的运行要求。
（8）根据下列运行条件判断是否能放行并选择合适的备降机场。

某航空公司采用 A330 型飞机，从北京飞至广州，预计飞行时间 3 小时 20 分，已知气象情报如下：

起飞机场天气

METAR ZBAA 070200Z 01003MPS 330V070 CAVOK M06/M19 Q1036 NOSIG=

TAF ZBAA 062235Z 070024 35004MPS CAVOK BECMG 0405 29004MPS BECMG 0708 20004MPS=

目的地机场天气
METAR ZGGG 070200Z 36007MPS 9999 BKN025 08/02 Q1028 NOSIG=
TAF ZGGG 062231Z 070024 35004MPS CAVOK=

备降机场天气：
METAR ZGHA 070200Z 06002MPS 010V100 7000 -RA BKN006 OVC050 23/21 Q1002 NOSIG =
TAF ZGHA   062240Z 35006MPS 3500 TSRA BR FEW004 BKN006 FEW050CB BKN050 22/21 Q1003 BECMG TL0800 -SHRA =

METAR ZSAM 070200Z 04001MPS 9999 SCT010 BKN023 OVC060 12/10 Q1025 NOSIG=（SPECI）
TAF ZSAM 062000Z 070024 04005MPS 6000 -RA SCT030 BKN050=

METAR ZGSZ 070200Z 01005MPS 9999 BKN030 SCT120 09/04 Q1025 NOSIG=
TAF ZGSZ 062240Z 070024 01005MPS 9999 SCT020 BKN060 TEMPO 0012 01010MPS=

METAR ZGSZ 070200Z 01005MPS 9999 BKN030 SCT120 09/04 Q1025 NOSIG=
TAF ZGSZ 062240Z 070024 01005MPS 9999 SCT020 BKN060 TEMPO 0012 01010MPS=
飞越的情报区、管制区 PIB：
ALL ZBPE =NIL
ALL ZHWH=NIL
ALL ZGZU=NIL

第九章　签派程序与方法

签派程序与方法主要阐明了最基本和最主要的工作方法和程序。但瞬息万变的条件和多样的信息使得任何工作方法和程序都不是一成不变的，安全、高效是签派员工作追求的唯一目标，任何程序和方法都应符合这个要求。

第一节　各飞行阶段的飞行签派工作

一、飞行签派各阶段的工作

飞行签派工作一般分为四个阶段：飞行预先准备阶段、飞行直接准备阶段、飞行实施阶段、飞行讲评阶段。

1. 飞行预先准备阶段的签派工作

飞行预先准备是组织飞行的重要环节。飞行预先准备阶段的飞行签派工作应当充分准备，预计到可能发生的各种复杂情况，拟定飞行签派方案，保障飞行任务的顺利完成。

签派人员应于飞行前 1 日根据下列情况拟定次日飞行计划：① 班期时刻表；② 运输部门提出的加班和包机任务；③ 有关部门设置的专机以及其他飞行任务；④ 航空器准备情况；⑤ 飞行队空勤人员的安排情况；⑥ 气象情况、航行通告、航线和机场各种设备保障情况；⑦ 有关机场的燃油供应情况；⑧ 机长提出的飞行申请。

签派人员拟定的次日飞行计划应当报航空公司值班经理审定，经批准后，向有关空中交通部门申请并通知公司各有关单位。航空公司的飞行预先准备会议，通常于飞行前 1 日进行，由值班经理主持。航空公司飞行预先准备的内容，主要是汇报飞行的准备情况、研究和解决飞行中可能发生的问题、协调各部门之间的协作配合、制订特殊情况下的处置方案。

2. 飞行直接准备阶段的签派工作

飞行直接准备是在飞行预先准备的基础上，在起飞前所进行的飞行准备工作。飞行直接准备的内容是：研究天气情况、检查飞行前的飞行准备和地面各项保障工作、决定放行航空器。

签派人员应于飞机起飞前 1 h 30 min 收集以下情报：① 起飞机场、航路、目的地机场和备降机场的天气实况以及天气预报；② 航空器准备情况；③ 有关客货情况；④ 航路、机场设施和空中交通服务情况；⑤ 最新航线通告；⑥ 影响飞行的其他情况。

签派人员应当检查飞行人员是否按规定时间到达现场进行飞行直接准备，并了解准备情况是否合格。

签派人员发现机组人员思想和健康状况不合适飞行，应当立即采取必要措施，决定推迟或者取消飞行，并报告公司值班经理。

签派人员应当根据飞行计划认真研究起飞机场、航路、目的地机场和备降机场的天气实况和天气预报以及各项保障情况，在确认飞行能够安全进行后由签派员和机长共同在飞行放行单上签字放行。

签派人员应当认真及时计算携带油量和允许的起飞重量，并通知有关部门配载、加油。

在未派签派员的机场，航空器的放行由航空公司委托的签派代理人负责；或者由公司指定的签派室将签派员签派的飞行放行电报发给该机场的交通管制部门转交给机长，并由机长签派放行；也可由公司授权机长负责决定放行。

起飞机场的签派员，应当根据需要与降落机场签派员或其代理人对放行事宜进行协商；降落机场签派员或其代理人如遇机场天气和设备不适航，应及时通知起飞机场签派员或其代理人。

为提高航班正常性，航空公司可以安排签派人员为机组填写飞行计划，领取飞行气象报文、航线情报资料，并办理离场手续。

签派人员确认航空器可以放行后应通知有关部门。

3. 飞行实施阶段的签派工作

航空器起飞后，签派人员应按规定及时向签派系统有关单位拍发起飞电报。

签派人员应当随时掌握本签派区起飞机场、航路、降落和备降机场的气象情报。

签派人员应掌握本签派区所签派航空器的飞行动态，在公司频率上与航空器保持联络。在某些地区不能与航空器建立联络时，可委托其他部门代为联络，及时了解飞行动态。

降落机场的签派人员收到航空器起飞电报后，应计算预计到达时间并通知有关单位。

4. 飞行讲评阶段的签派工作

航空器降落后，降落机场的签派人员应当拍发降落电报，通知有关单位。

降落机场签派人员应当听取和收集机长关于飞行经过和影响飞行的不正常情况的汇报。

对飞行中发生的事故、事故征候和不正常情况，签派人员应当将了解的情况报航空公司值班经理和有关部门。

签派人员应当进行航班的正常性统计，分析飞行不正常原因，向航空公司经理提出提高航班正常性的建议。

签派人员应当编写飞行情况简报，呈报航空公司经理，并抄送有关部门。

二、飞行签派工作的一般规定

（1）放行许可可以采用飞行放行单或者飞行放行电报的形式。飞行放行单或放行电报如图 9.1 所示，其内容应当包括：①飞行日期、预计起飞时间；②航空器型别、登记号和航班号；③起飞机场、目的地机场和备降机场；④飞行航线；⑤起飞油量。

电报等级 PRIORTY			收电地址 ADDRESSEE(S)	
发电地址 ORIGINATOR			申报时间 FILING TIME	
许可标志 CLR	日期 DATE	起飞时间 TIME OF DEPATURE		飞行规则 FLT RULES
航班号 FLGHT NO.		航空器型别 TYPE OF AIR CRAFT		航空器登记号 REGISTRATION NO.
飞行航线 ROUTE TO BE FLOWN				
起飞机场 DEPARTURE AERODROME				
目的地机场 DESTINATION AERODROME				
备降机场 ALTN AERODROME				
起飞油量 TTL TAKE OFF FUEL				
飞行组成员 FLT CREW				
其他 OTHER				
签派员 DISPATCHER			机长 PILOT-IN-COMMAND	

图 9.1 飞行放行单（电报）

（2）复杂气象条件下放行航空器，应当采取签派员、气象员和飞行人员相结合的方法，认真分析天气情况，拟定飞行方案，既要遵守天气最低标准，又要不放过可飞时机。其准则是：

① 当降落机场天气实况低于机场天气最低标准,而天气预报在航空器预计到达时高于机场天气最低标准；或者当降落机场天气在航空器预计到达时低于机场天气最低标准，而在起飞前天气实况高于机场天气最低标准，除非有天气稳定可靠的备降机场和携带足够的备用油量，否则，不得放行航空器起飞。

② 起飞机场的天气实况（云高、能见度）低于该机场的最低天气标准，但不低于该机场起飞标准时，除非起飞机场有符合下列条件的备降机场，否则不得放行航空器起飞。

（i）该备降机场的条件是：天气稳定可靠且高于机场天气最低标准；

（ii）离起飞机场的距离，双发航空器不超过 1 h 航程（按 1 发失效、正常巡航速度计算），3 发或者 3 发以上航空器不超过 2 h 航程（按 1 发失效、正常巡航速度计算）。

（3）每次飞行，应当指定一个备降机场。但是，当降落机场或第一备降机场天气处于标准边缘时，必须至少再指定一个备降机场。

（4）凡遇下列情况，禁止放行航空器：

① 机组中的飞行人员定员不齐，或者由于思想、技术、身体等原因，不适合该次飞行；

② 空勤人员没有进行飞行前准备，没有防劫持措施或者准备质量不合格；

③ 机组未校对该次飞行所需的航行情报资料；

④ 机组没有飞行任务书、飞行放行单、飞行气象情报、飞行人员执照、飞行手册、航行手册及其他必需的各类飞行文件；

⑤ 航空器有故障，低于该型航空器最低放行清单的规定；

⑥ 航空器表面有冰、雪、霜没有除净；

⑦ 少于规定数量的航行备用燃油；

⑧ 装载超重或者装载不符合规定；

⑨ 起飞机场低于机场或航空器的最低天气标准，航线上和起飞机场上空有不能绕越的危险天气；

⑩ 航线或机场的地面保障设施发生故障，不能保证飞行安全；

⑪ 在禁区、危险区、限制区内和机场宵禁的有效时间内。

第二节　签派程序

一、签派工作的目的

飞行签派的目的保证是安全、合法、高效率的飞行，与机长、其他部门和代理人协调一致。为达到这些目的，签派员必须持续关注影响飞行的环境变化情况，按照已建立的法规、政策和程序，准备以适当的方式处理。签派员在执行职责时，应该超前计划、预测问题、建立工作重点和运用良好的判断力。签派工作流程如图 9.2 所示。

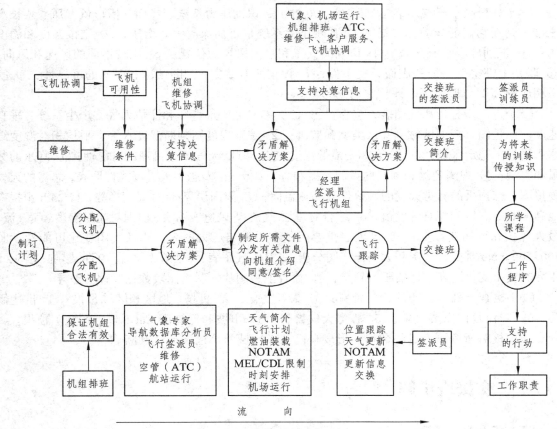

图 9.2　签派工作流程

二、自我天气讲解

下列指导纲领是为了帮助分析和解释可用的天气数据。它并不是一个硬性规定的提纲，而是形成自我天气讲解方法的起点。

（1）查天气图，识别压力系统，判断下列问题：① 气团类型（冷、热、干、稳定、不稳定）；② 过去的和预期的运动（方向和速度）；③ 压力系统（加深、中心增压、无变化）；④ 由地形或水体引起的过去和预期的气团变化；⑤ 潮湿区域和低高度平流结构；⑥ 强烈上升和下降气流的区域；⑦ 温度/露点（扩展和趋势）；⑧ 强和弱的梯形区域；⑨ 与地面形势图相比较的气压系统位置（看地面形势图讨论，理解预报推理）。

（2）识别锋面、槽形低气压和狭长高压带，判断下列问题：① 锋面类型（冷、暖）；② 锋面强度（弱、中等、强、增强、减弱、无变化）；③ 锋面活动的特征（增加、减少、无变化）；④ 过去的和预期的锋面槽形低气压的运动（方向和速度）；⑤ 高压脊可能对天气系统的堵塞作用；⑥ 与表面程序相比较的位置（评估差异）；⑦ 卫星图片与天气图的特性的关联（证实连续性）。

（3）联系天气绘图、雷达概要图表与表面地图，评估下列问题：① IFR（仪表飞行规则）、MVFR（临界目视飞行规则）和VFR（目视飞行规则）天气的区域和运动，判断未来变化；② 雾、阵雨、雷暴、雹、冻结降水和阵雪的区域、强度和运动，判断产生机理（producing mechanism）相关的天气和强度可能性；③ 云底、云顶和预期的变化。

（4）分析高空天气图表（850/700/300/200），识别压力系统、锋面、槽形低气压、狭长高压带，判断它们的运动，包括：① 判断压力系统是否加深或中心增压；② 定位湿度和温度场；③ 识别冷暖平流区域；④ 识别喷气流和最大风核的位置；⑤ 比较不同的风速和风向；⑥ 联系上部空气特征和表面天气条件；⑦ 评估所有数据，判断结冰和颠簸的可能性；⑧ 联系相应的高度与形势图，评估它们的差异。

（5）进一步分析相关图表，包括：① 12/24/36/48 h 形势图和评估天气，产生系统、垂直速度、涡量图、潮湿区域、降水类型和数量；② 综合湿度图判断湿度水平、平均相对湿度结冰水平和不稳定区域；③ 综合最高/最低温度图表，判断天气产生机理的可能性；④ 降水的数量和类型；⑤ 观测到的和预报的风的速度和方向；⑥ 雷暴/恶劣天气可能性图表，恶劣的天气预报图有已预报的恶劣天气的大致位置和覆盖面；⑦ 附面层风/相对湿度形势，12/24 h 预报离地高度 600 m 风和相对湿度值；⑧ 综合对流层/气流/等风速线图表，识别对流层高度、喷气流、最大风核和风切变数据；⑨ 高度层重要天气和对流层压力图表，判断气团变化可能性；⑩ 400~700 mbar 重要天气图和太平洋地图分析，高空空气图表，评估对太平洋飞行的影响；⑪ 12 h 压力的气压变化图表，评估压力趋势；⑫ 检查卫星图片，联系图表数据，评估差异。

（6）检查下列已打印的天气资料：① 天气变化；② 机场、地区和区域预报；③ 雷达概要；④ 对流性的重要气象；⑤ 恶劣天气警告；⑥ 山坡和低高度 Cat（晴空颠簸）预报。

（7）核对所有研究过的数据，形成自己工作区域的小范围天气判断。

三、交接班讲解

（1）获得天气判断。

（2）获得工作信息，必须包括但不限于以下项目：① 未完成的任务；② 天气预报/备份燃油要求讨论；③ 禁止的跑道、防水重量、温度预报员超控、计划咨询电报；④ 机场的问题：机场天气、航线通告、地面处理、滑行、停机门、燃油、ATC/延误；⑤ 航路上的问题：机械、天气、旅客、机组、特别航线飞行、警戒、非正常工作；⑥ 未来问题：有效载重、机组航线飞行、MEL（最低设备清单）项目、非正常燃油载重、晚点运行。

（3）从前一个签派员接受交班责任之前，必须确认完全熟悉自己工作区域的环境。

四、交班准备

交班初始完成下列项目：① 签派员的名字；② 检查天气、航站预报、常规和航路上的航行通告；③ 检查签派区的所有禁止跑道，保障关闭的/取代的跑道在总重量程序中禁止使用；④ 检查和更新机场预报员的温度、跑道、防冰、地物干扰、最低标准；⑤ 检查机场条件，判断最后的更新、有效性和对飞行的影响，如需要，联系机场；⑥ 检查机场备份燃油要求，按要求删除或增加备用或等待燃油；⑦ 检查和评估当时颠簸和结冰报告，以及颠簸预报；⑧ 检查和评估有效的重要气象和天气警告；⑨ 燃油限制；⑩ 检查加班飞行指配情况；⑪ 检查最新工作信息，包括文档（书和电脑）、FOM 修订书、电脑部分讲解页面、电子通告牌，保持签派资格；⑫ 检查机场设备问题。

五、任务管理

任务管理的正常优先权为：①紧急情况和安全项目；②通知飞行员；③联络；④工作任务。但是，每天的工作会有调整，工作条件的紧急情况决定工作优先权的顺序。

（1）紧急情况和安全项目。根据实际情况决定，最先处理紧急情况和安全相关的情况。

（2）通知飞行员。通知飞行员必须在起飞之前，如需要，在航路上更新下列信息：

① 与安全相关的条件，如在飞行航线上的重要气象、颠簸和雷暴。

② 飞行环境的改变，如更新的风信息、备用机场和目的地天气通告、机场航站区延误、不工作设备、机场条件、加上主要转场航站等。

③ 保证下线最低设备清单许可。

④ 飞机下线的改变和/或放行修订和增补。

（3）联络，包括：迅速回答无线电，给出姓名和区域；迅速回答电话，如正在无线电通话或者其他线上，将电话置于等待位；回答姓名和区域；回答其他签派员的电话。

（4）工作任务，包括：

① 通知离场前的问题，如机长要求、备用油改变、商载改变、MEL 项目。

② 更改前面放行的航班，凡因当时备份燃油要求可能增加或减少，如果与起始放行有所改变，要更新飞机号。

在中枢航站，离场前 1.5 h 之内不要改变燃油，除非十分必要；在其他航站，离场前 45 min 之内不要改变燃油，除非十分必要。

离场前 1 h 之内燃油改变要通知中枢航站区域管制员；在其他航站，离场前 45 min 之内燃油改变要通知。

更换飞机的航班，离场前 2 h 检查飞机服务能力，有任何问题，通知中枢航站管制员和签派员。

③ 放行和通过检查。

④ 如需要，签派员应该互相帮忙。

以上的工作重点并不排除签派员的这些责任：连续监控天气、设备和飞行进程，以及履行其他签派职责。从工作岗位暂时离开时，签派员有责任处在有效范围之内。

六、飞行计划和放行

燃油计划是一个连续的过程，必须一致反映当时的天气预报和工作条件。另一个签派员通过放行时不能改变此燃油，除非提前达成协议。

1. 备降机场选择

① 根据设备类型尽可能使用最近的备降机场。需要时尽可能经常检查和调节设备。

② 如果两个备降机场都在边缘，或在天气区域之前和之后需要备降机场，计划双备降机场。

③ 需要时在备份燃油要求程序中使用许多时段覆盖这些情况。

④ 只能在例外情况下使用备份燃油要求超过规定要求（解决业务载重问题，运送政策燃油或最近更改/调整）。

⑤ 当有起飞备降机场时，负责为航站确定备份燃油要求的签派员应通知其他签派员。

2. 对等待燃油的要求

一般不要求飞机有等待燃油，但如果遇下列情况，则要求增加等待燃油：ATC 延误、接近最低天气条件、MEL 需求、平衡需求。

3. 放行因素

（1）在 MEL、天气限制内，在最高效率的跑道和航线上放行航班。可能有必要与 ATC 协调员一起工作，得到 ATC 许可航线。

（2）尽最大努力装备所有计划的业务载重。与相关的 SOC 和航站决定业务载重问题。

按照加油计划，除非工作条件不允许（即业务载重、机场条件）直飞飞行中，非计划的降停作为最后的选择，考虑下列因素：① 减少/删除，等待/偶然情况燃油；② 与相关的 SOC 和本站协调，减少业务载重；③ 向 SOC 要求转换飞机，特别是有油箱容量问题或者 ATOG 问题时；④ 放行快速进入航站航线，重新许可通过。

（3）设置额外的降停之前通知值班经理。发送放行之前，与正常处理降停的签派员协调。如果在计划目的地有地面延误程序，通知 ATC 协调员。在航路上降停时如果有任何地面延误，由 ATC 协调员进行处理。

（4）放行带有 MEL 限制项目时，和 SOC 核对，确定计划维护的地方，再核查到维护点的全部航线顺序的可接受性。当机长、签派员或另一签派员拒绝一架飞机时，拒绝飞机之前应通知值班经理，考虑按各种方案运行，如较低高度、不容航线、燃油经停等。

（5）当维护人员呼叫并要求延缓航班的标牌号码，复述给呼叫的人，并确认这是要延缓的项目。确定所谈论的是同一个项目。同意延缓之前收集应用于标牌项目的所有信息，这将有助于保证安全工作，可能避免延误。不要匆忙给出仓促的、不正确的信息。

（6）发送不正常加油通报，作为放行的一部分，如果通过航站加油，要求多个不正常加油通报。

（7）如果计划燃油超过备份燃油要求，备注中必须包括原因。

（8）如果机长为增加燃油要求增加新的数量，在备注中注明是机长的要求。

（9）当放行签派员工作单上标有"国家航线程序"的航班时，申报其中的任何航线，选择时间或天气的最好航线申报 ATC 飞行计划。如果是航班被拒绝要求的航线，提供信息给 ATC 协调员。

（10）放行签派员工作单上标有"ATC 协调员航线"的航班，申报飞行优先航线，除非 ATC 协调员已发送一份快速航线的要求到签派员的打印机上。在这种情况下，如 ATC 协调员已经同意要求的（最快的）航线，ATC 协调员将通知签派员。如得到许可，可以计划和申报要求的航线或优先的航线。

注：如有替换航线（SWAP ROUTES），继续申报正常航线，但按替换航线飞行计划进行。不要申报或重新申报交换航线。航班将在跑道头接收到交换航线。

七、飞行员讲解

飞行员讲解即离场前通知飞行员当时和预期的飞行条件。按需要进行放行单、放行通报的备注部分及口头通报的起飞前讲解。

提供包括但不限于下列信息给机长：①始发地、航路上、目的地、起飞备降机场、备降机场、PDS 天气和工作问题；②任何重要天气信息；③ATC 问题，如到达/起飞延误、限额流量延误和航路上航线或高度问题；④最新的机场条件报告和跑道可用性；⑤影响工作的航行通告；⑥塔台关闭、到达时刻之前或临近宵禁等；⑦燃油和地面处理限制；⑧预计非正常工作时的工作计划；⑨指出限制的 MEL 项目，确保机长同意。

八、飞行监控

飞行监控由签派员实施，主要包括以下内容：

（1）从起点到目的地监控所有分配的航班。

（2）保持完全熟悉变化的天气和飞行条件。

（3）预计需求，为机长提供要求的信息，保证航班安全、合法和高效地完成。

（4）天气有任何变化，随时通知机长，如重要气象和其他天气警告，航路上、机场航站区颠簸和切变，机场航站区和备降机场天气，雷暴、结冰、冻雨、风等。

（5）飞行环境有任何变化，随时通知机长，如航路上和机场航站区 ATC 延误，影响飞行的任何航行通告，机场条件和跑道可用性，预计的非正常工作和备用计划，为下线更改的放行。

（6）出现紧急情况、机械或其他操作故障时，帮助机长取得最低限度延误，然后：①通知相关的维护、SOC其他部门和代理人；②根据要求发送非正常通报；③根据要求递交签派员报告；④随时通知其他签派员天气和飞行条件的重要变化，根据需要更改放行；⑤接受飞行员报告时输入。

九、航站和航路上设备

（1）天气：检查每小时的天气，为目的地、备降机场和计划的转场注明压力和温度/露点降低趋势。检查最新的预报、图表和卫星数据。监控低高切变和颠簸。

（2）机场条件：保证报告准确和有效。如需要，要求航站更新。

（3）航行通告和跑道禁止：负责航站航行通告的内容，可读性和准确性。

（4）机场预报员：调节杂物、具体的跑道、温度修正、防冰引气和排雨。

（5）ATC延误：监控到达/离场延误，通知受影响的其他签派员，保证通知航站延误的数量。

（6）非正常情况：随时通知航站预计的非正常情况。

（7）起飞备降机场：如果低于着陆最低条件计划起飞时，在签派员放行时要求有起飞备降机场。当天气条件可能需要起飞备降机场时，签派员必须监控情况，需要时更改放行。负责通知其他签派员，需要他们航站的起飞备降机场。

（8）飘降备降机场：区域工作单列出与飘降相关的航路上备用航站。每个签派员负责检查每个飘降备降机场的天气、航线通告、跑道条件、机场设备、机场条件。签派员在计算里设置这些情况，一接收到特殊情况，将接收到警戒。飘降备降机场只在计划过程中使用，不排除发动机失效后选择一个更合适的机场。

十、非正常工作

（1）将下列情况通知值班经理：①紧急情况；②工作问题（当时和预计的）；③天气问题：低于最低标准、下降趋势、上升趋势；④遇险电报，发出前讨论；⑤最低天气标准机场（如果影响飞行）；⑥非正常情况（转场、加油引起航班延误）；⑦额外降停（确定之前）；⑧MEL项目/拒绝飞机——机长或签派员；⑨工作量问题；⑩机场和ATC问题；⑪ 硬件问题；⑫ 除冰延误（向相关的航站调查）；⑬ 受伤旅客或者机组；⑭ 天气延误/决定；⑮ 严重/极度颠簸；⑯ 机场条件问题（如果不能改正）。

（2）将下列情况通知航站维修人员：①航路上或预计的机械问题（如无维修航站，通知代理）；②最低天气标准机场（如果影响飞行）；③操作问题（如业务载重、MEL限制、燃油、经停、宵禁、关闭的塔台、无天气预测）；④"必须修理"MEL项目。

（3）遇到下列情况，按要求发送非正常情况通报：①所有航路上机械问题；②旅客或机组成员生病或受伤；③不寻常的旅客干扰、处理不当；④违反航空条例。

例行回到高度配置层不要求通报。医疗的紧急情况要求另外发送通报。

（4）签派员处理旅客行为不当情况。

行为不当有三类，飞行机组应该分类该事件。如果飞行机组未分类该事件或不确定怎样分类，签派员将和机组讨论。签派员应该准备好提供基于已知事实的建议。如果旅客行为不当导致航班转场，应该呼叫执法人员。如果机长要求对某种情况执行法律，而执法人员拒绝执行，签派员应该通知机长。

签派员被告知旅客行为不当情况时，应首先将相关信息交给值班经理，并发送非正常情况通报。这些信息包括：①描述，分类；②旅客名字或描述；③座位号码；④需帮助类型；⑤发送时间；⑥大约地理位置。

签派员通知值班经理，在到达航站已准备好怎样的措施应对此事件。如时间允许，签派员应该传递该信息给航班。事件过后，航站将详细通报地面如何处理该情况。

（5）如需要，填写签派员报告。

签派员报告用于函告机长或其他方式中未说明的问题。需要时，签派员报告通报给其他部门，从这些部门可以得到书面答复。

如果指定机长报告正在准备时，签派员报告不应该自动填写。但是，它可用于扩充机长报告，提供不同观点，或函告签派员相关的情况。

签派员报告的项目包括：①涉及其他部门的问题；②政策、程序和设备；③通信问题；④训练问题；⑤签派员/飞行员对抗。

十一、交接班飞行后讲评

（1）为即将来临的交接班准备签派员工作单和备份燃油要求。

（2）为下一位签派员提供一份天气看法，包括有效的重要气象、天气警告、颠簸、风切变、结冰、冻雨、雷暴和"风暴"信息。如任何航站接近或低于最低标准请告知。为工作区域打印航站天气实况、航站预报、NOTAMS 和场地条件报告（如适用）。

（3）为下一位签派员讲解下列工作问题：①当时和预计的非正常情况；②ATC 延误，流量计划和限制；③机长和导航设备限制；④限制的 MEL 项目许可和限制的航线；⑤不合适的备降机场；⑥机场条件；⑦硬件限制；⑧地面处理极限。

第三节　非正常情况下的飞行签派工作

一、不正常情况下的飞行签派工作

（一）不正常航班

不正常航班指的是下列航班：

（1）未在班期时刻公布的离站时间前 15 min 之内关好舱门的航班；

（2）未在班期时刻公布的离站时间前 15 min 之内正常起飞的航班；

（3）未在班期时刻公布的到达站安全着陆的航班；

（4）发生返航、改航、备降和飞行事故等不正常情况的航班；

（5）取消航班不再执行或取消航班另行补班；

（6）未经民航局批准，公司自行改变计划的航班。

（二）不正常情况下签派员的工作

（1）因气象、航空器故障、飞行保障设备工作以及其他原因，导致航空器不能按预计时间起飞时，签派人员应该将延误情况和原因及时通知航空公司值班经理和有关单位、空中交通管制和机场管理机构，以及沿线签派部门或其代理人。

（2）降落机场的签派员，在本机场天气低于机场最低天气标准以及其他原因关闭机场时，应当及时通知起飞机场本公司的签派人员和正在飞行的航空器。

（3）航空器延误或取消飞行时，起飞机场签派人员应将修正的预计起飞时间或取消飞行的决定，及时通知沿线本公司各签派部门或代理人，以及当地空中交通管制和机场管理机构。

（4）返航或者备降是保证飞行安全的措施。签派人员接到空中交通管制部门通知或航空器的报告，需要返航或备降时，应当立即查明原因，向机长提供返航备降的必要协助。

（5）航空器决定返航或去备降机场，值班签派人员应立即通知沿线本公司各签派部门或其代理人，以及当地空中交通管制部门和机场管理机构。

（6）如果飞行中发生事故征候，签派人员应当在航空器降落后暂停放行航空器起飞，查明原因，报告公司值班经理并根据其指示进行处理。

（三）不正常情况下的处理程序

1. 航班延误

航班延误是指由于天气条件、飞机故障、航路设施不能用、机场临时不能用、ATC 原因及其他原因，航空器不能按预计时间起飞。

航班延误的处置程序如下：① 通知飞行、乘务部调度安排机组待命；② 通知运输调度上客等通知；③ 计算 ETD，通知有关飞行签派机构和 ATC，拍发延误电报；④ 通知生产调度继续开放售票系统；⑤ 向公司值班领导汇报航班延误情况；⑥ 考虑对后续航班的影响，制订航班调配方案。

2. 航班取消和合并

航班取消是指由于飞机故障、没有飞机执行航班任务、飞行安全没有保障、恶劣的天气条件、航路禁航、没有旅客、机场关闭或处于宵禁的有效时限及其他原因，航班无法正常执行。

航班取消和合并的处理原则如下：① 除非航班确实无法执行，否则不得取消航班；② 不能因为客少而取消和合并航班；③ 必须确保旅客能妥善安置；④ 考虑旅客中有无特殊转港服务要求。

取消和合并航班的工作程序如下：① 核对旅客人数，确定旅客可以妥善安排；② 请示公司值班经理；③ 通知飞行部、乘务部、机务调度；④ 拍发航务电报（CNL 报）。

3. 航班返航备降

航班返航备降是指由于目的地机场或航路上天气恶劣、目的地机场临时关闭、飞机在航路上发生故障等，航班不能继续飞往目的地机场，或由于计划备降机场天气变坏，在航路上更改备降机场等，航班返回起飞机场或在备降机场着陆。

返航备降的处置程序如下：① 拍发航班返航备降报；② 通知着陆机场的签派或代理安排好机长、旅客及货物；③ 根据航班是否继续执行，决定是否拍发新的领航计划报（FPL）。

4. 不正常情况下的基本程序

不正常情况下的基本程序如下：① 与机组保持密切联系，随时掌握航班动态；② 请示公司值班经理；③ 协助机组决策，通报公司、机场当局的各项保障单位，通知沿线航管部门；④ 考虑对后续航班的影响，制订航班调配预案；⑤ 拍发航务电报。

5. 调整运力

调整运力的基本方法：推迟或提前航班的 ETD，更换飞机，更换机型，更改航路，加降或更改降落站，取消航班，合并航班或其他方法。

调整运力的基本原则：调整运力时一般遵循 VIP、国际（地区）—国内、长航线—短航线、转机旅客、班次密度小、旅客人数多的原则，选用成本低且易于操作的方案。

二、特殊情况下的飞行签派工作

（一）航空器上发现爆炸物

在航空器上发现爆炸物，此时签派员应按照下列要求进行处理：

1. 航空器在地面时

（1）当得知航空器上有爆炸物时，应当将该航空器所处位置和状况等情况立即报告公司值班经理、机场管理机构、空中交通管制部门和公安部门。

（2）暂停该航空器的放行，并立即通知有关部门，根据机场管理机构的安排，采取措施将航空器拖至安全地带。

（3）对航空器的检查、清除爆炸物等项工作由公司会同公安部门专业人员负责进行。经处理并确认无安全问题后，方可将航空器拖回规定位置继续执行任务。

（4）如果旅客已登机，通知运输部门将旅客及其行李撤至安全地带，并将航空器交专业人员处理。

（5）如果航空器在滑行中，待机长将航空器滑到指定地带后，签派人员应迅速通知运输部门撤出旅客和机组。

2. 航空器在空中时

（1）航空器在起飞过程中，如获悉航空器上有爆炸物，待航空器返航降落并滑到指定地带后，协助机长处置有关情况。

（2）航空器在飞行途中，机长报告航空器上有爆炸物时，公司签派人员应立即协助机长选择就近机场降落或者迫降，并参与对航空器的援救和处置。

（3）值班签派人员应当立即将有爆炸物情况报告公司值班经理、有关空中交通管制部门和公安部门。

3. 案例分析

4月27日19:20，华东分控中心签派主任徐××接到上海分公司生产指挥中心现场电话通知：浦东机场指挥处值班经理李××通知，有匿名电话报国航CA406航班上有炸弹。19:20，签派立即查阅国航应急处置程序手册，按爆炸物处置手册流程及检查单要求，并根据华东分控不安全事件信息报告程序，将不安全信息报告分公司值班经理、北京AOC运行处置、分控中心领导，因航班执行飞机属于西南分公司，通知西南签派。19:25信息报告后，签派主任徐××将值班人员分成两部分，指定部分人员保障日常航班生产，另一部分人员进行应急处置工作，根据检查单及运行手册中应急处置报告单进行航班信息收集，根据上海分公司应急处置程序手册配合值班经理进行应急处置程序的启动，与机场指挥处、机场公安、消防密切联系。20:00，签派向现场了解到浦东机场指挥处启动应急，CA406旅客及机组成员全部下飞机，另过安检，将信息通报北京AOC运行处置、西南签派。20:05，分公司值班经理就CA406爆炸物事件启动应急，签派出席分公司应急会，对CA406航班信息及目前航班运行情况进行通报并专人进行航班运行的跟踪。21:05，机场公安及消防要求CA406机组成员三人上飞机，并在原地与机乘人员进行爆炸物检查。21:40，CA406机组检查完毕，正常执行航班。21:50，向机场指挥处了解到，CA406应急解除，通报值班经理、中心领导、AOC处置、西南签派。后续CA406正常放行，航班于28日02:10安全落地。

（二）航空器遭遇劫持

1. 处置要求

航空器在空中遇到劫持，当班签派员应按照下列要求处置：

（1）当接到机长或有关空中交通管制部门通知航空器被劫持时，应立即将劫持情况报告公司值班经理及有关部门；

（2）根据劫持情况，立即与有关单位联系，将劫持发生的时间、地点、航班号、航空器型号和登记号、机长及机组名单、旅客人数及名单、剩余油量、机场意图和拟采用的适当措施报告公司值班经理和有关空中交通管制部门。

2. 案例分析

2012 年 6 月 29 日，由新疆和田飞往乌鲁木齐的 GS7554 航班，机组成员 9 人，该航班于 12:25 起飞，12:35 飞机上有 6 名歹徒暴力劫持飞机，被机组人员和乘客制服，飞机随即返航和田机场并安全着陆。

在这一航空器遭遇劫持的特殊情况下，作为当班签派员，基本处置要求和步骤为

（1）接到飞行员报告航班被劫持信息时，快速判断飞机的位置和当前飞行状态；

（2）将情况报告给值班经理，根据情况判断是否启动应急预案，启动几级应急预案；

（3）根据机组意图，协助飞机返航的技术支持：查看当前燃油和所需燃油、返航机场天气、协调 ATC、返航机场和通知公安机关；

（4）密切监视航班的飞行直到返航着陆，并做好航班返航后旅客和机组安顿的协调工作，以及该航班后续航班的运行控制和调整工作，并且做好受该航班影响的其他航班的运行调整工作。

（三）航空器发生事故

1. 处置要求

航空器发生事故，此时签派员必须：

（1）立即查明发生事故的航班号、航空器型号和登记号、机长和旅客情况，发生事故的时间、地点、事故情况及可能造成事故的原因，并报告公司值班经理和有关部门；

（2）协助空中交通管制部门通知当地政府、驻军以及有关部门，进行搜寻和救援工作；

（3）按照公司值班经理指示，前往事故现场，向事故调查组提供航空器、机组、旅客等有关情况，参与事故调查工作。

特殊情况的等级划分见表 9.1：

表 9.1　特殊情况的等级划分

等　级	特　　征
一级警告	飞机发生飞行事故；飞机遭劫持，飞机上有炸弹或爆炸物；一个或一个以上起落架放不下，需迫降；飞机结构严重受损等需要紧急迫降
二级警告	所有发电机失效，仅电瓶供电；飞机设备冒烟或空调冒烟；飞机冲出、偏出跑道，需要关闭机场
三级警告	低于一、二级警告的不正常情况，例如，机长失去操纵能力；双发飞机一发失效；飞机遭鸟击；燃油短缺

2. 案例分析

某航空公司 A321-200 机型，执飞成都—深圳，14:48 成都双流机场起飞后，飞行签派员接到双流机场地面人员通知：跑道发现轮胎碎片，疑是所属公司 8703 航班起飞时所致。分析签派联系飞行机组，被告知：发动机数个叶片发生变形，导致震动值偏高；结合乘客反馈飞

机起飞离地时抖动厉害，初步分析起落架发生故障，决定返航。

处置过程：飞行签派员接到飞机故障后，报告值班领导，公司启动二级应急预案，各应急小组到指挥中心共同商量对策，积极与空管、双流机场协调，全力保障航班返航；机组在放下起落架后发现显示起落架出现故障，于是确定在降落之前，飞机进行了低空通场以便地面查看起落架是否安全放下，得到地面人员目视确认后，飞机最终于 17:22 安全返航降落在成都双流机场，无人员受伤。

课后参阅规章和手册

（1）CCAR-121《大型飞机公共航空运输承运人运行合格审定规则》；
（2）CCAR-91《一般运行和飞行规则》；
（3）AC-121-FS-2011-43 咨询通告《签派资源管理训练》。

（1）在复杂天气条件下如何放行航空器？
（2）飞行签派工作一般分为哪几个阶段？
（3）飞行直接准备的内容是什么？
（4）飞行中不正常情况有哪些？
（5）飞行中特殊情况有哪些？
（6）根据下列条件决策是否放行，并选择合适的备降机场。

CZ3103　　　　　ZSSS1145—1420ZBAA

机型：B737-300　气象雷达故障

机组情况：新机长　无重要航行通告

METAR ZBAA 220200Z 08001MPS 7000BKN230 03/M04 Q1028 NOSIG=

TAF ZBAA 220312 18004MPS CAVOK=

METAR ABTJ 220200Z 08001MPS 0100 R34/0125N FG VV///01/01 Q1027=

TAF ZBTJ220312 09003MPS 0700 FG SCT030=

METAR ZBYN 220330Z 00000MPS 4000 FU BKN200 02/M08 Q1023=

TAF ZBYN 220312 32004MPS 3000BR BKN200 BECMG 0506 BR=

METAR ZHHH 220300Z 34002MPS 2200BR SKC 09/07 Q1022=

TAF ZHHH 220312 04005MPS 2100 BR SKC BECMG 0506 04003MPS 3000 BR SCT100=

参 考 文 献

[1]　中国民航局.CCAR-121-R4大型飞机公共航空运输承运人运行合格审定规则,2016-03.

[2]　中国民航局.CCAR-65FS-R2民用航空飞行签派员执照管理规则,2016-03.

[3]　中国民航局.CCAR-67FS-R2民用航空人员体检合格证管理规则,2016-03.

[4]　中国民航局.CCAR-91-R2一般运行和飞行规则,2007-09.

[5]　中国民航局.CCAR-25-R4运输类飞机适航标准,2016-03.

[6]　中国民航局.CCAR-45-R1民用航空器国籍登记规定,1998-06.

[7]　中国民航局.AIC民用航空器主最低设备清单、最低设备清单的制定和批准,2016-06.

[8]　中国民航局.CCAR-61-R4民用航空器驾驶员合格审定规则,2016-03.

[9]　中国民航局.CCAR-397中国民用航空应急管理规定,2016-03.

[10]　中国民航局.CCAR-135小型航空器商业运输运营人运行合格审定规则,2005-09.

[11]　中国民航局.民航发〔2007〕120号关于印发民航航班时刻管理暂行办法的通知,2007.

[12]　中国民航局.民航局〔2012〕88号关于印发民航航班正常率统计办法的通知,2012.

[13]　中国民航局.AC-121-FS-2011-43签派资源管理训练,2009-10.

[14]　中国民航局.CCAR-115TM-R1民用航空通信导航监视工作规则,2016-03.

[15]　中国民航局.CCAR-93TM-R4中国民用航空空中交通管理规则,2007-11.

附　录

附录 A　中国民航地名代码表

A.1　译码（按汉语拼音顺序排序）

地　名	四字代码	三字代码	地　名	四字代码	三字代码
阿坝/红原	ZUHY	AHJ	北京市	ZBBB	BJS
阿尔山/伊尔施	ZBES	YIE	北陵	ZYBL	
阿克苏/温宿	ZWAK	AKU	蚌埠	ZSBB*	BFU
阿拉善右旗/巴丹吉林	ZBAR	RHT	本溪	ZYBX*	
			毕节/飞雄	ZUBJ	BFJ
阿勒泰	ZWAT	AAT	博乐/阿拉山口	ZWBL	BPL
阿里/昆莎	ZUAL	NGQ	泊头	ZBPM*	
阿峡拉山口	ZWAX*		布尔津/喀纳斯	ZWKN	KJI
安康	ZLAK	AKA			
安庆	ZSAQ	AQG	茶陵	ZGCL*	
安顺/黄果树	ZUAS	AVA	昌都	ZUCD	
安阳	ZHAY	AYN	昌都/邦达	ZUBD	BPX
鞍山/腾鳌	ZYAS	AOG	长春/二道河子	ZYRD*	
			长春/龙嘉	ZYCC	CGQ
巴彦淖尔/天吉泰	ZBYZ	RLK	长海	ZYCH	CNI
百色/巴马	ZGBS	AEB	长沙/黄花	ZGHA	HHA
白山/长白山	ZYBS	NBS	长沙市	ZGCS	CSX
包头	ZBOW	BAV	长治/王村	ZBCZ	CIH
保山	ZPBS	BSD	常德/桃花源	ZGCD	CGD
北海/福成	ZGBH	BHY	常州/奔牛	ZSCG	CZX
北京/南苑	ZBNY*	NAY	朝阳	ZYCY	CHG
北京/首都	ZBAA	PEK	成都/双流	ZUUU	CTU
北京飞行情报区	**ZBPE**		成都市	ZUDS	CTU

地 名	四字代码	三字代码	地 名	四字代码	三字代码
承德	ZBCD*		阜康	ZWFK*	
赤峰/玉龙	ZBCF	CIF	富家场	ZUFJ*	
池州/九华山	ZSJH	JUH	抚顺	ZYFS*	
重庆/江北	ZUCK	CKG	阜新	ZYFX*	
			阜阳	ZSFY	FUG
达州/河市	ZUDX	DAX	富蕴/可可托海	ZWFY	FYN
大理/荒草坝	ZPDL	DLU	抚远/东极	ZYFY	FYJ
大连/周水子	ZYTL	DLC	福州/长乐	ZSFZ	FOC
大庆/萨尔图	ZYDQ	DQA			
大同/云冈	ZBDT	DAT	甘南/夏河	ZLXH	GXH
大王庄	ZBYK*		赣州/黄金	ZSGZ	KOW
大足	ZUDZ*	DZU	高要	ZGGY*	
丹东/浪头	ZYDD	DDG	格尔木	ZLGM	GOQ
稻城/亚丁	ZUDC	DCY	根河/好里堡	ZYGH*	
道孚	ZUDF*		耿马	ZPGM*	
德宏/芒市	ZPMS	LUM	固原/六盘山	ZLGY	GYU
磴口	ZBMV*		广汉	ZUGH	GHN
迪庆/香格里拉	ZPDQ	DIG	光化	ZHGH*	LHK
定襄	ZBDX*		广元/盘龙	ZUGU	GYS
东岛(西沙)	ZJDD*		广州/白云	ZGGG	CAN
东营	ZSDY	DOY	**广州飞行情报区**	**ZGZU**	
敦化	ZYDH*		广州市	ZGUA	CAN
敦煌	ZLDH	DNH	桂林/两江	ZGKL	KWL
			贵阳/龙洞堡	ZUGY	KWE
鄂尔多斯/伊金霍洛	ZBDS	DSN	河池/金城江	ZGHC	HCJ
额济纳旗/桃来	ZBEN	EJN	哈尔滨/太平	ZYHB	HRB
恩施/许家坪	ZHES	ENH	哈密	ZWHM*	HMI
二连	ZBER*		海城	ZYHC*	
二连浩特/赛乌素	ZBER	ERL	海口/大英山	ZJDY	
			海口/美兰	ZJHK	HAK
凤城	ZYFC*		海西/德令哈	ZLDL	HXD
佛山	ZGFS*	FUO	海西/花土沟	ZLHX	HTT
涪陵	ZUFL*		邯郸	ZBHD	HDG

191

地　名	四字代码	三字代码	地　　名	四字代码	三字代码
汉中/城固	ZLHZ	HZG	精河	ZWJH*	
杭州/萧山	ZSHC	HGH	井冈山	ZSGS	JGS
合肥/新桥	ZSOF	HFE	景德镇/罗家	ZSJD	JDZ
和田	ZWTN	HTN	景泰	ZLJT*	
黑河	ZYHE	HEK	静宁	ZLJN*	
衡阳/南岳	ZGHY	HNY	九江/庐山	ZSJJ	JIU
呼和浩特/白塔	ZBHH	HET	九寨/黄龙	ZUJZ	JZH
葫芦岛	ZYHL*				
呼伦贝尔/海拉尔	ZBLA	HLD	喀什	ZWSH	KHG
花垣	ZGHU		凯里/黄平	ZUKJ	KJH
淮安/涟水	ZSSH	HIA	康定	ZUKD	KGT
怀化/芷江	ZGCJ*	HJJ	克拉玛依	ZWKM*	KRY
怀来	ZBKM*		库车/龟兹	ZWKC	KCA
怀柔	ZBOB*		库尔勒	ZWKL	KRL
黄茅州岛	ZGHM*		昆明/长水	ZPPP	KMG
黄山/屯溪	ZSTX	TXN	**昆明飞行情报区**	**ZPKM**	
黄县	ZSCX*				
惠州/平潭	ZGHZ	HUZ	拉萨/贡嘎	ZULS	LXA
			来宾	ZGLB*	
吉安	ZSJA*	KNC	兰州/东机场	ZLLD*	LZD
吉林/二台子	ZYJL	JIL	兰州/中川	ZLLL	ZGC
吉卫	ZGJW*		**兰州飞行情报区**	**ZLHW**	
济南/遥墙	ZSJN	TNA	兰州市	ZLAN	LHW
济南市	ZSTN	TNA	冷湖	ZLLH*	
济宁/曲阜	ZSJG*	JNG	荔波	ZULB	LLB
鸡西/兴凯湖	ZYJX	JXA	离石	ZBLS*	
加格达奇/嘎仙	ZYJD	JGD	黎平	ZUNP	HZH
佳木斯/东郊	ZYJM	JMU	醴陵	ZGLZ	
嘉峪关	ZLJQ	JGN	丽江/三义	ZPLJ	LJG
江门	ZGJM*		溧水	ZSLR*	
揭阳/潮汕	ZGOW	SWA	连城/冠豸山	ZSLO	LCX
金昌/金川	ZLJC	JIC	连云港/白塔埠	ZSLG	LYG
锦州	ZYJZ	JNZ	良乡	ZBXG*	
晋城	ZBJC*		凉城	ZBSZ*	

地　名	四字代码	三字代码	地　　名	四字代码	三字代码
辽阳	ZYLY*		南宁/吴圩	ZGNN	NNG
			南通/兴东	ZSNT	NTG
林西	ZBLX*	LXI	南阳/姜营	ZHNY	NNY
林芝/米林	ZUNZ	LZY	嫩江	ZYNJ*	
临沧/博尚	ZPLC	LNJ	宁波/栎社	ZSNB	NGB
临汾	ZBLF*		宁蒗/泸沽湖	ZPNL	NLH
临醴	ZGLL*		宁陕	ZLNS*	
临沂/沐埠岭	ZSLY	LYI			
柳州/白莲	ZGZH	LZH	攀枝花/保安营	ZUZH	PZI
六盘水/月照	ZUPS	LPF	盘锦	ZYPJ*	
龙田	ZSLT*		蓬莱/沙河口	ZSPL	PNJ
龙州	ZGNL*		邳县	ZSPX*	
庐山	ZSLS*	LUZ	平朔/安太堡	ZBPS*	
泸西	ZPLX*		平洲	ZGPZ*	
泸州/蓝田	ZULZ	LZO	普洱/思茅	ZPSM	SYM
鲁城	ZSLC*				
滦县	ZBTX*		七角井	ZWQJ*	
罗定	ZGLD*	LDG	齐齐哈尔/三家子	ZYQQ	NDG
洛阳	ZHLY	LYA	奇台	ZWQT*	
吕梁/大武	ZBLL	LLV	黔江/武陵山	ZUQJ	JIQ
马兰	ZWML*		且末	ZWCM	IQM
满洲里/西郊	ZBMZ	NZH	秦皇岛/山海关	ZBSH	SHP
梅县/长岗岌	ZGMX	MXZ	青岛/流亭	ZSQD	TAO
米泉	ZWMQ*		庆阳/西峰	ZLQY	IQN
绵阳/南郊	ZUMY	MIG	衢州	ZSJU	JUZ
民勤	ZLMQ*		泉州/晋江	ZSQZ	JJN
漠河/古莲	ZYMH	OHE			
牡丹江/海浪	ZYMD	MDG	任丘	ZBRQ*	
			日喀则/和平	ZURK	RKZ
南昌/昌北	ZSCN	KHN	如皋	ZSRG*	RUG
南充/高坪	ZUNC	NAO			
南丰	ZSRF*		三明/沙县	ZSSM	SQJ
南汇	ZSNH*		三亚/凤凰	ZJSY	SYX
南京/禄口	ZSNJ	NKG	三亚飞行情报区	ZJSA	

地　名	四字代码	三字代码	地　名	四字代码	三字代码
三原	ZLSY*		腾冲/驼峰	ZPTC	TCZ
沙市	ZHSS	SHS	天津/滨海	ZBTJ	TSN
莎车	ZWSC*		天门	ZHTM*	
鄯善	ZWSS*	SXJ	天水/麦积山	ZLTS	
商县	ZLSX*		通化/三源浦	ZYTN	TNH
上海/虹桥	ZSSS	SHA	通辽	ZBTL	TGO
上海/龙华	ZSSL		桐庐	ZSCZ*	
上海/浦东	ZSPD	PVG	铜仁/凤凰	ZUTR	TEN
上海飞行情报区	**ZSHA**		土木尔台	ZBTM*	
上海市	ZSSA	SHA	吐鲁番	ZWTP*	
上饶	ZSSR*		吐鲁番/交河	ZWTL	TLQ
蛇口	ZGSK*				
深圳/宝安	ZGSZ	SZX	万县/梁平	ZULP	LIA
深圳/南头	ZGNT		万州/五桥	ZUWX	WXN
神农架/红坪	ZHSN	HPG	威海/大水泊	ZSWH	WEH
沈阳/东塔	ZYYY	SHE	威宁	ZPWN*	
沈阳/桃仙	ZYTX	SHE	潍坊	ZSWF	WEF
沈阳飞行情报区	**ZYSH**		温州/龙湾	ZSWZ	WNZ
沈阳市	ZYSY		文山/普者黑	ZPWS	WNH
石各庄	ZBVM*		乌海	ZBUH	WUA
石河子	ZWHZ		乌兰浩特/依勒力特	ZBUL	HLH
石家庄/正定	ZBSJ	SJW	乌鲁木齐/地窝堡	ZWWW	URC
石龙	ZGSL*		**乌鲁木齐飞行情报区**	**ZWUQ**	
朔州	ZBSG*		无锡/硕放	ZSWX*	WUX
苏州	ZSSZ*	SZV	吴忠	ZLWZ*	
绥芬河/阜宁	ZYSF	FUD	芜湖	ZSWU*	WHU
遂宁	ZUSN		梧州	ZGWZ	WUZ
			五凤溪	ZUWF*	
塔城	ZWTC	TCG	武汉/天河	ZHHH	WUH
塔河	ZYTH*		武汉/王家墩	ZHWT	
太原/武宿	ZBYN	TYN	**武汉飞行情报区**	**ZHWH**	
台州/路桥	ZSLQ	HYN	武威	ZLWW*	
汤河口	ZBYV*		武夷山	ZSWY	WUS
唐山/三女河	ZBSN	TVS			

194

地　名	四字代码	三字代码	地　名	四字代码	三字代码
西安/临潼	ZLLT*		扬州/泰州	ZSYA	YTY
西安/西关	ZLXG	SIA	伊春	ZYYC*	
西安/咸阳	ZLXY	XIY	伊春/林都	ZYLD	LDS
西安/阎良	ZLYN*		宜春/明月山	ZSYC	YIC
西安市	ZLSN	SIA	伊宁	ZWYN	YIN
西昌/青山	ZUXC	XIC	依兰	ZYYL*	YLN
西柳河屯	ZBWF*		宜宾/莱坝	ZUYB	YBP
西宁/曹家堡	ZLXN	XNN	宜昌/三峡	ZHYC	YIH
西双版纳/嘎洒	ZPJH	JHG	宜君	ZLYJ*	
息峰	ZPXF*		义乌	ZSYW	YIW
浠水	ZHSU*		银川/河东	ZLIC	INC
锡林浩特	ZBXH	XIL	英德	ZGYD*	
下洋	ZJXY*		营口	ZYYK*	
厦门/高崎	ZSAM	XMN	永兴岛/西沙	ZJYX*	
襄阳/刘集	ZHXF	XFN	永州/零陵	ZGLG	LLF
忻州	ZBXZ*		榆林/榆阳	ZLYL	UYN
新津	ZUXJ		玉树/巴塘	ZLYS	YUS
新源/那拉提	ZWNL	NLT	元谋	ZPYM*	YUA
新渚	ZSXY*		云和	ZSBZ*	
兴城	ZYXC*	XEN	运城/张孝	ZBYC*	YCU
兴宁	ZGXN*	XIN			
兴义/万峰林	ZUYI	ACX	湛江	ZGZJ	ZHA
邢台	ZBXT*	XNT	湛江/南油坡头	ZGPT*	
徐州/观音	ZSXZ	XUZ	湛江/坡头	ZGNU*	
叙永	ZUXY*		张家界/荷花	ZGDY	DYG
薛家岛	ZSCF*		张家口/宁远	ZBZJ	ZQZ
			张掖/甘州	ZLZY	YZY
雅布赖	ZBDY*		昭通	ZPZT	ZAT
烟台/蓬莱	ZSYT	YNT	郑州/新郑	ZHCC	CGO
延安	ZLYA	ENY	中卫/沙坡头	ZLZW	ZHY
延吉/朝阳川	ZYYJ	YNJ	舟山/普陀山	ZSZS	HSN
盐城/南洋	ZSYN	YNZ	珠海/九洲	ZGUH	ZUH
阳江/合山	ZGYJ		珠海/金湾	ZGSD	ZUH
阳泉	ZBYQ*		珠海进近	ZGJD	
扬州	ZSYZ*		遵义/新舟	ZUZY	ZYI

A.2 解码（按四字地名代码顺序排列）

四字代码	三字代码	地　名	四字代码	三字代码	地　名
ZBAA	PEK	北京/首都	ZBSG*		朔州
ZBAL	AXF	阿拉善左旗/巴彦浩特	ZBSH	SHP	秦皇岛/山海关
ZBAR	RHT	阿拉善右旗/巴丹吉林	ZBSJ	SJW	石家庄/正定
ZBBB	BJS	北京市	ZBSN	TVS	唐山/三女河
ZBCD*		承德	ZBSZ*		凉城
ZBCF	CIF	赤峰/玉龙	ZBTJ	TSN	天津/滨海
ZBCZ	CIH	长治/王村	ZBTL	TGO	通辽
ZBDS	DSN	鄂尔多斯/伊金霍洛	ZBTM*		土木尔台
ZBDT	DAT	大同/云冈	ZBTX*		滦县
ZBDX*		定襄	ZBUH	WUA	乌海
ZBDY*		雅布赖	ZBUL	HLH	乌兰浩特/依勒力特
ZBEN	EJN	额济纳旗/桃来	ZBVM*		石各庄
ZBER*		二连	ZBWF*		西柳河屯
ZBER	ERL	二连浩特/赛乌素	ZBXG*		良乡
ZBES	YIE	阿尔山/伊尔施	ZBXH	XIL	锡林浩特
ZBHD	HDG	邯郸	ZBXT*	XNT	邢台
ZBHH	HET	呼和浩特/白塔	ZBXZ*		忻州
ZBJC*		晋城	ZBYC*	YCU	运城/张孝
ZBKM*		怀来	ZBYK*		大王庄
ZBLA	HLD	呼伦贝尔/海拉尔	ZBYN	TYN	太原/武宿
ZBLF*		临汾	ZBYQ*		阳泉
ZBLL	LLV	吕梁/大武	ZBYV*		汤河口
ZBLS*		离石	ZBYZ	RLK	巴彦淖尔/天吉泰
ZBLX*	LXI	林西	ZBZJ	ZQZ	张家口/宁远
ZBMV*		磴口			
ZBMZ	NZH	满洲里/西郊	ZGBH	BHY	北海/福成
ZBNY*	NAY	北京/南苑	ZGBS	AEB	百色/巴马
ZBOB*		怀柔	ZGCD	CGD	常德/桃花源
ZBOW	BAV	包头	ZGCJ*	HJJ	怀化/芷江
ZBPE		**北京飞行情报区**	ZGCL*		茶陵
ZBPM*		泊头	ZGCS	CSX	长沙市
ZBPS*		平朔/安太堡	ZGDY	DYG	张家界/荷花
ZBRQ*		任丘	ZGFS*	FUO	佛山

四字代码	三字代码	地　名	四字代码	三字代码	地　名
ZGGG	CAN	广州/白云	ZGYJ		阳江/合山
ZGGY*		高要	ZGZH	LZH	柳州/白莲
ZGHA	HHA	长沙/黄花	ZGZJ	ZHA	湛江
ZGHC	HCJ	河池/金城江	**ZGZU**		**广州飞行情报区**
ZGHM*		黄茅州岛			
ZGHU		花垣	ZHAY	AYN	安阳
ZGHY	HNY	衡阳/南岳	ZHCC	CGO	郑州/新郑
ZGHZ	HUZ	惠州/平潭	ZHES	ENH	恩施/许家坪
ZGJD		珠海进近	ZHGH*	LHK	光化
ZGJM*		江门	ZHHH	WUH	武汉/天河
ZGJW*		吉卫	ZHLY	LYA	洛阳
ZGKL	KWL	桂林/两江	ZHNY	NNY	南阳/姜营
ZGLB*		来宾	ZHSN	HPG	神农架/红坪
ZGLD*	LDG	罗定	ZHSS	SHS	沙市
ZGLG	LLF	永州/零陵	ZHSU*		浠水
ZGLL*		临醴	ZHTM*		天门
ZGLZ		醴陵	**ZHWH**		**武汉飞行情报区**
ZGMX	MXZ	梅县/长岗炭	ZHWT		武汉/王家墩
ZGNL*		龙州	ZHXF	XFN	襄阳/刘集
ZGNN	NNG	南宁/吴圩	ZHYC	YIH	宜昌/三峡
ZGNT		深圳/南头			
ZGNU*		湛江/坡头	ZJDD*		东岛(西沙)
ZGOW	SWA	揭阳/潮汕	ZJDY		海口/大英山
ZGPT*		湛江/南油坡头	ZJHK	HAK	海口/美兰
ZGPZ*		平洲	**ZJSA**		**三亚飞行情报区**
ZGSD	ZUH	珠海/金湾	ZJSY	SYX	三亚/凤凰
ZGSK*		蛇口	ZJXY*		下洋
ZGSL*		石龙	ZJYX*		永兴岛/西沙
ZGSZ	SZX	深圳/宝安			
ZGUA	CAN	广州市	ZLAK	AKA	安康
ZGUH	ZUH	珠海/九洲	ZLAN	LHW	兰州市
ZGWZ	WUZ	梧州	ZLDH	DNH	敦煌
ZGXN*	XIN	兴宁	ZLDL	HXD	海西/德令哈
ZGYD*		英德	ZLGM	GOQ	格尔木

四字代码	三字代码	地　　名	四字代码	三字代码	地　　名
ZLGY	GYU	固原/六盘山	ZPBS	BSD	保山
ZLHW		**兰州飞行情报区**	ZPDL	DLU	大理/荒草坝
ZLHX	HTT	海西/花土沟	ZPDQ	DIG	迪庆/香格里拉
ZLHZ	HZG	汉中/城固	ZPGM*		耿马
ZLIC	INC	银川/河东	ZPJH	JHG	西双版纳/嘎洒
ZLJC	JIC	金昌/金川	**ZPKM**		**昆明飞行情报区**
ZLJN*		静宁	ZPLC	LNJ	临沧/博尚
ZLJQ	JGN	嘉峪关	ZPLJ	LJG	丽江/三义
ZLJT*		景泰	ZPLX*		泸西
ZLLD*	LZD	兰州/东机场	ZPMS	LUM	德宏/芒市
ZLLH*		冷湖	ZPNL	NLH	宁蒗/泸沽湖
ZLLL	ZGC	兰州/中川	ZPPP	KMG	昆明/长水
ZLLT*		西安/临潼	ZPSM	SYM	普洱/思茅
ZLMQ*		民勤	ZPTC	TCZ	腾冲/驼峰
ZLNS*		宁陕	ZPWN*		威宁
ZLQY	IQN	庆阳/西峰	ZPWS	WNH	文山/普者黑
ZLSN	SIA	西安市	ZPXF*		息峰
ZLSX*		商县	ZPYM*	YUA	元谋
ZLSY*		三原	ZPZT	ZAT	昭通
ZLTS		天水/麦积山			
ZLWW*		武威	ZSAM	XMN	厦门/高崎
ZLWZ*		吴忠	ZSAQ	AQG	安庆
ZLXG	SIA	西安/西关	ZSBB*	BFU	蚌埠
ZLXH	GXH	甘南/夏河	ZSBZ*		云和
ZLXN	XNN	西宁/曹家堡	ZSCF*		薛家岛
ZLXY	XIY	西安/咸阳	ZSCG	CZX	常州/奔牛
ZLYA	ENY	延安	ZSCN	KHN	南昌/昌北
ZLYJ*		宜君	ZSCX*		黄县
ZLYL	UYN	榆林/榆阳	ZSCZ*		桐庐
ZLYN*		西安/阎良	ZSDY	DOY	东营
ZLYS	YUS	玉树/巴塘	ZSFY	FUG	阜阳
ZLZW	ZHY	中卫/沙坡头	ZSFZ	FOC	福州/长乐
ZLZY	YZY	张掖/甘州	ZSGS	JGS	井冈山
			ZSGZ	KOW	赣州/黄金

四字代码	三字代码	地 名	四字代码	三字代码	地 名
ZSHA		上海飞行情报区	ZSSR*		上饶
			ZSSS	SHA	上海/虹桥
ZSHC	HGH	杭州/萧山	ZSSZ*	SZV	苏州
ZSJA*	KNC	吉安	ZSTN	TNA	济南市
ZSJD	JDZ	景德镇/罗家	ZSTX	TXN	黄山/屯溪
ZSJG*	JNG	济宁/曲阜	ZSWF	WEF	潍坊
ZSJH	JUH	池州/九华山	ZSWH	WEH	威海/大水泊
ZSJJ	JIU	九江/庐山	ZSWU*	WHU	芜湖
ZSJN	TNA	济南/遥墙	ZSWX*	WUX	无锡/硕放
ZSJU	JUZ	衢州	ZSWY	WUS	武夷山
ZSLC*		鲁城	ZSWZ	WNZ	温州/龙湾
ZSLG	LYG	连云港/白塔埠	ZSXY*		新渚
ZSLO	LCX	连城/冠豸山	ZSXZ	XUZ	徐州/观音
ZSLQ	HYN	台州/路桥	ZSYA	YTY	扬州/泰州
ZSLR*		溧水	ZSYC	YIC	宜春/明月山
ZSLS*	LUZ	庐山	ZSYN	YNZ	盐城/南洋
ZSLT*		龙田	ZSYT	YNT	烟台/蓬莱
ZSLY	LYI	临沂/沐埠岭	ZSYW	YIW	义乌
ZSNB	NGB	宁波/栎社	ZSYZ*		杨州
ZSNH*		南汇	ZSZS	HSN	舟山/普陀山
ZSNJ	NKG	南京/禄口			
ZSNT	NTG	南通/兴东	ZUAL	NGQ	阿里/昆莎
ZSOF	HFE	合肥/新桥	ZUAS	AVA	安顺/黄果树
ZSPD	PVG	上海/浦东	ZUBD	BPX	昌都/邦达
ZSPL	PNJ	蓬莱/沙河口	ZUBJ	BFJ	毕节/飞雄
ZSPX*		邳县	ZUCD		昌都
ZSQD	TAO	青岛/流亭	ZUCK	CKG	重庆/江北
ZSQZ	JJN	泉州/晋江	ZUDC	DCY	稻城/亚丁
ZSRF*		南丰	ZUDF*		道孚
ZSRG*	RUG	如皋	ZUDS	CTU	成都市
ZSSA	SHA	上海市	ZUDX	DAX	达州/河市
ZSSH	HIA	淮安/涟水	ZUDZ*	DZU	大足
ZSSL		上海/龙华	ZUFJ*		富家场
ZSSM	SQJ	三明/沙县	ZUFL*		涪陵

199

四字代码	三字代码	地　名	四字代码	三字代码	地　名
ZUGH	GHN	广汉	ZWBL	BPL	博乐/阿拉山口
ZUGU	GYS	广元/盘龙	ZWCM	IQM	且末
ZUGY	KWE	贵阳/龙洞堡	ZWFK*		阜康
ZUHY	AHJ	阿坝/红原	ZWFY	FYN	富蕴/可可托海
ZUJZ	JZH	九寨/黄龙	ZWHM*	HMI	哈密
ZUKD	KGT	康定	ZWHZ		石河子
ZUKJ	KJH	凯里/黄平	ZWJH*		精河
ZULB	LLB	荔波	ZWKC	KCA	库车/龟兹
ZULP	LIA	万县/梁平	ZWKL	KRL	库尔勒
ZULS	LXA	拉萨/贡嘎	ZWKM*	KRY	克拉玛依
ZULZ	LZO	泸州/蓝田	ZWKN	KJI	布尔津/喀纳斯
ZUMY	MIG	绵阳/南郊	ZWML*		马兰
ZUNC	NAO	南充/高坪	ZWMQ*		米泉
ZUNP	HZH	黎平	ZWNL	NLT	新源/那拉提
ZUNZ	LZY	林芝/米林	ZWQJ*		七角井
ZUPS	LPF	六盘水/月照	ZWQT*		奇台
ZUQJ	JIQ	黔江/武陵山	ZWSC*		莎车
ZURK	RKZ	日喀则/和平	ZWSH	KHG	喀什
ZUSN		遂宁	ZWSS*	SXJ	鄯善
ZUTR	TEN	铜仁/凤凰	ZWTC	TCG	塔城
ZUUU	CTU	成都/双流	ZWTL	TLQ	吐鲁番/交河
ZUWF*		五凤溪	ZWTN	HTN	和田
ZUWX	WXN	万州/五桥	ZWTP*		吐鲁番
ZUXC	XIC	西昌/青山	**ZWUQ**		**乌鲁木齐飞行情报区**
ZUXJ		新津	ZWWW	URC	乌鲁木齐/地窝堡
ZUXY*		叙永	ZWYN	YIN	伊宁
ZUYB	YBP	宜宾/菜坝			
ZUYI	ACX	兴义/万峰林	ZYAS	AOG	鞍山/腾鳌
ZUZH	PZI	攀枝花/保安营	ZYBS	NBS	白山/长白山
ZUZY	ZYI	遵义/新舟	ZYBL		北陵
			ZYBX*		本溪
ZWAK	AKU	阿克苏/温宿	ZYCC	CGQ	长春/龙嘉
ZWAT	AAT	阿勒泰	ZYCH	CNI	长海
ZWAX*		阿峡拉山口	ZYCY	CHG	朝阳

四字代码	三字代码	地 名	四字代码	三字代码	地 名
ZYDD	DDG	丹东/浪头	ZYMD	MDG	牡丹江/海浪
ZYDH*		敦化	ZYMH	OHE	漠河/古莲
ZYDQ	DQA	大庆/萨尔图	ZYNJ*		嫩江
ZYFC*		凤城	ZYPJ*		盘锦
ZYFS*		抚顺	ZYQQ	NDG	齐齐哈尔/三家子
ZYFX*		阜新	ZYRD*		长春/二道河子
ZYFY	FYJ	抚远/东极	ZYSF	FUD	绥芬河/阜宁
ZYGH*		根河/好里堡	**ZYSH**		**沈阳飞行情报区**
ZYHB	HRB	哈尔滨/太平	ZYSY		沈阳市
ZYHC*		海城	ZYTH*		塔河
ZYHE	HEK	黑河	ZYTL	DLC	大连/周水子
ZYHL*		葫芦岛	ZYTN	TNH	通化/三源浦
ZYJD	JGD	加格达奇/嘎仙	ZYTX	SHE	沈阳/桃仙
ZYJL	JIL	吉林/二台子	ZYXC*	XEN	兴城
ZYJM	JMU	佳木斯/东郊	ZYYC*		伊春
ZYJX	JXA	鸡西/兴凯湖	ZYYJ	YNJ	延吉/朝阳川
ZYJZ	JNZ	锦州	ZYYK*		营口
ZYLD	LDS	伊春/林都	ZYYL*	YLN	依兰
ZYLY*		辽阳	ZYYY	SHE	沈阳/东塔

注：标注星号（＊）的地名代号不能用于航空固定服务电报的地址。

附录 B　任务性质代码

代　码	含　　义	代　码	含　　义
A	雨	ARFOR	区域天气预报
A.M	上午	ARNG	安排
A/V	熟练飞行	ARR	到达
ABM	正切	AS	高层云
ABNML	不正常	AS	请等
ABT	大约、关于	ASC	上升
ABV	以上	AT	在
AC	高积云	ATA	实际到达时间
AC	民航局航行局航行处	ATC	空中交通管制
ACCDLY	按照	ATD	实际起飞时间
ACFT	飞机	ATS	空中交通服务
ACT	活动	ATTN	收电人
ACUR	准确	AUW	起飞全重
AD	机场	AVBL	有用的、可以利用的
ADD	增加	AVD	避免
ADJ	调整	AW	总局专业航空局
ADS	收电地址	AWY	航路
ADV	提前	AX	管理局省区专业处科
ADZ	通知	B/F	播种飞行
ZFT	以后	B/W	专机飞行
AFT	国际民航组织航空固定电信网	BA	外交部
AGRD	同意	BAG	行李
AH	飞行中队（队）	BD	不好的
AHR	另外的	BDRY	边界
ALDY	已经	BELL	贝尔
ALL	全部	BGN	开始
A LOT	云雀	BL	飞行大队
ALT	海拔	BLW	以下
ALTN	备降机场、备用	BO-105	毕欧一零五
AMT	数量	BR	机务中队
AND	和、与	BS	盲目拍发
AO	机务大队	BTN	在……之间
AP	机场值机	BYD	超过

代 码	含 义	代 码	含 义
C/B	普客加班飞机	DES	下降至
CA	中国民航	DEST	目的地
CAN	能	DLY	延误
CANT	不能	DME	测距仪
CAPT	机长	DP	民航地区管理局
CARGO	货物	DTRT	变坏
CAVOK	能见度、云、现在天气高于规定数值	E	东、东经
CB	积雨云	ELEV	标高
CC	卷积云	ENG	发动机
CHG	改变、换	ENSUR	保证
CI	卷云	ERR	错误
CK	检查	ETD	预计起飞
CL	呼叫	ETO	预计飞越
CLBR	校准	EXTD	延长、延伸
CLR	清楚、许可	F/J	校验飞行
CLSD	关闭	FBL	轻度
CM	公分	FG	雾
CMA	逗号	FIR	飞行情报区
CNL	取消	FL	飞行高度层
COL	校对	FLT	航班
COM	通信	FLY	飞行
COME	来	FM	从
COND	更改	FR	为了
CONS	考虑、认为	FREQ	频率
CREW	机组	FST	第一
CS	呼号、卷层云	FT	尺
CTC	联络	FT	售票处（货运）
CU	积分	G/X	磁测飞行
CY	抄、抄件	GA	请发
D/Y	带飞飞行	GND	地面
DATE	日期	GRADU	逐渐
DAY	白天、日	GRP	团体
DCT	直接	GS	地速
DECD	决定	GV	给
DELEG	代表团	H/F	航摄飞行
DEP	起飞	H/G	货物包机飞行
DEPT	部门	H/Y	货物加班飞行

代 码	含 义	代 码	含 义
H24	24小时	LGT	灯光、轻的
HD	手	LJ	油库
HDG	航向、报头	LOAD	载量
HDL	处理	LONG	经度
HGT	高度	LOW	低
HQ	海军	M	米
HR	小时、这里	M/X	鱼苗飞行
HV	有	MAG	磁的
ICE	冰	MAIL	邮件、邮
IF	民航导航点（台）	MAX	最大的
IFR	仪表飞行	MATDAY	预先话呼
ILS	仪表着陆系统	MB	毫巴
IMC	仪表气象条件	MET	天气的
IMPLT	执行	METAH	天气实况
IMPT	重要	MH	飞行总队
IMT	立即	M18	米8
INCL	包括	MIN	分钟
IR	跑道上有冰	MK	民航
J/B	班机按专机保证飞行	MM	毫米
JA	机要交通局	MNTN	保持
JR	领航室	MOD	中度
K/L	本场训练飞行	MODLF	修改、变更
KG	公斤	MPS	米/秒
K	民航航空站	MS	负、减
KM	公里	MSG	电报
KMH	公里/小时	MSGS	多份电报
KNW	知道	MUST	必须、一定
KP	收听	MY	我的
KT	海里	N/C	无变化、无变
L	左、行、倒数	N/M	调机飞行
L/W	旅客包机飞行	NB	超短波航线对空台
LAST	最后的	NC	短波中低空对空台
LAT	纬度	NDB	航线导航台
LB	磅	NEAR	附近
LCL	当地的	NEED	需要
LCT	当地时间	NEG	否
LEN	长度	NEW	新的

代 码	含 义	代 码	含 义
NL	管理局省气象科处	PDH2	因考虑航路天气将变坏
NM	海里	PDH3	等待前……天气预报
NML	正常	PDI1	山头开放
NO	没有、不是	PDI2	山头关闭
NOTAM	航行通告	PDJ1	顺风
NOTE	注意	PDJ2	侧顺风
NS	雨层云	PDJ3	侧风
NX	人民政府	PDJ4	顶风
O/F	急救飞行	PJA	××飞机（航班）延误因
OFN	经常、通常	PJA1	航站天气
OK	同意、正确、好	PJA2	航路天气
OLD	原来的、老的	PJA3	机械故障
OM	空军	PJA4	客货
OPN	开放	PJA5	机组
OPR	经营人、报务员	PJA6	机场关闭
OPS	运行	PJC1	××号飞机在适航
OR	或者	PJC2	考虑本站天气××号（或地点）
ORIG	发电地址	PJC2	天气实况飞机在……实际前到达适航
OTS	停工	PJD1	进正常飞行
OVNGT	过夜	PJD2	本周飞行正常
P.M.	下午	PJD3	正常性统计
P/A	林业化学灭火飞行	PJE	即日起机组天气标准转为……
P/F	第一次单飞不载客飞行	PJF	考虑本站天气××飞机不适航
PAR	着陆雷达	PJG	××小时检修
PCA	测区	PJH	今日值班首长
PDA	……电报、气象预报考虑本站天气	PJI	明天飞行计划同今天
	……延长到……时间	PJJ1	迟到因……
PDB	请从……时间起供你	PJJ2	早到因……
PDB1	每小时一次	PJK	飞机故障情况
PDB2	每半小时一次	PJK1	正在检查
PDC	不再需要供应天气实况	PJK2	尚未排除
PDE	能见度不稳	PJK3	已排除、并试车良好
PDF1	××地天气将好转	PJL	请告××飞机故障情况
PDF2	××地天气将变坏	PJM	直飞
PDG1	天气将变坏	PJN	禁航
PDG2	××地天气恶劣	PJO1	××号飞机改为××号飞机
PDH1	因考虑航路天气	PJO2	××号机长改为××号机长

代 码	含 义	代 码	含 义
PJP	加降	PSM1	利用业载
PJR	改航去……地降落	PSM2	利用空吨位
PJS	请求放行	PSM3	利用空吨位加油
PJT	××飞机（航班）取消因	PSN	位置
PJT1	天气	PTLY	部分
PJT2	机械故障	PUH	××号飞机座位为
PJT3	白昼时间不够	PUH	××号飞机上有
PJT4	机组原因	PUH1	小孩病人
PJT5	没有客货	PUH2	成人病人
PJT6	没有飞机	PUI	因食宿困难
PJT7	机场关闭	PUP	请组织客货
PJU1	××号飞机立即起飞	PUU	缺载
PJU2	××号飞机尽早起飞	PUY	准备饭
PJV1	××号飞机暂缓放行	PUY1	机组……人
PJV2	××号飞机今日不放行	PUY2	地勤……人
PJW1	请求接受××号飞机	PUY3	旅客……人
PJW2	请告何时能接收××号飞机	PUY4	西餐……人
PJW3	请告今日能否接收××号飞机	PUY5	机外宾中餐……人
PJW4	接收××号飞机的最晚时限	PUY6	素食……人
PJX	××号飞机暂缓接受到……时间	PUY7	清真……人
PJY1	××号飞机暂缓起飞	PUY8	面条
PJY2	××号飞机起飞时间改为	Q/C	农林化飞行
PJZ1	准备加燃料……吨	Q/U	磨发飞行
PJZ2	准备加滑油……吨	QAB	放行
PLN	飞行计划	QAF	飞越
POB	机上人员	QAH	飞行高度
PP	穿云下降	QAI	主要飞行动态
PQ	管理局省区局航行处科处	QAL	降落
PRHBT	禁止	QAM	最近的天气实况
PRIO	优先	QAN	地面风向风速
PROB	可能	QAO	××地面风向风速
PROP	螺旋桨	QAT	取消
PS	正、加	QAY	正切
PSE	请	QBA	水平能见度
PSF	客货不变	QBB	云量云状云高情况
PSGR	旅客	QBD	剩余燃料
PSJ	请准备回程客货	QBF	云中飞行

代 码	含 义	代 码	含 义
QBG	云上飞行	RTF	无线电话
QBH	云下飞行	RTG	无线电报
QBI	仪表飞行	RTT	无线电传
QBJ	云顶的云量云状云高情况	RUKE	规定
QBK	碧空	TWY	速复
QBN	云层飞行	RYT	参阅你的……电报
QBP	机械云中飞行	S	南、南纬
QDT	能见飞行	S/F	试飞飞行
QFA	航路气象预报	S/Q	视察飞行
QFC	云底云量运状运高情况	SAFE	安全
QFE	场面气压	SAP	尽可能快些
QFF	海平面气压	SC	层积云
QFT	结冰	SD	发
QFZ	航站气象预报	SEE	看见
QGN	接受	SEL	选择呼叫系统
QGO	不接受	SEV	严重、强烈
QHZ	复飞	SIGMET	重要航路天气预报
QRE	预计到达	SIMUL	同时
QRF	返航	SKC	碧空
QRK	信号清晰度	SKED	飞行时间表、时刻
QTN	起飞	SNOWTAM	冰雪通告
R	听到了、明白	SOS	无线电报遇险信号
R/W	日程飞行	SPECI	特选天气报告
R/Z	试航飞行	SSR	二次雷达
RAPID	立刻、迅速	ST	层云
RDC	减少	STN	台、站
REF	参阅	STND	标准
REP	代表、报告点	STP	句号
REQ	请求	SUG	建议
RETURN	回程	SW	民航省（区）管理局
RFLG	加油（燃料）	SWY	安全道
RIGHT	右	T/Q	地方航线飞行
RNG	范围	TAF	航站气象预报
ROFOR	航路气象预报	TAILW	顺风
RR	售票处（客运）	TAR	航站监视雷达
RSD	恢复	TAS	真空速
RSR	航路监视雷达	TAX	滑行

代 码	含 义	代 码	含 义
TDY	今天	VY	很
TEL	电话	W/A	转场飞行
TEMP	温度	W/Z	正班飞行
TEST	实验	WD	军区
TGL	连续起落	WE	我们
THRU	通知	WEF	自……起生效
TIL	直至	WGHT	重量
TIME	时间	WID	宽度
TKT	票、机票	WIE	立即生效
TMW	明天	WL	将
TO	到	WP	短波专机对空台
TON	吨	WX	天气
TOP	云顶	X/D	护林飞行
TRI	三叉	X/L	训练飞行
TRUB	故障、麻烦	XR	民航航校
TS	雷雨	XS	天电
TURB	颠簸	Y/A	养调飞行
TWR	塔台	Y/H	夜航飞行
TWY	滑行道	YA	民航局
TXT	电文	YDY	昨天
U/B	物理探矿飞行	YES	是
U/H	公务飞行	YF	电台
UGT	紧急	YL	短波高空对空台
UHF	特高频	YM	气象台
USE	使用	YN	航行资料
V/U	人工降雨飞行	YOU	你、你们
VAN	起飞线指挥台（塔台车）	YR	你的、你们的
VER	垂直的	Z	国际时
VFR	目视飞行规则	Z/P	补班飞行
VHF	甚高频	Z/X	重要客加班飞行
VIA	经由……	ZAN	听不到
VIO	严重干扰	ZB	管调
VIP	重要客人	ZG	总调
VIS	能见度	ZHI5	直5
VLF	甚低频	ZP	站调
VMC	目视气象条件	ZR	区调
VOR	全向信标台	ZT	塔台